Rupert Neudeck

Ich will nicht mehr schweigen

RUPERT NEUDECK

Ich will nicht mehr schweigen
Über Recht und Gerechtigkeit in Palästina

MELZER VERLAG

© Melzer Verlag GmbH, Neu-Isenburg 2005
Buchgestaltung: Abraham Melzer
Lektorat: Ulrike Popendiker und Heike Simon
Satz & Layout: Bittner Dokumedia
Umschlagentwurf: Publikations Atelier, Dreieich, unter
Verwendung eines Fotos von Winfried Seibert
Druck und Bindung: GGP Media GmbH, Pößneck
Sämtliche Bilder im Buch stammen von Winfried Seibert

ISBN: 3-937389-73-3

Printed in Germany

www.melzerverlag.de

Inhaltsverzeichnis

Vorwort von Norbert Blüm: Mutprobe Neudeck   11
Prolog
       Deutsche Befindlichkeiten   15
       Ich will nicht mehr feige sein   18

Meine Begegnung mit Martin Buber   24
Juden und Palästinenser: Nachbarn?   30
Eine Mauer, kein „Zaun"!   32
„Es herrscht weder Gesetz noch Urteil."   35
Der neue Martin Buber heißt Daniel Barenboim   37
„Non licet vos esse."   42
Die Eingeschlossenen von Kalkilia   43
„Wir können keine Sonnenuntergänge mehr sehen."   46
Die „Siedlungen" oder: Wie man die normative Kraft des Faktischen ausnutzt   48
Die Wehrdörfer verhindern einen Staat Palästina   51
„Das Problem sind nicht die paar Kilometer. Hier geht es um Würde."   54
Camp David gescheitert – Die Tragödie setzt sich fort   57
„Es gibt für Israel keine lebendige Kultur ohne Gerechtigkeit."   59
Vertreibung bedeutet immer Verletzung der Gerechtigkeit   62
Das Massaker in Deir Jassin   64
Die Tragödie vom 4. November 1995:
Der Mord an Jizhak Rabin   65
Arafat contra Netanjahu: Das Tauziehen auf der Wye-Konferenz   67
Ist die Mauer das letzte Wort in der Geschichte der beiden Nachbarvölker?   70
Mahatma Gandhi und die „konzentrative Kolonisation"   71
Am Checkpoint bei Nablus   74
Die Nation als Selbstzweck   75

"Wie wenig wir den arabischen Menschen kennen" 76
Deutschland und Israel 81
Die Selbstmordattentäterin Hanadi Dscharadat 82
Darf man Israel kritisieren? 86
Arnold Zweig: „Sie wird sich an uns furchtbar rächen!" 88
Auf ewig: Symbiose mit der US-Politik? 90
Noch einmal: Kalkilia 91
Ein Land für zwei Völker 95
Haben die Terroristen keine Moral mehr? – Das Beispiel der russischen Anarchisten von 1905 98
Der internationale Terrorismus: das Ende jeglichen Gefühls von Sicherheit 101
Krieg gegen den internationalen Terrorismus? 102
„Pseudo-Simsonismus" 104
Und heute? 106
Aschkelon mit Raketen beschossen: Ewige Wiederkehr des Gleichen? 107
Gewaltloser Widerstand? 109
Heute: Propaganda allüberall 111
„Ich und Du": das Dialogische Prinzip 114
Echte Gleichberechtigung für die Araber? Wider den Aktualitätsterror 116
Die Politik (und die Geschichte) sind nicht alles! 118
Mordechai Baron, Abteilung „Education" 120
„... Eine Mauer bauen, aber keinen Tempel." 123
Adolf Hitler unterbrach die „organische Entwicklung" 125
Pazifismus contra „gezielte Tötungen" 128
Dezember 2003: noch einmal Hebron 133
Kein Weg mehr nach Kalkilia, oder: „Mauersteine zu verkaufen ..." 137
Müssen wir Deutsche uns aus dem Palästina-Konflikt heraushalten? 140
Da kam ein Samariter des Weges: In Nablus bei den Samaritern 142
Die Fahrt von Nablus nach Dschenin 145

Nablus-Hospital: 10. September 2003	148
„To survive, Israel must use torture ..."	149
Das andere Israel: Dror Etkes	151
„Security is very important!" – Das Grundgesetzt des Staates Israel	152
Die Mauer muss weg	157
Die Pressekonferenz am 16. Dezember 2003	177
Deutsche Reaktionen	186
Arundhati Roy: Die Politik der Macht	188
Die Scham über meine Feigheit bleibt	191
Route 181	194
„Ich bin ein Palästinenser!"	199
Mein Mitgefühl gehört euch und ihnen	200
Sensation! Christiansen in der „Bild am Sonntag": „Es ist ein Leben im Ghetto."	201
Ein neuer Dreyfuß? Michael Wolffsohn klagt an	203
Empörungsverpflichtung und Empörungsverbot	206
Ramallah	208
Hajo Meyer, die andere jüdische Stimme in Europa	211
Für die kolonialistische Gesellschaft?	218
„Es macht mehr Spaß Täter statt Opfer zu sein"	220
Israel eine Bedrohung für den Weltfrieden?	224
„Hoffnung ist nicht Optimismus"	229
Geschrieben wenige Tage nach dem Tod von Papst Johannes Paul II. (5.4.2005)	
Ich will nicht mehr schweigen!	234
Das System Arafat	238
Schon an die 400 000 Siedler auf illegalem Grund und Boden	240
Das Joch der Wahrheit	242
Noch einmal Hajo Meyer	247
Epilog	250
Nachwort von Abraham Melzer	256
Anhang	261

Ein Brief an meine palästinensischen Freunde (Avraham Burg, 2003)	263
Eine gescheiterte israelische Gesellschaft bricht zusammen, während ihre Führer schweigen (Avraham Burg)	269
Am Vorabend der Zerstörung – Ein Interview mit Avraham Burg (Ari Shavit)	274
Der dritte Versuch (Yossi Sarid)	285
Presse-Erklärung, 28. August 2005	288
Die gezielte Vertreibung der Palästinenser (Freimut Duve)	298
Literatur	302

Autor und Verleger widmen das Buch dem Musiker, Dirigenten und Meisterpianisten Daniel Barenboim, der Mut hatte gegen alle Hoffnungslosigkeit, und der am 21. August 2005 mit seinem gemischt arabisch-israelischen Orchester in Ramallah der Welt ein Zeichen gab. Mögen es ganz viele annehmen und daraus eine ganz neue Friedensbewegung machen.

PEACE NOW, lieber Daniel Barenboim.

Die Mauer östlich von Jerusalem

Vorwort

Norbert Blüm

Mutprobe Neudeck

Mut mussten wir beweisen, wenn wir die Pfadfinderprüfung bestehen wollten. Also besiegten wir unsere Ängste und marschierten nachts allein durch finstere Wälder, durchschwammen reißende Flüsse und kletterten auf schwindelerregend hohe Bäume. Das Selbstbewußtsein wuchs mit jeder Mutprobe, bei welcher der innere Schweinehund niedergekämpft werden musste und wir Sachen machten, die wir uns selbst nicht zugetraut hatten.

In den Initiationsriten primitiver Stämme ist eine oft nicht vermutete Klugheit eingebaut. Anerkennung ist kein Geschenk, sondern der Preis einer Anstrengung, die im Extrem bis zur Todesvergessenheit führt.

So viele und so starke Mutproben werden in demokratischen Gesellschaften gar nicht mehr verlangt. Niemand setzt sein Leben aufs Spiel, wenn er anderer Meinung ist. Es fließt kein Blut, es wird niemand erschlagen. Die öffentliche Meinung bedient sich feinsinniger Techniken, um jemanden mundtot zu machen. Es lässt sich niemand mehr den Mund verbieten. Man überhört ihn. Niemand bekommt das Maul gestopft. Man überfällt ihn mit einem hysterischen Wortschwall.

Israels Politik zu kritisieren fällt entweder durch den Rost der öffentlichen Meinung oder wird auf diesem Rost gegrillt. Eine Kritik an israelischer Politik löst reflexartige Reaktionen aus. Als erstes schreit Herr Spiegel vom *Zentralrat der Juden* „Antisemitismus". Im Chor des Entsetzens taucht dann auch das Wort „Rassismus" auf. Alles andere sind nur noch Variationen.

Nach Auschwitz sind solche Ein- und Vorwürfe nichts anderes als Denk- und Diskussionsverbote. „Auschwitz" ist geschehen. Es bleibt das größte denkbare Verbrechen. Wir können die Vergangenheit nicht annullieren. Die einzige Form einer produktiven Vergangenheitsbewältigung ist eine Zukunfsbewältigung, in der die Würde des Menschen zu einem Tabu wird, das von jedermann geachtet und von niemandem in Frage gestellt wird. Die Würde des Menschen ist kein Mittel zum Zweck, sondern Selbstzweck der Humanität. Die Würde des Menschen verträgt keine Selektion zwischen Völkern. Das alles sind Lehren aus Auschwitz.

Es gibt keine Gründe, Menschen zu quälen. Selbst die Untaten ruchloser palästinensischer Selbstmordattentäter rechtfertigen nicht ein blindwütiges Zurückschlagen.

Neudeck kritisiert die Politik Israels. Mit pubertären Mutbeweisen, die der Selbsterprobung gelten oder in Bewunderung aufgehen, hat das nichts zu tun. Für kindliche Selbsterprobung ist er zu alt, und Bewunderung ist weniger zu erwarten als das Ritual der Entrüstung. Neudecks Buch ist eher eine Form der Tapferkeit, die nach Aristoteles zwischen Feigheit und Tollkühnheit steht und die von Klugheit, Besonnenheit und Gerechtigkeit, den geschwisterlichen Kardinaltugenden, begleitet wird. Neudecks Buch ist ein kluger, besonnener und gerechter Zwischenruf gegen Hass und Terror.

Die Gewalt beider Seiten dient nicht der Abschreckung, sondern der Eskalation von Rache, bei der zu guter Letzt niemand mehr weiß, wer das Rad der Gewalt in Bewegung gesetzt hat.

Neudeck will nicht mehr feige sein. Das ist die Antwort auf die Feigkeit vieler Väter, die sich einst duckten, die Augen schlossen und sich davonmachten, als Juden in Deutschland deportiert und massakriert wurden. Der Kampf für Menschenrechte ist eine Art von Wiedergutmachung für die Verachtung der Menschenrechte, der sich Vorfahren von uns schuldig gemacht haben.

Ob von Beifall oder Pfiffen begleitet: Rupert Neudeck erhebt seine Stimme für die Schwachen, die selbst nicht gehört werden. Egal wo, ob für vietnamesische Bootsflüchtlinge auf dem chinesischen Meer oder für die Bombardierten in den Nuba-Bergen des Sudan, so auch für das gequälte Volk der Palästinenser in Nablus, Dschenin, Hebron oder Bethlehem.

Ein Antisemit kann er gar nicht sein, weil der, an den er glaubt, selbst ein Semit war, und dieser Jesus ist nicht nur für die Juden gestorben, sondern für alle Menschen.

Von Erwachsenen werden keine pfadfinderischen Mutproben mehr erwartet. Man muss sich nicht mit Gummibändern an den Füßen in Tiefen stürzen. Man soll nicht auf S-Bahnen surfen. Dieser Mut ist nur mutwillig. Tapferkeit dagegen ist eine sittliche Tugend, die nicht nur bei Soldaten zuhause ist, sondern eine Courage, auf die alle zivilen Gesellschaften angewiesen sind. Neudecks Buch ist ein Buch gegen bürgerliche Feigheit und für bürgerliche Zivilcourage.

Prolog

Deutsche Befindlichkeiten

Dieses Buch hätte eigentlich nie erscheinen sollen. Der letzte Verleger, der mir das deutlich gemacht hat, ist J. Er hat einen ganz hervorragenden Ruf in der Fachwelt der deutschen Verlage. Am 10. März 2004 schrieb er mir die vorerst letzte Absage:

„So spannend ich die Idee finde, in einer Art Auseinandersetzung mit Martin Buber* die Israel/Palästina-Problematik zu thematisieren und einer Lösung etwas näher zu bringen, so unmöglich erscheint mir dieser Ansatz in der Umsetzung. Je länger ich mich mit Ihrem Text befasst habe, desto mehr meine ich, dass es ganz generell nicht funktionieren kann, wenn man Buber mit ausgewählten Zitaten als Zeugen für die Bestätigung einer Entwicklung nimmt, die niemand gutheißen kann, der einigermaßen bei politischem Verstand ist und Humanität und Menschenrecht nicht völlig abgeschrieben hat.

Ihre Argumentation ist aus sich heraus überzeugend, sie wird meiner Meinung nach nicht überzeugender durch Bubers weitsichtige Einschätzung der Lage.

Sie treten ja nicht in einen Dialog mit ihm – wie könnte das auch gehen? –, sondern Sie zitieren ihn sozusagen als historischen Zeugen.

Dann aber müsste man, meine ich, systematischer vorgehen und schauen: Wie hat sich die Situation, auf die sich Buber bezieht, verändert? Wo genau könnte denn etwas, was er damals schon gesehen hat, auf die heutigen Zustände passen? Treffen seine philosophischen Überlegungen die heutige israelisch-palästinensische Befindlichkeit oder überstrapaziert man ihn da?

Eine andere Schwierigkeit sehe ich in der doch sehr assoziativen Vorgehensweise. Ich habe nichts an Ihrer Haltung auszusetzen, die teile ich; aber ich glaube kaum, dass man mit einem Text, der das Unrecht an den Palästinensern beschreibt, und zum Teil die

---

* Jüdischer Religionsphilosoph (1878-1965).

Genese der neuen Intifada, aber ohne (für mich jedenfalls) erkennbares System Ereignisse seit 1945 zitiert oder weglässt, Leute überzeugen kann, die eine andere Meinung haben als wir.

Seit den Selbstmordattentaten ist das Verständnis für die Palästinenser auch nicht gewachsen.

Und darum vor allem ginge es ja.

Das sollte jedenfalls der Sinn des Buches sein, Verständnis für die Problematik der jeweils anderen Seite zu schaffen.

Das ist gerade in Deutschland so beladen, dass es mir geradezu als eine rettende Idee erschien, das in ein Gespräch mit Martin Buber zu verpacken. Aber ich glaube, so geht es leider doch nicht. Für einen reinen Appell an die Menschlichkeit, Gerechtigkeit, politisch richtiges Handeln, dafür ist das Buch nicht das richtige Medium.

Wenn der Appell mit einer Analyse verbunden wäre, die vielleicht einen neuen Weg politischen Handelns aufzeigen würde, dann sähe das allerdings anders aus."

Wahrscheinlich sollte ein solches Buch in Deutschland nicht erscheinen. Ist es zu früh? Ja, es ist in bestimmter Weise zu früh. Ich habe das auch akzeptiert. Ich lese gerade die Auseinandersetzung des Historikers Hannes Heer mit seinem Gönner und Ziehvater Jan Philipp Reemtsma über die Wehrmachtsausstellung. Und ich kann nur dem Autor Hannes Heer zustimmen: Wir Deutschen haben die ganzen 60er und 70er Jahre die entscheidende Auseinandersetzung nicht geführt – diese Wehrmacht hat die Tragödie der deutschen Geschichte bewirkt. Die Tatsache, dass die Generäle alle feige und opportunistisch mit dem Gefreiten des Ersten Weltkrieges zusammenarbeiteten. Feigheit ist das Gesetz der Welt. Feigheit ist das Gesetz der Deutschen. Feigheit ist das Gesetz der Europäer, mit Ausnahme der Polen. Vor denen verneige ich mich in Ehrfurcht und Dankbarkeit, denn sie haben als einzige in Europa den Mut hochgehalten.

Auch der Verlag K. lehnte das Buch ab. Nachdem ich es S. geschickt hatte, war er der Meinung, es sei noch ein Steinbruch. Doch als wir am Abend zusammensitzen, wird uns klar: Das Buch könne nur einen Aufschrei bewirken. Ich würde ja verurteilen. Ich würde ja die deutsche öffentliche Meinung gewinnen wollen. Und genau das wäre etwas, was nicht geht. Als wir ein andermal nachmittags in unserem Reihenhäuschen in der kleinen Gemeinde Troisdorf-Spich zusammensitzen, Ralph Giordano ist auch dabei, sprechen wir über das *Zentrum gegen Vertreibungen* (kurz: ZgV). Die Initiatorin Erika Steinbach sagte mir, sie wolle die Arbeit des ZgV unbedingt auf die europäischen Vertreibungen beschränken. Denn die Vertreibung der Palästinenser solle da um Gottes willen nicht mit hineinkommen. Das finde ich nach der Wehrmachtsausstellung dann doch ziemlich skandalös. Wir sollen eines der größten Vertreibungsgeschehen freiwillig außen vor lassen, weil wir schuldig sind und daher kein Recht hätten, das Geschehen als Unrecht wahrzunehmen und zu kritisieren?

Deshalb sind auch einige prominente deutsche Juden im wissenschaftlichen Beirat und im Unterstützerkreis des ZgV. Ralph Giordano ist das auch bewusst, er wird von der Leiterin des ZgV sehr hofiert. Die Vertreibung der Palästinenser muss natürlich bei der Auseinandersetzung um ein solches Zentrum thematisiert werden, genauso wie die Vertreibung der Armenier aus der Ost-Türkei.

S. meint, dass wir jetzt mit Reden und Warnen anfangen müssten. Die israelische Politik – nicht die Israelis, aber die Politik von Ariel Scharon – setze ganz offenbar alles daran, die Lebensbedingungen auf der Westbank so unerträglich zu machen, dass die Palästinenser aus diesen Gebieten allmählich verschwinden. In der Stadt Kalkilia sei das schon fast gelungen.

Am folgenden Tag ruft er mich noch einmal an: „Das ist eine Tragödie!" Genau dieser Begriff entspricht auch meinen Gedanken. Und ich weiß, das ist auch der Begriff, der verhindert, dass ein Text wie dieser, den ich mit viel Herzblut geschrieben habe, erscheinen kann. Eine Tragödie eignet sich für ein Theaterstück, eine dramatische Oper oder auch ein in Versen gemeißeltes Epos. Nicht für eine Streitschrift wie der folgende Text.

Ich will nicht mehr feige sein

Ich kann die Menschen nicht vergessen, die ich in der Altstadt von Hebron an uns habe vorüberhuschen sehen. Diesen Palästinensern geschieht in ihrer Stadt schlicht gesagt ein furchtbares Unrecht. Ich habe ihnen angesehen, was sie von mir erwarten: dass ich nicht nur ein blinder Tourist oder ein sensationslüsterner Reporter bin; dass ich ihre gerechte Sache vor das Forum der deutschen Öffentlichkeit bringe; dass ich berichte, was ich mit eigenen Augen gesehen habe: Hier werden Menschen in ihrer eigenen Stadt rassistisch behandelt und durch die zu Stein und Stacheldraht gewordene Architektur einer Siedlung mitten in der Stadt gedemütigt und entrechtet. Und sie erwarten, dass ich um des Rechts und der Gerechtigkeit willen das nicht mit Schweigen übergehe!

Mein ganzes Leben lang, von meinen ersten bewussten Schritten als Kleinkind bis zu meinem irgendwann unvermeidlichen Lebensende, werde ich die Kinder nicht vergessen können, die mit dem von mir so unendlich und lebenslang verehrten Waisenhausleiter Janusz Korczak von Warschau aus in den Tod, in die Gaskammern von Auschwitz, gegangen sind.

„Alle aus dem Waisenhaus hierher!' brüllte ein Nazi-Polizist an der Rampe", so habe ich es später in einem kleinen Buch für Kinder, mit Zeichnungen des Benediktinermönches Lukas Ruegenberg, geschrieben. Der Polizist stand vor einem Waggon, „dessen Tür geöffnet war. Da nahm Doktor Korczak die vier Kinder der ersten Reihe an den Händen und führte sie zum Waggon. Danach die zweite Reihe, die dritte und so weiter.

Als er Adam an der Hand nahm, fühlte der sich plötzlich besser. Es gelang ihm sogar, den Doktor anzulächeln. Dann kletterte Adam zu den anderen Kindern in den Eisenbahnwaggon. Lea kam direkt hinter ihm. Später wurde erzählt, dass genau in diesem Moment ein deutscher Offizier vor dem Waggon auftauchte und ihrem Doktor Korczak ein Papier überreichte. Darauf habe gestanden, dass der Doktor die Erlaubnis habe zurückzugehen, aber ohne die Kinder. Aber das hat er nicht gemacht", heißt es. „Er ist in den Waggon gestiegen, kurz bevor die Tür geschlossen wurde. Dann fuhr der Zug ab.

Das Ziel war Treblinka. Heute wissen wir: Es war ein Todeslager. Doch Janusz Korczak und die jüdischen Waisenkinder wussten es damals nicht. Sie haben es höchstens geahnt und befürchtet. Als sie dort ankamen, ging alles sehr schnell."

Bis dahin war der Text für das Kinderbuch klar. Dann meinte der Benediktiner zu mir, wir sollten eine tröstliche Botschaft finden, eine imaginäre, in der die Kinder nicht das erleiden, was sie in Wirklichkeit erlitten haben: nämlich in den Gaskammern von Treblinka vergast zu werden. Doch ich bestand darauf, dass gerade die Kinder, die Ende des 20. und Anfang des 21. Jahrhunderts aufwachsen und die mit so vielem konfrontiert werden, was früher Erwachsenen vorbehalten war, diese Realität erfahren müssen:

„Schnell mussten sie den Waggon verlassen, schnell hinein in die Umkleidekabine, um dann schnell zu den ‚Duschkammern' zu rennen.

‚Schnell, schnell!' brüllten die Nazi-Polizisten und ließen ihre Peitschen sausen. Doch diese ‚Duschkammern' hatten kein Wasser. Es waren in Wirklichkeit Gaskammern. Heute ist Treblinka ein großer Friedhof.

Viele Tausende Juden wurden hier ermordet. Und auf einem der Gedenksteine steht: JANUSZ KORCZAK UND DIE KINDER." *

Mein ganzes Leben lang werde ich all die nicht vergessen können, denen wir Deutschen keine Unterstützung haben zuteil werden lassen. Bis an mein Lebensende werde ich von der unendlichen Trauer erfüllt sein, dass ‚wir' – meine Vorväter und Vormütter – nicht in der Lage waren, diese grauenhafte Vernichtung zu verhindern, abzubrechen, ein für alle Mal zu beenden. Dieser Gedanke wird mich immer bis in jeden Traum und an jeden Ort verfolgen, er wird wie ein Menetekel über meinem Bett hängen, wenn ich nachts aufwache. Aber gerade deshalb kann ich meine jüdischen Freunde in Israel und Deutschland nicht verstehen, die

---

* Neudeck, Rupert/Ruegenberg, Lukas: *Janusz Korczak. Der König der Kinder.* Kevelaer: Butzon und Bercker, 2000

meinen, sie hätten ein Exklusivrecht auf mein Mitleiden. Sie haben dieses Recht nicht. Mein Mitleiden gilt auch den Palästinensern.

Recht und Gerechtigkeit sind die Grundlage unseres Zusammenlebens. Über alle Moden und Ideologien, über alle Erscheinungen des Zeitgeistes und alle sich verändernden Sichtweisen und Generationen hinweg: Recht und Gerechtigkeit bleiben die Grundlage menschlichen Zusammenlebens. Ihnen nachgeordnet sind Mut und Bürgercourage. Recht und Gerechtigkeit leben von engagierten und couragierten Bürgern.

Die Konsequenz, die ich aus der Wehrmachtsausstellung ziehe, die ich mit allen Fasern meines Herzens und meiner leidgeprüften deutschen Danziger Seele begrüße und mittrage, ist die: *Ich will nicht mehr feige sein.* Ich habe die Generation meiner Eltern, die 19 Millionen Soldaten, die nachgeborenen ‚anständigen' Deutschen, die Generation der Erhards, Adenauers, Seebohms, Oberländers, der Bischöfe Defregger und Lorenz Jäger als feige erlebt. Infolgedessen wollte ich diese Feigheit niemals in mir aufkommen lassen. Und ich habe immer wieder Mut geübt, gegen Feigheit anzugehen, sobald sie in mir hochkam.

Es wurde in der Entwicklung „meiner" deutschen Gesellschaft immer schwieriger, Mut zu zeigen und Feigheit zu bekämpfen. Die Überbürokratisierung, die Versicherungsordnungen, die immer fetter und hypertropher wurden, und die neue politisch korrekte Semantik sahen die Wörter „Mut" und „Feigheit" nicht mehr vor. Und das aus einem wichtigen Grund. Die deutschen Soldaten, für die der Verteidigungsminister und der deutsche Bundestag einen sicheren Platz suchen, sind – feige. Wenn es um einen Auftrag geht, bei dem sie wirklich kämpfen müssten, wird alles daran gesetzt, diesen Einsatz zu verhindern; zum Beispiel wird alles dafür getan, dass sie nichts mit den Opiumfeldern und den menschenzerstörenden Drogen zu tun haben ... Nein, das sollen sie nicht. Sie sollen im zerrütteten Afghanistan nur dorthin gehen, wo es sicher ist. Komisch, dass das den vielen intelligenten Journalisten, Abgeordneten, Diplomaten, vielleicht auch Obersten und Generälen nicht auffällt: Schließlich sind sie doch deshalb Soldaten geworden, verdienen mehr als Entwicklungshelfer und haben alles, was das Herz begehrt. Sie werden in ihrer Feigheit geschützt. Doppelt geschützt. Zum einen dürfen sie feige sein. Zum anderen darf niemand – ohne für diese Verletzung der politischen Korrektheit bestraft zu werden – ihr Verhalten so nennen: feige.

Ich habe ein anderes Fazit aus der Wehrmachtsausstellung und dem, was sie beschreibt, gezogen. *Ich will nie in meinem Leben feige sein.* Ich empfinde die Feigheit immer wieder als Grundübel unseres verbrecherischen Konformismus. Die Feigheit der Familienväter, die Feigheit der Ehefrauen, die Feigheit der mittleren Angestellten. Und immer wieder taucht dieser Passepartout-Satz auf: „Ich habe Anweisung." Ein Satz, der dazu führte, dass der Lokführer von Auschwitz sich nichts dabei dachte, wenn seine Züge Juden an einer Rampe ausspuckten, die in die Vernichtung führte.

Nein, deshalb war mir so wohl ums Herz, als wir, *Cap-Anamur*-Mitarbeiter Nedim Goletic und ich, einmal ein bisschen – Entschuldigung, wenn ich uns jetzt etwas lobe – mutig und nicht feige waren. Das war, als wir in den Ostertagen 1999 in Skopje und an der Grenzstation Blace erlebten, wie die alten Bilder wieder in uns hochkamen. Wir waren beide viele Tage auf der nassen, schlammigen Wiese herumgeschubst worden, mit Tausenden von Kosovaren, die dort festgehalten wurden. Diese Albaner aus dem Kosovo wurden festgehalten, weil es – wieder einmal, wie damals zur Zeit der Christenverfolgungen – hieß: „Non licet vos esse", es ist euch nicht erlaubt zu leben, eigentlich wäre es besser, die Serben hätten reinen Tisch gemacht und euch alle ermordet. Was sollen wir denn hier in diesem fragilen Gebilde Mazedonien mit euch? Ihr zerstört nur unsere sowieso schon wackelige Balance. Da standen wir also und kümmerten uns auf dieser Welt nicht mehr um die Genehmigungen der mazedonischen Polizei. Nedim Goletic belog auf bosnisch (denn er ist seiner Herkunft nach Bosnier) einfach frech die, die uns dort mit unserem Kleinbus aufhalten wollten: Wir hätten mit dem Polizei-Nacalnik gesprochen und dürften mit den Lebensmitteln hier durchfahren. Basta! Das machten wir einfach, weil wir es machen mussten. Weil die Menschen dort fast verdurstet wären, die in der sengenden Sonne, nur mit den Kleidern am Leib, die sie seit Tagen trugen, schwitzten und voller Verzweiflung über das Unrecht, das ihnen geschah, immer nur in den Himmel oder auf die Erde starrten. Wir brachten wenigstens den Frauen mit ihren Babies – die ja auch nicht sein sollten, weil sich die Albaner ja vermehren würden wie die Karnickel – wir brachten ihnen wenigstens am Morgen etwas Wasser und Milch.

Wir hatten einen mazedonisch-albanischen Unternehmer getroffen, der bereit war, auch zu Ostern die eigene Brotfabrik und den Laden aufzumachen und die Brotmaschine anzuwerfen. Wir waren ihm auf halber Strecke nach Blace begegnet. Wir saßen keine fünf Minuten in einem Lokal in Skopje, da musste dieser Mann vor uns weinen. Weinen wie ein kleines Kind. Da wurde mir klar, wie viele meiner jüdischen Mitbürger in Deutschland und in Polen, wie auch jener wunderbare Janusz Korczak und andere, vor dem Eingang und vor der Rampe geweint haben müssen. Weil sie es nicht ertragen konnten, dass Menschen Menschen so etwas antun.

Es geht dann für mich nur noch um eines: Entweder ich lasse alles stehen und liegen, nehme meinen ganzen Mut zusammen und mache das, was meines Erachtens gemacht werden muss. Oder ich werde für immer und ewig feige sein.

Ich habe die Situation in Skopje mit Nedim Goletic und Klaus Winkenjohann von *Cap Anamur* und mit einem Albaner, der mit uns kam, durchgestanden. Danach versuchten wir, gleich die nächsten Helfer an diesen Ort zu bekommen. Der Bundestagsabgeordnete der SPD Rudolf Bindig wollte mich zurechtweisen. Ich solle nicht soviel bei diesen Menschen da draußen sein, ich hätte es versäumt, mich bei den Sitzungen zu zeigen, die in den schönen klimatisierten Räumen der Deutschen Botschaft abgehalten worden waren. Er beschimpfte mich – und ich sagte diesem Politiker dann so lautstark meine Meinung, dass er mir bis heute gram ist und niemals wieder auf Briefe und Anfragen reagiert hat. Im Gegenteil, als Bundestagsabgeordneter nahm er an einem Versuch des Deutschen Fernsehens, mich zu erledigen, teil. Zweimal hat uns – und besonders mich – die ARD-Sendung „Report Mainz" mit allen möglichen unwürdigen Anschuldigungen schädigen und regelrecht zugrunde richten wollen, ausgerechnet während der erfolgreichsten und wichtigsten Operation, die wir im Auftrag der deutschen Bevölkerung je durchgeführt haben.

Niemals feige sein: Das wurde all die Jahre meine wichtigste Maxime. Niemals feige sein, so wie die Generation unserer Eltern feige gewesen ist, tödlich feige bis zum Tod. Und die darunter ganz gewiss, wie Hannes Heer uns in seinem Buch „Vom Verschwinden der Täter"* gezeigt hat, sehr gelitten hat.

Israelis und Juden, besonders deutsche Juden, sollten über jeden Deutschen, der nicht mehr gewillt ist feige zu sein, froh und dankbar sein; und sollten diese neue Welle von Mut und Courage begrüßen und nicht mehr auf dem beharren, was die kleinkarierte Scharon-Politik ihnen eingibt.

---

* Erschienen 2004 im Aufbau-Verlag, Berlin.

Meine Begegnung mit Martin Buber

Lieber, verehrter Martin Buber,

gesehen habe ich Sie nie, doch Fotos von Ihnen habe ich immer wieder betrachten können, so dass Ihre Physiognomie sich in mein visuelles Gedächtnis eingegraben hat. Die wenigen glattgestrichenen Haare und der wilde Bart, ähnlich wie ich ihn trage ... Aber Sie haben ihn – wohl getreu irgendeiner chassidischen* Tradition – immer mächtiger wuchern und wachsen lassen, als ich es mich in Gegenwart meiner Frau Christel je hätte trauen können. Sie wurden mir zu einem lebendigen, oft mir gegenübersitzenden oder mich begleitenden Menschen, als ich in Bonn, später in Münster und Salzburg an der Universität die Chance hatte, in Ihre Dialogische Pädagogik** eingeführt zu werden. Später ist diese Beziehung zu Ihnen auf eine fast sufistisch mystische Art noch unmittelbarer geworden, ich kann – im ICE oder in der S-Bahn sitzend – Sie manchmal, lebhaft mit den Händen redend, vor mir sehen.

Ich weiß nicht mehr genau, wer es war, dem das größte Verdienst um diese produktive Vermittlung zukommt (vielleicht der Pädagoge und Publizist Hartmut von Hentig?). Ihre chassidischen Wurzeln haben mich ganz eng mit den jüdischen Traditionen Osteuropas verbunden. Und schon während meines Studiums wurde ich mit der allergrößten Trauer darüber infiziert, dass wir Deutschen diese Tradition entweder ganz zerstört haben oder aber zumindest nichts dazu taten, sie zu erhalten.

Dass ich mich mit einem solch dramatischen Brief an Sie wende, hat einen ganz aktuellen Grund: die Mauer in Palästina. Kann es für die Juden in Israel noch ein arabisches Nachbarvolk

---

* Chassidismus war eine vor allem in Osteuropa starke Bewegung des Judentums.
** Die Dialogphilosophie Bubers sieht die Existenz des Menschen in zwei grundsätzlich verschiedenen Beziehungen: die „Ich-Es"-Beziehung bezeichnet das Verhältnis zu dem Anderen unter einem funktionalen Gesichtspunkt; die „Ich-Du"-Beziehung ist dagegen eine gegenseitige, dialogische Beziehung zur Erfassung der vollen menschlichen Dimension des anderen.

geben, wenn man um diese Nachbarn eine Mauer baut? Wenn man den Nachbarn buchstäblich und nicht nur im übertragenen Sinne einmauert? Kann es noch Recht und das Vertrauen auf so etwas wie Recht geben (sprechen wir jetzt noch nicht von der wunderbaren schönen Dame Gerechtigkeit!), wenn man mitten in die Westbank auf annektiertem, geraubtem Land eine große jüdische Siedlung und eine Stadt baut? Diese Mauer kann doch nur die allerletzte Festschreibung der Tatsache sein, dass Israel keine Verbindung zu seinen Nachbarn mehr sucht. Zu Nachbarn, die natürlich auch mürbe gemacht wurden in so vielen Jahrzehnten, in denen wenig geschah, was dazu hätten führen können, sich gegenseitig als Nachbarn anzunehmen und zu akzeptieren.

Das Wort „Nachbarn" hat noch vor einem Jahr ein guter Bekannter, ja Freund aus dem diplomatischen Dienst Israels, Michael Elizur, benutzt. Am zweiten Weihnachtstag 2004, an dem Tag, als der Tsunami die Küstenstreifen Sri Lankas, Thailands und Sumatras verwüstete, starb er in Australien, wo er seinen Ruhestand verbrachte. Kurz vorher hatte er allen seinen Bekannten und Freunden zwei Artikel von Avraham Burg* zugeschickt (genauer gesagt: das geht heute alles auch ohne die alte Post, er hat uns die beiden Artikel gemailt). Der eine trug den Titel „A failed Israeli society collapses while its leaders remain silent" (Eine gescheiterte israelische Gesellschaft bricht zusammen, während seine Führer schweigen). Der andere war eine Art Kurzautobiografie. Vielleicht war dieser alte israelisch-jüdische Diplomat damals auch verbittert, denn er sprach von einer Regierung (der Ariel Scharons), die die schlechtestmögliche sei, die man in den letzten Jahrzehnten habe haben können und die er sich gar nicht habe vorstellen können. Unsere damalige Begegnung fand in einer Art Residenz-Hotel für alte Menschen mitten in Jerusalem statt, es war ein ganz neuer Begriff von Hotel für mich, denn es war ein großes Appartement, in dem Michael Elizur mit seiner Frau lebte. Und idealerweise war dieses große Hotelzimmer voll mit Büchern und Papieren. Wir fühlten uns wohl.

* S. Anhang.

Ich war gerade zurückgekommen von einem dieser mich immer mehr erschreckenden und erschütternden Besuche in Palästina. Ich hatte meinen Freund, den Arzt Dr. Madschid Naser, der in der „Beit Sahour Medical Clinic" bei Bethlehem arbeitet, besucht. Dort hatte ich mit seiner Familie gelebt, die von der Ausgangssperre gebeutelt war – und bekam die ganze Ungerechtigkeit mit, mit der die große Mehrheit dieser Bevölkerung leben muss. Erschreckend, weil das auf Dauer nie gut gehen kann. Erschütternd, weil wir in unserer deutschen Öffentlichkeit einen großen Teil dieser Ungerechtigkeit aus guten und schlechten Motiven heraus vor uns selbst verschweigen und vertuschen, weil wir seit dem Holocaust und seit 1945 so gelähmt waren von dem anderen entsetzlichen Grauen, das durch uns in die Welt kam. Und dieses ganz andere Grauen und Entsetzen wird kein Verstand und kein Gefühl je erfassen können.

Avraham (Avrum) Burg, der Tausendsassa der israelischen Politik, war mir schon ein Jahr zuvor durch seine nonkonformistischen Ansichten aufgefallen. Sein Artikel über den Kollaps der israelischen Gesellschaft erschien am 29. August 2003 im *Forward* und am 6. September 2003 in der *International Herald Tribune*. Schon der Titel „A failed Israeli society …" löste Empörung aus. Drei Monate später gab der Autor dem Journalisten Ari Sahvir in der israelischen Tageszeitung *Ha'aretz* ein Interview, in dem er noch einmal zu seinen Äußerungen Stellung nahm. Auch dieser Artikel, auf Deutsch „Am Vorabend der Zerstörung"*, sorgte wieder für Furore. Er kam so nahe an das heran, was uns Martin Buber in den Jahren kurz vor und nach Ausrufung der Unabhängigkeit Israels gesagt hatte, dass ich es mir wie Merksätze ins Gedächtnis schreibe. Vor allem dieser eine Satz, von dem ich mich noch genau erinnere, ihn auf Englisch in Radio Israel gehört zu haben: „Wir sind verliebt in die Dummheit der Palästinenser." Das leuchtete mir als ein Stück echter jüdischer politischer Intelligenz sofort ein. Der Satz war so eindrucksvoll, weil er sich mühelos auch umdrehen ließ: „Wir sind verliebt in die Dummheit der Israelis" hätten mühelos und mit der gleichen Überzeugung auch die palästinensischen Freunde sagen können.

* S. Anhang.

Zwei Jahre, nachdem Burg den Kampf um die Führung der Arbeiterpartei, und ein halbes Jahr, nachdem er die angenehme Position des Parlamentspräsidenten verloren hatte, wachte er an einem Augustmorgen auf, hatte in der Morgendämmerung ein Gespräch mit seiner Frau Jael, einer Radikalen, und entschied, dass es unmöglich sei, so weiterzumachen wie bisher. Nach Auskunft seiner Freunde war er dann in sein Büro gegangen, vom dem aus er auf die Jüdäischen Berge blicken konnte. Innerhalb einer knappen Stunde habe er dann über 1000 Wörter heruntergetippt, die in der jüdischen, aber auch der europäischen und zumal der deutschen Welt für Aufsehen sorgten.

Im Gespräch mit *Ha'aretz* äußerte Burg dann die sensationellen Sätze, die der konformistischen politischen Korrektheit Israels geradewegs ins Gesicht schlugen: „Wir leben in einem Land, das sich in einem Prozess des moralischen Verfalls befindet. Was mir am meisten Angst macht, ist, dass wir nicht merken, dass wir solch einen Prozess durchmachen. Ohne es zu merken, entfernen wir uns dauernd von uns selbst, hier ein wenig und dort ein wenig – immer weiter von unserem Ursprung. Plötzlich greift ein F16-Kampfflieger ein Gebäude an, in dem unschuldige Leute leben – und einige Armeebefehlshaber sagen, dass sie trotzdem gut schlafen könnten." Noch schärfer formulierte er, was die andere Seite – die Palästinenser – auch sagen könnten: „Was geschieht, ist folgendes: wir ähneln immer mehr unsern Feinden. Wir verlieren das Gefühl und die Sensibilität, die unser Gewissen war."

„Wir", fuhr Burg fort, und ich sehe wieder, wie Sie, Martin Buber, der Sie damit gemeint sind, schon kräftig dazu nicken, „wir mögen vielleicht Israelis bleiben oder Juden. Aber wir werden keine Zionisten mehr sein, die den Zionismus fortführen, den die Staatsgründer gemeint haben."

Die Israelis würden nicht mit dem Faktum fertig werden, dass die Juden zwischen Jordan und Mittelmeer eine Minderheit würden: „Damit müssen wir fertig werden. Aber der Regierung Israels und den israelischen Politikern gelingt es nicht, mit dieser Wahrheit fertig zu werden. In den vergangenen drei Jahren sind wir in einen Zustand von stummem Schock verfallen. In eine Situation ohne Worte."

Nach all diesen starken Worten wollte der Reporter wissen, ob Israel ein Staat des Bösen geworden sei. „Nein", antwortete der Dialektiker. Nicht ein Staat des Bösen. „Aber wir haben keine Sensoren für das Böse mehr. Wir sind gleichgültig und blind geworden. Wir empfinden nichts mehr und sehen nichts mehr." Erst eine Woche zuvor, berichtete Avrum Burg, habe er ein bekanntes israelisches Gymnasium in Jerusalem besucht. Eine ganze Reihe Schüler erzählte schockierende Dinge. Sie sagten: „Wenn wir Soldaten sind, werden wir alte Leute, Frauen und Kinder töten, ohne uns Gedanken darüber zu machen. Wir werden sie vertreiben, wir setzen sie in Flugzeuge und fliegen sie in den Irak. Wir werden Hunderttausende von ihnen ausfliegen. Millionen." Und die meisten der Schüler im Auditorium hätten zu diesen Äußerungen Beifall geklatscht. Sie unterstützten sie sogar dann noch, als Burg einwarf, so hätten die Leute vor 60 Jahren in Europa auch geredet. Er sei also wirklich beunruhigt gewesen, sogar alarmiert: „Ich glaube, wir verinnerlichen immer mehr eine normative Vorgehensweise, die nicht die unsere ist. Wir gleichen immer mehr unseren Feinden."

Israel führe keinen ernsthaften Krieg gegen den Terrorismus, „ ... weil Israel den Terrorismus mit Tonnen bekämpft. Wie viele Tonnen ließ ich heute gegen den Terrorismus fallen? Und Tonnen von Bomben sind kein Krieg gegen Terror. Es ist Ausdruck einer Politik der Rache, die die niederen Instinkte der öffentlichen Meinung befriedigen soll."

Ein Krieg gegen den Terrorismus, der wirklich darauf setzt, dass der Terror damit beendet wird, könne keinen Erfolg haben, wenn man nicht die Fenster öffne und der anderen Gesellschaft ein wenig Hoffnung zum Atmen gebe. Burg: „Solange Israel nur brutale Gewalt anwendet, ohne irgendeine Hoffnung zu erzeugen, bekämpft sie nicht die wahre Struktur des Terrors. Es ist endlich Zeit, dass wir verstehen, dass nicht alle Palästinenser Terroristen und nicht alle Palästinenser *Hamas* sind, und dass einige dieser Leute uns bekämpfen, weil Israel so gleichgültig ist."

Und dieser Avraham Burg ist in der Lage, etwas zu sagen, weswegen einem deutschen MdB das Mandat entzogen würde. Die

Frage, die der Journalist von *Ha'aretz* stellt, ist typisch. Hat Burg nicht Worte benutzt, die in die Nähe des Antisemitismus rücken? Eine berechtigte Frage, die einem Deutschen niemals so behutsam gestellt würde.

Zur Zukunft der israelischen Gesellschaft meinte Burg, dass die Gesellschaft sich auflöse: „… junge Leute werden ermutigt, im Ausland zu studieren. Ihre Eltern besorgen ihnen europäische Pässe. Jeder, der kann, sucht nach Möglichkeiten, im Silicon Valley in Kalifornien zu arbeiten; jeder, der es sich leisten kann, kauft ein Haus in London. So entwickelt sich langsam aber sicher in Israel eine Gesellschaft, die nicht sicher ist, ob die nächste Generation noch hier leben wird. Hier lebt eine ganze Gesellschaft, die den Glauben an die Zukunft verloren hat. Was hier tatsächlich geschieht, ist, dass die führende israelische Schicht schrumpft, weil sie nicht länger bereit ist, für die Launen der Regierung zu zahlen. Sie will nicht länger die Last der Siedlungen und die Last der Transferzahlungen tragen. Was wir aber in der Zwischenzeit bekommen, ist nicht eine Revolution auf der Straße, sondern eine stille Revolution des Weggehens, der Auswanderung."

Und Michael Elizur, diesem alten, würdigen großen Mann, fehlte nur das entsprechende Haar und der Bart, damit er für mich eine noch größere Ähnlichkeit mit Ihnen, verehrter Martin Buber, hätte bekommen können. Er fragte mich mit seinem abgeklärten Lächeln: „Erzählen Sie, Rupert Neudeck, wie geht es denn meinen palästinensischen Nachbarn?"

Als wir sprachen, gab es möglicherweise schon die Pläne für diese Mauer, aber sie wurde noch nicht gebaut. Diese Mauer und alles, was politisch und ideologisch dahinter steckt, wird das Gefühl für Nachbarschaft einfach abtöten. Ein Nachbarschaftsgefühl, das jemand wie die jüdisch-israelische Journalistin Amira Hass, Reporterin für *Ha'aretz*, mit Ihren Reportagen aus der Westbank und dem Gaza-Streifen immer noch vermitteln kann.*

---

* *Bericht aus Ramallah. Eine israelische Journalistin im Palästinensergebiet.* Kreuzlingen 2004; *Gaza. Tage und Nächte in einem besetzten Land.* München: C. H. Beck, 2003.

Juden und Palästinenser: Nachbarn?

Beide Völker haben ja vieles gemeinsam: auch etwas Schlitzohriges, wie wir das im Deutschen respektlos nennen. Kennen Sie dieses Wort noch aus der ersten Hälfte des 20. Jahrhunderts, Martin Buber? Ja, Sie lächeln. Das ist ein schönes, Kumpanei schaffendes und Gemeinsamkeit heischendes Wort. Wenn man den Juden und den Palästinensern in privilegierten Momenten näher kommt, sind sie bereit zuzugeben, dass sie nicht nur geographisch Nachbarn sind, sie sind es auch in ihren Eigenarten.

Sie lächeln immer noch: Ich sehe Sie vor mir, wie Sie den Holländern in der Zeit, als noch niemand von ihnen daran dachte, nach Deutschland zu gehen, im holländischen Rundfunk die Aussichten auf ein binationales Gemeinwesen eröffnet haben. Ja, Sie winken ab und sagen, heute könne man sich das ja überhaupt nicht mehr vorstellen, und es werde ja von den jetzt Regierenden in Israel und Palästina alles, ja, wirklich alles getan, um so etwas heute unmöglich zu machen. Es gibt noch die Bänder dieser Aufnahme, deutsch haben Sie damals gesprochen: „Ich bin" – so erzählten Sie – „wiederholt in jüdischen Dörfern Zeuge von Festlichkeiten gewesen, an denen die arabischen Nachbarn nicht bloß als geachtete Gäste, sondern in einer bis zur rechten Brüderlichkeit gesteigerten Freudigkeit teilnahmen."[*]

Realistisch, wie Sie waren und noch sind, fügten Sie hinzu, dass manches aus den Lebensgrundlagen des jüdischen Siedlungswerkes für eine Zusammenarbeit erschwerend wirken würde. So habe der gesunde regenerative Grundsatz, die Juden zur produktiven Tätigkeit zu führen, die Folge, dass die arabischen Arbeitskräfte auf dem Arbeitsmarkt oft nicht so richtig zur Geltung kämen. Für ein Zusammenleben der Nachbarn lägen gute Voraussetzungen vor, so haben Sie uns gelehrt: „Die Sprachen sind nahe verwandt, der gemeinsame Stammvater verknüpft beide Völker mit der semitischen Urzeit, und sogar in den Sitten, zumal wenn

---

[*] Mendes-Flohr, R. (Hg.): *Martin Buber. Ein Land und zwei Völker. Zur jüdisch-arabischen Frage.* Frankfurt: Jüdischer Verlag, 1983.

man die der in Palästina seßhaften orientalischen Judengemeinschaften ins Auge faßt, gibt es manches Verbindende." Ja, wir müssen uns zublinzeln, wenn wir uns daran heute erinnern, in einer Zeit, in der alles getan wird, um diese „starken Voraussetzungen für ein aktives Zusammenleben" mit Stumpf und Stil, mit Kanonen und Raketen auszulöschen.

Als ich 2002 einmal an einem Sabbat mit den israelischen *Physicians for Human Rights*, den „Ärzten für die Menschenrechte", zu einem Dorf in der Nähe von Tulkarim unterwegs war, musste ich andauernd an Sie, Buber, zurückdenken. Nein, nicht zurück. Sie sind den ganzen lieben langen Tag mit mir. Es gab an diesem Tag wunderbare Begegnungen, die ich erleben durfte. Ich bin überzeugt, Sie, Buber, hätte dieser Tag gefreut, den ich da mit erleben konnte. Er war so recht nach Ihrem Geschmack. Die palästinensischen Einwohner hatten die Schule für sechs oder sieben – ich kann mich nicht genau erinnern – Behandlungsräume eingerichtet. Da waren ein Internist, ein Chirurg, ein Kinderarzt, eine Kinderärztin, eine ältere Krankenschwester, die mit den Kindern arbeitete, eine Frauenärztin – alle hatten dort ihre Ambulanz. Man hatte Alukisten mit Medikamenten mitgebracht und packte sie aus. In der Zwischenzeit wurde ich vom stellvertretenden Bürgermeister zu einem Tee beiseite genommen.

„We are the Arab Jews, or the Jewish Arabs", sagte er mir, während er sich im Laufe des Gesprächs schon die vierte Zigarette ansteckte und schon den dritten Tee trank. „Eigentlich könnten wir gute Nachbarn sein. Denn wir sind ja den Juden sehr ähnlich!" Alle Gewerbe und alle Berufe hätten sie hier im Dorf, natürlich hätten fast alle die Universität besucht. Viele seien aber in die USA gegangen oder in andere arabische Staaten abgewandert. Aber sie seien auch da nicht besonders beliebt, weil sie so klug, so gebildet und so tüchtig seien.

Eine Mauer, kein „Zaun"!

Die Mauer bei Kalkilia besteht aus einem Stacheldrahtzaun, an dem ein Sandweg entlangführt, der jede Fußspur erkennen lässt. Parallel dazu verläuft eine asphaltierte Straße, dann eine Art Todesstreifen, an dem Schilder mit der Aufschrift stehen: „Mortal Danger! Any person, who touches the fence, endangers his life" (Todesgefahr! Jeder, der den Zaun berührt, riskiert sein Leben). Dann kommt eine acht Meter hohe Mauer, Weltrekord unter den Mauern der Moderne (die Berliner Mauer war 3,90 Meter und die Zypern-Mauer bis zu maximal 5 Metern hoch). Alle 300 Meter steht ein Wachturm. Aus dem unmittelbaren Umkreis der Mauer müssen Unternehmen verschwinden, ganz gleich welcher Art.

Die Mauer ist noch nicht einmal die Befestigung einer Grenze, die völkerrechtlich zwischen Israel und Palästina legitimiert wäre, als eine sogenannte grüne Grenze oder als Waffenstillstandsgrenze von 1967.

Sie, Martin Buber, waren schon zwei Jahre tot, als im Nahen Osten 1967 erneut Krieg geführt wurde, dieses Mal – in den Augen der israelischen Staatsführung – ein präventiver. Erst danach erkannten die Vereinten Nationen die Grenzlinie, die durch den gegen Israel durchgesetzten Waffenstillstand entstanden war, als grüne Grenze zwischen Israel und Palästina an.

Sie hatten schon zwei Jahre nach der Gründung des Staates Israel 1948 Ihre Stimme erhoben und Unheil und Zerfall angekündigt, wenn der Staat Israel nicht den Willen zur Gerechtigkeit habe, der beinhalte, sich um die vertriebenen palästinensischen Flüchtlinge zu kümmern und sie entweder wieder anzusiedeln oder zu entschädigen. Recht und Gerechtigkeit seien die Pfeiler des Lebens und Zusammenlebens. „Gewiß", so sagten Sie damals, „man sagt der prophetischen Überlieferung nicht ab. Man ehrt und verehrt sie, aber nicht als verbindliche Lebenswahrheit, sondern nur als einen ideellen Besitz der Nation, geeignet, in der nationalen Propaganda zweckmäßig verwendet zu werden. Nichts Schlimmeres als dies kann der menschlichen Artikulation göttlichen Wortes widerfahren."

Als ich am 25. August 2003 in den ZDF-Nachrichten des „heute-journal" nach einer guten Anmoderation von Claus Kleber die jüdischen Siedler der illegal auf fremdem Land errichteten Siedlung Ariel am Swimmingpool bei Cocktail und Häppchen sitzen sah, da war das Ausmaß des provokativ zur Schau gestellten Luxus auf Territorium, das den Juden Israels nicht gehört, so widerlich überspitzt, dass ich ahnte: Sie, lieber Martin Buber, würden sich im Grabe umdrehen, wenn Sie so viel Arroganz und Ungerechtigkeit, so viel Leugnung aller Solidarität erlebten.

In meiner Fantasie begegne ich Ihnen. Es kommt der große Philosoph Ernst Bloch dazu, mit dem ich Sie immer zusammen spazieren gehen sehe: Buber, Bloch, Böll, die B-Trinität, wie man Sie drei in den Gefilden der Engel und der Erzengel, der Mozart-Geiger, Bach-Trompeter und -Posaunisten scherzhaft nennt. Bloch deklinierte bei Betrachtung der real existierenden Welt wieder das Prinzip Hoffnung durch und es schrumpfte auf zwei kleine Wörtchen: Noch nicht. Wir setzen uns in das himmlische Café „Zum Garten Eden", und während Bloch in seine Tasse Tee den Zucker hineinrührt, kommen ihm wunderbare Sätze über die Lippen. Die Heilige Schrift, das Evangelium der Christen, habe er nie verachten können, diese wunderbaren biblischen Erzählungen. Gerade auch in der Sprache der Bibel gehe es bäurisch-demokratisch zu, deswegen habe eben Luther bei seiner Textübersetzung den Leuten bei sich zu Hause aufs Maul geschaut, „als spräche der Text wie sie und handle nicht nur von ihnen."* Und dann erst die Situationsbilder in der Bibel und im Neuen Testament: Der Stall von Bethlehem liege auf den altdeutschen Schilderungen ebenso selbstverständlich in tiefem Schnee wie für die Farbigen das Christkind schwarz sei und ein schwarzer Moses den Sklavenhaltern in einem Spiritual zudonnere, ja zudonnern könne: „Let my people go!"

Und Bloch ereifert sich, Sie, Buber, kommen gar nicht zu Wort und müssen grinsen. Das sei immer so beim Zusammensein mit Bloch, die erste halbe Stunde erzähle er von dem, was ihm alles neu im Himmel aufgefallen sei und welchen heiligen Kom-

* *Atheismus im Christentum*. Frankfurt: Suhrkamp, 1968, S. 26 f.

munisten er wieder angetroffen habe, danach komme er zu seinen alten Forschungen, und erst dann könne man mit ihm über unser aktuelles Thema Israel/Palästina sprechen. Immer wieder geht es um Rebekka am Brunnen, um die Erkennungsszene Josefs mit seinen Brüdern, die dem wunderbaren Roncalli-Papst – werfe ich ein – so gefallen hat: „Ich bin Josef, Euer Bruder!" Das Christkind im Stall ... Und alles das archetypisch, in anschaulichstem Bericht. Immer weiter kommt Bloch „vom Hölzken aufs Stöcksken", wie wir in der Kölner Rheinebene sagen würden. Das Urmenschliche ist sein Thema: in den Bildern der Bibel, in der Nausikaa-Szene der Odyssee und oder auch in der Elektra-Orest-Begegnung bei Sophokles.

„Das sollte", meldet sich da Martin Buber, der einen ganz schwarzen Kaffee trinkt, zu Wort, „das sollte hier in Palästina nicht mehr gelten? Können wir ein ganzes Volk wegwerfen – einfach auf den Abfallhaufen der Geschichte werfen? Sollten wir uns nicht selbstkritischer fragen, warum dieses Volk so ... geworden ist? Und auch danach fragen, ob wir denn überhaupt so sprechen dürfen?" Aber eine Klammer wurde um dieses Volk gespannt: Die Klammer der Einschließung und der dauerhaften Demütigung. Man hatte sie vertrieben, man hatte ihnen keinen Raum gelassen, man hat den Staat Israel rücksichtslos aufgebaut. Und ein wenig rücksichtslos musste das wohl auch geschehen, nach dem furchtbarsten Debakel in der Geschichte der Juden. Aber jetzt gelten absurderweise nur die Palästinenser als Terroristen.

Es gibt wenig Recht und Gerechtigkeit für diese Menschen. Obwohl sehr viele von ihnen nicht bereit sind, Gewalt anzuwenden. Auch meine Gastgeber, Melanie und Madschid Naser, wären psychisch und physisch unfähig, aus politischen Gründen einen Mord – geschweige denn ein Selbstmordattentat – zu begehen. Denn Madschid und Melanie wissen ja, dass jeder Selbstmord unschuldige Menschen treffen würde.

„Es herrscht weder Gesetz noch Urteil."

Jetzt hat es nach langer Zeit, ich lege die Meldung auf den Tisch, wieder einmal eine gewaltlose Demonstration in Palästina gegeben, mit Israelis, Palästinensern und internationalen Beobachtern – alles Frauen. Und was geschah? Ich lese den Bericht der Israelin Gila Svirsky, die der *Koalition der Frauen für den Frieden in Jerusalem* angehört:

„Dem gewaltfreien Marsch der Frauen in Bidu wurde mit Gewalt begegnet.

25. April 2004
Liebe Freunde,
ich sprach gerade mit Molly Malekar, als sie auf ihrem Weg ins Scha'are Zedek-Krankenhaus war. Hier ihr Bericht:

‚Wir waren 60 Frauen, nur Frauen: etwa ein Drittel israelische, ein Drittel palästinensische, ein Drittel internationale Frauen.
Wir trafen uns in Bidu (manchmal in den Zeitungen auch Biddu geschrieben), um gegen den Mauerbau in diesem Dorf zu protestieren. Es war ein ruhiger Marsch. Die Frauen trugen Transparente und gingen in Richtung des Areals, wo Soldaten den Mauerbau bewachten. In einer Entfernung von 10 Metern hielten wir an, weil die Soldaten ihre Waffen direkt auf uns richteten. Ich rief ihnen auf Hebräisch zu: ‚Nicht schießen. Wir sind nicht bewaffnet. Dies ist eine gewaltfreie Demonstration.' Nichtsdestotrotz erfolgte ein Angriff mit Tränengas und Stun-Granaten, die um uns herum fielen und in keinerlei Verhältnis zu der ruhigen, nicht provozierenden Art unserer Aktion standen. Die Granaten explodierten direkt vor unseren Füßen. Die meisten von uns waren geschockt und rannten auseinander. Die Soldaten griffen uns an, fielen über die Frauen her, griffen einige und nahmen sie fest.
Danach gab es keine Demo mehr, es gab also auch nichts zum Auseinanderjagen. Die meisten Frauen waren zurückgerannt und versuchten, sich vom Tränengas zu erholen. Ich blieb, weil ich mit

den Soldaten reden wollte. Plötzlich tauchten aus dem Nichts vier berittene Grenzpolizisten auf und griffen an. Ich versuchte wegzulaufen, aber eine Polizistin zu Pferd fing mich ab. Sie schlug mit einem Stock auf meinen Kopf. Ich fiel zu Boden. Ein zweiter Polizist griff mich dann auch an. Ich erhielt noch mehr Schläge auf Kopf und Rücken.'

Molly ist die Leiterin von *Bat Schalom*, der Frauenfriedensorganisation auf israelischer Seite. Die palästinensische Seite nennt sich *Jerusalemzentrum für Frauen*. Molly ist eine sehr ernsthafte Frau. Eine bessere können wir uns als Leiterin der Organisation gar nicht vorstellen. Sie würde sich nie auf Provokationen einlassen. Sie war immer vorsichtig. Ich fragte sie über Handy, als sie auf dem Weg zum Krankenhaus war, wie sie sich fühle. ‚Schreckliche Kopfschmerzen, meine Ohren sind verletzt und schmerzen von den Schlägen. Aber lass uns überlegen, wie wir die Leute aufwecken können, nach dem, was hier passiert ist. Wir müssen die Leute wachrütteln.'

Wach auf, WELT! Höre ISRAEL, wach auf! Israelische Soldaten machten Brutalität zum Alltag für die Palästinenser. Dann richteten sie ihre tödlichen Waffen gegen internationale Friedensaktivisten und nun misshandeln sie Israelis, die diese Art und Weise missbilligen. Wer wird die erste sein, die getötet wird? Starkawk, eine US-amerikanische Aktivistin, die an einer dieser Aktionen teilnahm, schreibt: ‚Die Israelis, die mit dem täglichen Widerstandskampf zu tun hatten, sagten mir, dass es nur eine Frage der Zeit sei, bis es einen israelischen Märtyrer gebe.'

Gewaltlosigkeit ist kein Schutz mehr gegen die Brutalität des Militärs. Egal, ob es Israelis, Palästinenser oder Internationale sind. Keiner sollte wegen friedlicher Demonstrationen angegriffen werden. Doch genau das ist zur Norm geworden. Jede Demonstration, die heute in den besetzten Gebieten stattfindet – egal, ob von Palästinensern oder Israelis, Frauen oder Männern organisiert –, wird brutal niedergeknüppelt.

Was ist geschehen? Die Besatzung ist geschehen, die Besatzung hat die Seele Israels korrumpiert. Eine Situation, wie sie in der Bibel beschrieben wird: ‚Es herrscht weder Gesetz noch Urteil.' In der Seele Israels herrscht heute Anarchie, die nicht verschwinden wird, solange wir die Besetzung in unserem Land und unseren Herzen nicht ausrotten."

Der neue Martin Buber heißt Daniel Barenboim

Lieber Martin Buber, warum können Juden, die aus der Unterdrückung, aus den Pogromen in Osteuropa und Russland kommen, nicht instinktiv verstehen, dass eine dauerhafte Besetzung nicht zu rechtfertigen ist? Wie ist es möglich, dass Juden das nicht verstehen, wo sie es doch an allererster Stelle begreifen müssten? Wie können sie blind sein für die Nöte, in die sie ein anderes Volk treiben? Der große George Steiner hat einmal in einer Vermutung angedeutet, dass die Juden, die auf der Welt verstreut sind, deren Sauerteig bilden sollten, dass die Juden nicht in einem einzigen Staat sein und herrschen dürften, weil sie dann notwendigerweise auch andere diskriminieren und harsch behandeln würden. Warum kann nun jemand wie Daniel Barenboim seine Stimme erheben und sich gegen die brutale Rambo-Welt des Ariel Scharon wehren, des „Königs von Israel"?

Dieser Daniel Barenboim, ein begnadeter Musiker, Dirigent und Musikpädagoge, wagte es bei der Übergabe des Wolf-Preises im israelischen Parlament, aus der Unabhängigkeitserklärung Israels vom 14. Mai 1948 zu zitieren:

„Der Staat Israel wird sich der Entwicklung dieses Landes zum Wohle aller seiner Menschen widmen. Er wird gegründet sein auf den Prinzipien von Freiheit, Gerechtigkeit und dem Wohl aller seiner Menschen, geleitet von den Visionen der Propheten Israels. Er wird allen seinen Bürgern ohne Ansehen der Unterschiede ihres Glaubens, ihrer Rasse oder ihres Geschlechts die gleichen sozialen und politischen Rechte garantieren."

Mit diesen Worten sorgte Barenboim zum ersten Mal dafür, dass israelische Musiker wahrnahmen, dass es in dem „Untervolk" der Palästinenser auch Musiker gibt, Oboisten, Flötisten, Fagottisten, Geiger und Bratschisten. Er berief sich mit dem obigen

Zitat auf die Gründerväter des Staates Israel. Diese „Pilgrim Fathers" hatten sich damals verpflichtet, den Frieden zu leben und gute Beziehungen zu allen Nachbarstaaten und -Völkern zu pflegen. Am Schluss seiner Rede sagte Barenboim mit ungeheurem Mut: „Kann das jüdische Volk sich erlauben, so gleichgültig zu sein gegenüber den Rechten und dem Leiden eines Nachbarvolkes?"

Die Äußerungen Barenboims brachten die Besucher der festlichen Versammlung zum Kochen. Die Erziehungsministerin Limor Livnat zum Beispiel beschwerte sich darüber, dass Barenboim das Podium dazu nutze, Israel „anzugreifen". Das ist offenbar für politische Repräsentanten die größte Schande: Israel anzugreifen. Israel zu kritisieren. Menachem Alexenberg hielt ein Schild hoch, das um die Welt ging: „Musik macht frei" schrieb er in großen Lettern darauf, eine Variation über das am Tor von Auschwitz prangende unsägliche „Arbeit macht frei". Sogar der sonst so irenische Staatspräsident Katsav war der Meinung, Barenboim müsse wegen dieser Kritik an Israel verurteilt werden. Wörtlich meinte er: wegen der „unpassenden Rede".

Daniel Barenboim wurde also der mit 100 000 Dollar dotierte Wolf-Preis verliehen, obwohl er jemand ist, den man in Israel am liebsten übergehen würde. Aber man kann ihn nicht übergehen. Nach dem Tod von Yehudi Menuhin ist er unumstritten eines der größten Musikgenies, das die Juden dieser Welt hervorgebracht haben. Barenboim ist Generalmusikdirektor der Staatsoper „Unter den Linden" in Berlin, gleichzeitig Chef des Chicago Philharmonic Orchestra. Er ist ein begnadeter Klavier-Solist, darüber hinaus ist er ein engagierter Humanist. Als Kind russischjüdischer Eltern wuchs er in Buenos Aires auf, später in Israel. Schon mit zwölf Jahren wurde er von Wilhelm Furtwängler zu einem Konzert eingeladen, der Vater des kleinen Wunderkindes Daniel meinte damals allerdings, das sei noch zu früh.

In Israel hat er schon öfter für Aufruhr gesorgt, indem er gegen die „historical correctness" verstieß.

So hatte er die Chuzpe, nach einem Konzert beim Jerusalem-Festival 2001 als Zugabe Musik aus Richard Wagners „Tristan und

Isolde" zu dirigieren. Der Kulturausschuss der Knesset erklärte ihn daraufhin zur Persona non grata, zur in Israel unerwünschten Person, gab ihm sogar Hausverbot in der Knesset. Trotzdem wurde ihm dort im letzten Jahr der Wolf-Preis verliehen, woraufhin er die Gelegenheit wahrnahm, die versammelte Gemeinde zu fragen, was aus den Versprechungen geworden sei, die die Präambel der israelischen Unabhängigkeitserklärung gemacht habe.

Ein Aufschrei der Entrüstung ging durch die Versammlung. Ich war zwar nicht dabei, aber wir können uns nach dem, was die internationale Presse berichtet, ein Bild davon machen: Die Erziehungsministerin trat offenbar mit bebenden Nasenflügeln und einer sich überschlagenden Stimme ans Mikrofon und forderte – genau wie Staatspräsident Katsav –, dass Daniel Barenboim aufhören müsse, gestoppt werden müsse, Israel zu verleumden.

Daniel Barenboim trat am Samstag, den 3. April 2004, in „Menschen bei Maischberger" auf, einer Talk-Runde um 23.30 Uhr in der ARD, die von der Journalistin Sandra Maischberger moderiert wird. Er war kurz zuvor – wie schon so häufig – in Ramallah gewesen. Ich erinnere mich an eine unsägliche Sendung, in der zuerst ein langweiliger Volksmusik-Jodler interviewt wurde. Solche Sendungen verfolgen immer die gleiche Strategie: Sie haben bis kurz vor Mitternacht mit Tralala und unterhaltendem Geplänkel, mit Ehegeschichten, Liebesgeplänkel und dergleichen nur für Quoten zu sorgen, jedenfalls in dem real existierenden Fernsehen, in dem das Publikum permanent unterschätzt wird. Jemand wie Barenboim kam natürlich erst ganz am Ende der gut einstündigen Sendezeit zu Wort.

Dieser Mann, für den allein meine Frau Christel und ich wach geblieben waren, erwähnte auch Ihren Namen, Martin Buber, im Zusammenhang damit, wie renommiert, international und voller Zukunftserwartung es einmal in Israel ausgesehen hat. Wenigstens dem Anspruch nach. Im Anschluss erzählte er von seiner Arbeit mit einem internationalen Jugendorchester. „Stellen Sie sich das nicht zu einfach vor", sagte er zu Sandra Maischberger, als diese erwähnte, dass Barenboim mit eben diesem Orchester in Ramallah gespielt hatte. Nach der Sendung wollte ich unbedingt Kontakt zu

Barenboim aufnehmen, der mir der einzige zu sein scheint, mit dem es sich lohnt, etwas in die Wege zu leiten gegen das völlig verhärtete Verhältnis der beiden Völker untereinander, verhärteter denn je durch den Regierungschef Ariel Scharon, der ja nun ausdrücklich dem anderen Volk keinen Staat zubilligen will. Dafür hat er sein Leben lang gern und lustvoll Kriege geführt.

Am 29. April 2004 gelang es mir nach Vermittlung einer bekannten deutschen Journalistin, mit Daniel Barenboim, der sich im Hilton in Athen aufhielt, zu telefonieren. Ich war zu einer Lesung aus meinem Buch „Jenseits von Kabul" unterwegs nach Warendorf, genauer Ost-Bevern, und ich hatte auf dem Bahnhof von Münster genau 20 Minuten Zeit, ihn telefonisch zu erreichen.

Dreimal habe ich es versucht, beim letzten Mal klappte es. Wir verabredeten uns für die Zeit nach dem 22. Juni, wenn er dann wieder in Berlin sein sollte. Dort wollte ich ihm ein Projekt vorschlagen: Eine Akademie für die gewaltlose Beilegung von Konflikten und die Bekämpfung von Vorurteilen. Mit dem Ziel, die besten Menschen, die es gibt, an einen Tisch zu bekommen, sollte sie in Beit Dschala oder in Dschenin gegründet werden.

Barenboim hatte mir nicht gesagt, dass – politisch gesehen – fürchterliche Wochen vor ihm lägen, ich hatte ihn allerdings auch nicht danach gefragt. Ich dachte, er mache eine Gastspielreise durch Griechenland, dabei war er schon wieder auf dem Weg nach Ramallah. Dort, so konnten wir später hören, gastierte er in der *Friends Boy School*. „Ein Meer von Blüten bedeckt die Fassade, Vögel zwitschern, es ist ein Ort des Friedens. Kaum vorstellbar, dass im Nachbarhaus, einer Polizeiwache, zwei israelische Soldaten gelyncht wurden. Anderthalb Jahre ist das her. Die Bilder der blutigen Hände am Fenster gingen um die Welt." Immer wieder waren Raketen in die Polizeiwache eingeschlagen, eine hatte die *Friends Boys School* getroffen und sechs Klassenzimmer zerstört.*

Daniel Barenboim hat dafür gesorgt, dass es zum ersten Mal wieder ein Orchester in Palästina gibt, ein Jugendorchester. Seiner Einschätzung nach ist das Orchester unglaublich weit. Im Oktober

---

* Eckardt, Emanuel: „Keine Zugabe". In: DIE ZEIT, 13. 5. 2004.

2003 hatte er die deutsche Geigerin und Dirigentin Anna-Sophie Brüning, 31 Jahre alt, dorthin geschickt. Sie sollte das Orchester fast aus dem Nichts heraus aufbauen, denn es gab damals nur wenige Schüler am Konservatorium. Doch bereits kurz nach Ankunft von Frau Brüning meldeten sich mehr Bewerber, als die Schule aufnehmen konnte. Kollegen aus Deutschland kamen hinzu. Einen Vertrag bekamen sie nicht, sie hatten lediglich das Ehrenwort von Barenboim. Der Trompeter Christoph Dürr wird mit seiner Einschätzung zu den palästinensischen Musikern in der „ZEIT" zitiert: „Sie sind superbegabt und wahnsinnig motiviert. Sie reißen einem das Instrument förmlich aus den Händen und sind todunglücklich, wenn eine Probe zu Ende ist."

Von den 30 jungen Musikern kommen vier aus Bethlehem. Die Stadt liegt zwar nur wenige Kilometer von Ramallah entfernt, aber auf der Strecke gibt es einige Checkpoints und Kontrollen. Sechs ganze Stunden dauert so die Fahrt.

Was für ein Projekt hat Barenboim dort ins Leben gerufen? Er will Kindern eine musikalische Ausbildung ermöglichen. Ein Kindergarten für musikalische Früherziehung ist geplant, einen Mädchenchor gibt es schon, rekrutiert aus begeisterten jungen Sängerinnen des nahen Flüchtlingslagers.

Zum Anlass des Festes Lag Ba'Omer, das an den Aufstand gegen die römische Fremdherrschaft erinnert, gibt Barenboim ein Konzert in Jerusalem. Was er spielt? Natürlich Beethoven, von dem er in einem gemeinsam mit Edward W. Said veröffentlichten Buch so wunderbar Tiefgängiges sagte, dass es für mich zu einem der schönsten Bücher der letzten Jahre geworden ist[*] . Beethoven spielt er, die Sonaten. „Als der letzte Ton verklungen ist, klappt er den Flügel zu, schiebt den Hocker unter das Instrument und bedankt sich mit einer Verbeugung für den Applaus." Eine Zugabe gibt er diesmal nicht.

---

[*] Barenboim, Daniel / Said, Edward W.: *Parallelen und Paradoxien*. Berlin: Berlin Verlag, 2004.

„Non licet vos esse."

Die „Ontologie des Noch nicht" – das will bei Ernst Bloch, dessen Optimismus nie erlahmt, heißen: Alles, was noch nicht war, alles, was in den Träumen und Utopien der Menschheit angelegt ist, das wird noch Realität werden. Was noch nicht ist, kommt noch.

Am 26. September 2003 – so berichtet uns die Presse – erklärte Ariel Scharon, die grundsätzliche Entscheidung, den palästinensischen Präsidenten Jassir Arafat aus Ramallah auszuweisen, sei richtig gewesen. „Dieser Mann kann nicht länger hier bleiben", hatte Scharon gesagt. In der Zeit der Christenverfolgungen, als die Christen in den großen Kolosseen und Arenen den Löwen zum Fraß vorgeworfen wurden, sagte man: „Non licet vos esse", es ist euch nicht erlaubt zu leben. Variiert müßte man jetzt bei Arafat sagen: „Non licet hunc esse", er ist ihm nicht erlaubt zu leben. Außerdem bleibe die Großsiedlung Ariel im Westjordanland ein „untrennbarer Teil Israels".*

2001 hatte Scharon dem US-Präsidenten das Versprechen gegeben, Arafat nicht einfach umbringen zu lassen, so wie er das mit dem *Hamas*-Führer Scheich Achmed Jassin und dessen Nachfolger Rantisi getan hatte. Eine Rakete, die weit über Gaza zu hören gewesen war, war in sie hineingerast. Die *New York Times* vom 6. April 2004 wollte wissen, dass Scharon dabei sei, dieses Versprechen zu kündigen. Obwohl der Sprecher des Premierministers Raaman Gissin erneut erklärt hatte, die Regierung habe keine unmittelbare Absicht, Arafat zu töten, sagte Scharon in einem Interview mit der israelischen Tageszeitung *Ma'ariv*, Arafat habe keine Versicherungspolice. Außerdem hätten sich die Umstände für Arafat geändert. „Das war damals die Zeit, als Arafat noch auf einem roten Teppich ging." Heute wüssten sowohl die israelische als auch die amerikanische Regierung genau, bis zu welchem Grad Arafat Schaden verursacht habe. Als Scharon in einem Interview mit Radio Israel nach Arafat gefragt wurde, antwortete er: „Diejenigen, die Juden töten und die befehlen, dass Juden getötet

---

* FAZ, 27. September 2003, S.1.

werden, nur aus dem Grund, weil sie Juden sind, sind zum Tode verurteilt."

Am 2. April 2004 erklärte die US-Regierung erneut, dass sie absolut jede Aktion ablehne, die den Palästinenserführer verletzen oder töten würde, obwohl die Tatsache, dass Arafat weiter den Terror alimentiere, dazu geführt habe, dass die US-Regierung seit zwei Jahren keine Verhandlungen mehr mit ihm führe.

Die Eingeschlossenen von Kalkilia

Man kommt aus dem Ort, in dem man sich gerade aufhält, nicht mehr heraus. Genausowenig kommt man von außen hinein. Der Korrespondent der *Süddeutschen Zeitung*, Thorsten Schmitz, schrieb am 10. September 2003, dass diejenigen, die nach Kalkilia wollten, entweder Bewohner der Stadt sein oder aber einen Grund haben müssten, den die Soldaten akzeptierten. „Wir verbrachten drei Stunden am Eingang von Kalkilia mit Diskussionen und Telefonaten mit dem Pressesprecher der Armee, bis uns das Tor geöffnet wurde. Als wir Kalkilia wieder verlassen", so führte Schmitz weiter aus, „sehen die Presseleute einige Palästinenser, die mit ihnen gewartet haben und die noch immer um Einlass bitten. Die Szene hatte etwas Demütigendes, denn die, die um Einlass baten, hätten die Väter und Mütter derjenigen sein können, die ihnen den Zugang verwehrten. Der Bürgermeister hatte uns noch beglückwünscht zu den drei Stunden: ‚Das ist ja regelrecht kurz'."

Der Korrespondent kommt zu Schlussfolgerungen, die sonst in der deutschen Presse selten so klar ausgedrückt werden. Er benutzt Worte, die uns im Zusammenhang mit Israel aufgrund mangelnder politischer Korrektheit bisher verboten waren: Israel, so sagte es Thorsten Schmitz, zwinge ganz Kalkilia zur Sippenhaft dafür, dass die Stadt als Vorposten von Terroristen missbraucht worden sei. Der Bürgermeister nenne die Terroristen Fanatiker, in den Straßen klebten Fotos der getöteten *Hamas*-Mitglieder, und eine palästinensische Studie wolle vor kurzem herausgefunden haben, dass vor dem Bau der Mauer zwölf Prozent der Einwohner Kalkilias mit den Terrorgruppen sympathisiert hätten, während es heute bereits 27 Prozent seien.

Diese Einschließung hat der Stadt de facto den letzten Todesstoß versetzt. An jedem beliebigen Werktag – so auch an dem Tag, als Nobert Blüm, Winfried Seibert und ich die Gelegenheit fanden, in einer Ambulanz in die Stadt hineinzufahren – liegt sie wie ausgestorben da. Dabei vibriert es normalerweise in den Altstädten der arabischen Halbinsel und des Orients, es summt und tönt, es klingt und posaunt voller geschäftiger Basar-Aktivität. Jetzt wirkt alles so, als hätte jemand den Strom abgestellt. Viele Menschen, Bewohner von Kalkilia, die die Felder um die Stadt herum bestellt haben, können diese gar nicht mehr erreichen. Zwei Tore im Süden und im Norden der Stadt – so haben es die Besatzer irgendwann verlauten lassen – sollen die Mauer passierbar machen, aber nur für die Bauern. Sie sollen um 7, um 12 und um 17 Uhr geöffnet werden. Aber bisher ist nichts passiert.

Die Stadt ist gespenstisch leer. Als wir da sind und diese Leere spüren, empört sich der Arzt Dr. Madschid Naser: „Ist das nicht so: Die wollen uns von hier vertreiben!" Zunächst zucke ich zusammen und denke: Was ist das schon wieder für eine anti-israelische Propaganda? Aber dann wird mir im Verlauf der nächsten Stunden deutlich: genau so ist es. Die Menschen haben keine Bewegungsmöglichkeiten, und eine Veränderung zeichnet sich nicht ab. Die Eltern sehen für ihre Kinder keine Perspektive. Deshalb seien schon über 5 000 Menschen, Palästinenser aus Kalkilia, dessen Einwohnerzahl von 45 000 auf 40 000 zurückgegangen ist, weggezogen. Und besonders die Anzahl der Christen werde immer geringer. Auch dazu hält der griechisch-orthodoxe Christ Dr. Naser eine Statistik bereit. Früher habe es unter den Palästinensern über 5 Prozent Christen gegeben, jetzt seien es nur noch gut 2 Prozent. Immer wieder – besonders dort vor der Mauer – habe ich das Gefühl, er hat recht. Es ist furchtbar: Hier findet eine massive Verletzung der Menschenrechte und eine abgrundtiefe Demütigung statt. Aber als Deutscher sollte ich ihm besser nicht recht geben ...

Ja, Martin Buber, ich möchte mich in diesen Zeiten des Terrors festhalten an dem Gnadengesuch, das Sie am 21. August 1946 an Seine Exzellenz, den Hochkommissar von Palästina, geschrieben haben. Das ist ein Text, der mich an einen ähnlich umstrittenen von Heinrich Böll erinnert. In diesem Gesuch ging es Ihnen hauptsächlich um Gnade vor Recht. Recht ist die Grundlage, aber manchmal gibt es zwischen Himmel und Erde auch den Ruf nach Gnade. Eines der schönsten Worte in der deutschen Sprache. Schon im Klang des Wortes wird etwas davon angedeutet, was der Begriff an Verheißung beinhaltet.

‚Gnade vor Recht' ist das Größte, was in Menschengemeinschaften entschieden und beschlossen werden kann. Größeres ist nicht denkbar. Böll war heftig kritisiert worden, als er am 10. Januar 1972 im SPIEGEL den Beitrag veröffentlichte „Will Ulrike Meinhof Gnade oder freies Geleit?":

„Weiß keiner mehr, was es bedeutet, einer gnadenlosen Gesellschaft gegenüberzustehen? Wollen die ehemals Verfolgten die verschiedenen Qualitäten des Verfolgtseins gegeneinander ausspielen und ernsthaft die Termini ‚kriminell' und ‚politisch' in absoluter Reinheit voneinander scheiden, einer Gruppe gegenüber, die ihre Erfahrungen unter Asozialen und Kriminellen gesammelt hat, und auf dem Hintergrund einer Rechtsgeschichte, wo das Stehlen einer Mohrrübe schon als kriminell galt, wenn ein Pole, Russe, Jude sie stahl? Das wäre weit unter einem Denkniveau, wie es unter verantwortlichen Politikern üblich sein sollte.

Ulrike Meinhof will möglicherweise keine Gnade. Wahrscheinlich erwartet sie von dieser Gesellschaft kein Recht. Trotzdem sollte man ihr freies Geleit anbieten, einen öffentlichen Prozess, und man sollte auch Herrn Springer öffentlich den Prozess machen, wegen Volksverhetzung.

Wollen Sie, wollen wir", fragte Böll am Schluss seines Artikels, „daß Ihre freiheitlich demokratische Grundordnung gnadenloser ist als irgendein historischer Feudalismus, in dem es wenigstens Freistätten gab, auch für Mörder, erst recht für Räuber? Soll Ihre freiheitlich demokratische Grundordnung sich als so unfehlbar darstellen, daß keiner sie in Frage stellen darf? Unfehlbarer, als alle Päpste zusammen es je waren?"

Sie, Martin Buber, beginnen die Denkschrift an den britischen Hochkommissar ebenfalls mit Sätzen, die man heute zur Lösung des Terrors bräuchte, aber noch nicht auszusprechen wagt:

„Wir, die Unterzeichneten, wagen mit der Bitte an Eure Exzellenz heranzutreten, im Falle der 18 jungen Leute, die vom Militärgericht in Akko am 16. August zum Tode verurteilt worden sind, Gnade vor Recht ergehen zu lassen [...] Wir dürfen noch hinzufügen, daß 1930 einige der Unterzeichneten unter ähnlichen Umständen an den Hochkommissar ein Gesuch gerichtet haben, die über 23 Araber wegen der Ermordung von Angehörigen der jüdischen Gemeinschaft in Palästina verhängte Todesstrafe aufzuheben. Damals wie heute haben wir an den Leiter der Regierung von Palästina appelliert, im festen Glauben daran, daß Mittel wie Erziehung und Überzeugung auf lange Sicht aussichtsreicher sind."

„Wir können keine Sonnenuntergänge mehr sehen."

Ein Beamter der Stadtverwaltung, der Norbert Blüm, Winfried Seibert und mich begleitet, bestätigt, dass schon 5 000 Bewohner aus Kalkilia verschwunden sind. Ausreisen kann jeder Palästinenser, aber nicht wieder nach Israel einreisen. Nur ganz wegziehen darf man für immer. Dann sind die Siedler die Palästinenser los.

Es fahren kaum Autos, in den wenigen Supermärkten sind wir die einzigen Kunden; nur im Bürgermeisteramt herrscht ein wenig Geschäftigkeit. Die Menschen kommen und bitten um Unterstützung. Dutzende von arbeitslosen Männern kneten ihre Gebetskränze, rauchen, trinken ihren bitteren Kaffee, zünden sich noch eine Zigarette an und mustern die beiden Besucher aus Israel, als kämen diese von einem anderen Stern. Über all dem liegt das ferne Rauschen der israelischen Autos, die hinter der

Betonmauer auf der neuen transisraelischen Autobahn in den Norden und in den Süden des Landes jagen. Das Schlimme ist: Es lassen sich die Assoziationen an andere Diktaturen, auch an Apartheid, nicht mehr abwehren. In der Westbank wiederholt sich auf ganz engem Raum, was das Apartheid-Regime in Südafrika vorgemacht hat: Die Internierung der einheimischen Bevölkerung in enge Homelands. Die Palästinenser werden eingekesselt von Straßen und Sicherheitstrakten, die sie weder benutzen noch berühren dürfen.

Nachdem Wilhelm Goller, der in *Talitha Kumi* („Mädchen, steh auf!") unterrichtet hat, der deutschen evangelischen Missionsschule der Kaiserwerther Diakonissen in Beit Dschala, und bis 2004 dort Schulleiter war, meinen ersten Brief an Martin Buber, einen der Pioniere eines ganz anderen Israel, gelesen hat, antwortet er mir, der Text habe ihn in seinem Innersten berührt: „Ihr Dialog mit Martin Buber, das heißt mit einem Vertreter des modernen humanistischen Judentums, ist exakt das, was mich in Zusammenfassung all der scheußlichen Ereignisse des Tages (Mauer, Stacheldraht, „targeted killing", „war against terror") zum Verzweifeln bringt. Ein Volk, das seinen Staat erst nach dem Holocaust und wohl auch durch diesen erhalten hat – könnte dieses Volk nicht genau die gegenteilige Lektion aus seiner Geschichte gelernt haben?" Müsste dieses Volk nicht, so fragt er als einer der wenigen tapferen Deutschen in Palästina weiter, nach seinen eigenen Holocaust-, Apartheids- und Vernichtungserfahrungen, mit Menschen anderen Glaubens, anderer Herkunft genau gegenteilig umgehen? Nämlich in *Liberté, Égalité, Fraternité*?

„Aber", so Wilhelm Goller, „leider führt Israel mit der Demokratie Nummer eins, den Vereinigten Staaten, allmählich die Rangliste der Staaten an, die Menschenrechtsverletzungen dulden, billigend hinnehmen, ja fast akzeptieren. Präventivschläge, Sicherungshaft, gezieltes Morden – das wird tagtäglich salonfähiger. Ein paar Monate", so fügt er hinzu, „hoffte ich auf die Europäer, aber die knicken ja derzeit auch wieder ein."

Demütigung und Nichtstun – wozu führt das? Die Langeweile treibt den Automechaniker Ibrahim Riasch zum Beispiel ein paarmal am Tag auf das Dach seiner Garage. Dort sieht er die Mauer, die da in ihrer vollen Wehrkraft, acht Meter hoch, steht. Der 24-jährige Riasch im T-Shirt mit hebräischer Aufschrift schweigt und schaut über die Betonwand. Er sieht traurig aus, der Automechaniker, zu dem kaum noch jemand kommt. „Das Leben", sagt er, „ist hier wie in einem Ballon."

In der öden Mondlandschaft findet man nur noch vertrocknete Büsche und Bäume, vereinzelt auch wilde, verflohte Hunde, die bellen und sich gegenseitig anknurren. Hebräische Schilder, auf denen „Gärtnerei" steht oder „Autowerkstatt", sind ein Fingerzeig dafür, dass hier früher Israelis zum Einkaufen kamen oder sich zum Abendessen in die Straßenrestaurants setzten.

Wir begegnen zwei Jugendlichen, Aschraf Dawud, 14 Jahre, und seinem Freund Anmar Gud, 13 Jahre alt. Die beiden knattern mit ohrenbetäubendem Lärm auf einer Vespa, die allerdings Aschrafs Bruder gehört, durch die Stadt. Auf die Frage, was sie denn von der Mauer hielten, kommt Anmars Antwort wie aus der Pistole geschossen: „Wir können keine Sonnenuntergänge mehr sehen. Außerdem steht die Luft in Kalkilia, weil die Mauer den Wind abhält."

Die „Siedlungen" oder: Wie man die normative Kraft des Faktischen ausnutzt

„Eine Thora, ein Volk, ein Land", mit dieser Maxime taten sich die nationalreligiösen, ideologisch vernagelten radikalen jüdischen Siedler und Gefolgsleute von Rabbi Zwi Jehuda Kook im Februar 1974 zu der fundamentalistischen Siedlerbewegung *Gusch Emunim* – „Block der Gerechten" – zusammen. Mit demselben Motto, auf das meine deutschen Ohren sehr sensibel reagieren, gingen sie als Aktivisten an die Siedlerfront. Nach dem Wahlsieg von Menachem Begin im Mai 1977 begann die neue israelische Regierung, massiv „Siedlungen" zu bauen und zu finanzieren. Diese Aktion ist auch als Dank für die Millionen Schekel zu sehen, die die Siedlerbewegung als Wahlhilfe gespendet haben soll. Das Wort „Siedlung" klingt mir jedoch zu unschuldig für das, was da geschieht.

Geeigneter erscheint mir der Begriff „Wehrdorf": in fremdem Territorium beschützt und abgeschirmt von der eigenen Armee. Nach geltendem Völkerrecht sind diese „Siedlungen" illegal und befinden sich somit nicht nur auf fremdem, sondern auf feindlichem Gelände, im Westjordanland und im Gaza-Streifen – wobei die Siedlungen in letzterem im August 2005 geräumt wurden.

Es begann mit den Siedlungen um Nablus und Hebron. Mit zwei Siedlungen beeinflussten und blockierten die religiösen Siedler die israelische Politik total: Bracha und Elon Moreh. An der Straße von Jerusalem führt kurz vor Nablus eine Serpentinenstraße bergauf: Dort liegt Bracha.

Bracha heißt Segen. Der ehemalige deutsche ARD-Fernsehkorrespondent Friedrich Schreiber traf damals einen Siedler, der dort auf der Bergkuppe lebte, wo es einen eisernen Wasserturm, eine kleine Synagoge, einen Kinderspielplatz und ein Dutzend Häuser gab. Auf die Frage, wie er das aushalte, jeden Tag anderthalb Stunden nach Jerusalem und wieder zurück unterwegs zu sein, antwortete der Siedler, indem er seine Arme zum Himmel hob: „Ich will mit meiner Familie auf diesem Berg leben, weil Abraham nach seiner Ankunft im Lande Kanaan hier zum ersten Mal die Stimme Gottes gehört hat. Hier hat Gott unserem Stammvater und seiner Nachkommenschaft dieses Land versprochen."

Dort oben auf dem Berg lebt auch der PC-Spezialist Abraham Scheinemann, Mitglied der rassistischen *Kach*-Bewegung, der extremsten Form des religiös-fundamentalistischen Zionismus. „Mein Ziel war es, zurück in mein Land zu gehen, mein Land aufzubauen, mit der Thora in der einen, mit der Uzi in der anderen Hand", sagt er und fährt fort: „Ein Jude, der in seinem Heimatland mit seinem Gewehr standhaft seine Stellung hält." – Ja, mit dem Symbol Gewehr, der Uzi, identifiziere er sich. „Wenn ich hier nach den Geboten der Thora das Land besiedle und dadurch Gottes Wille erfülle, dann bringt das der Welt den Frieden."

Dagegen hilft keine Politik, keine Demokratie, kein Dialog und kein Argumentieren. Es ist das Bewusstsein, selbst beim Morden noch den Willen Gottes zu erfüllen. Die Bibel ist das Grundgesetz für diese Siedler. Die Versprechen Gottes im 1. Buch Mose begründen den Anspruch auf *Erez Israel*, so glauben sie. Dass es für die Gewalttätigkeiten im 1. Buch Mose keine Belege und keine Rechtfertigung gibt, was macht es? Aber wenn göttliche Auserwähltheit und strenger Gehorsam erst einmal zur obersten Maxime geworden sind, dann gibt es kein Halten mehr. Nach dem Buch Josua soll das Land Kanaan von den Israeliten mit der „Schärfe des Schwertes" erobert werden. Das rechtfertigt jegliche nationalistische Gewalt und sogar politische Morde.

Der Massenmörder Baruch Goldstein, der aus der nahe Hebron gelegenen, künstlich aufgebauten Wehrsiedlung Kirjat Arba kam, ist so ein Beispiel. Am 25. Februar 1994 erschoss Goldstein in der Moschee von Hebron 29 betende Muslime. Baruch Goldstein wird in Kirjat Arba weiter verehrt – genauso wie der Mörder des Friedenspolitikers Jizhak Rabin, Jigal Amir, der auch aus dieser fundamentalistischen Ecke kam. Der Skandal ist noch unglaublicher, wenn man bedenkt, dass in Kirjat Arba ein Denkmal für den Mörder Goldstein errichtet wurde, zu dem Schulklassen auf Kosten der Regierung pilgern, um dort zu beten. Der Text des Grabsteins lautet: „Hier ruht der Heilige Dr. Baruch Kappel Goldstein, gesegnet sei das Andenken dieses aufrichtigen und heiligen Mannes, möge der Herr sein Blut rächen, der seine Seele den Juden, der jüdischen Religion und dem jüdischen Land geweiht hat. Seine Hände sind unschuldig und sein Herz ist rein. Er wurde als Märtyrer Gottes am 14. Adar, Purim, im Jahre 5754 (1994) getötet."

Eine andere Wehrsiedlung ist Elon Moreh: weiße Häuser, die wie Festungswälle in mehreren Reihen hintereinander gebaut sind. Dort lebt Benny Katzover, ein ehemaliger Fallschirmjäger. Nach dem Oslo-Abkommen gibt es schon eine palästinensische Polizei, die unten in Nablus Streife geht und Checkpoints aufgebaut hat. Hier in Elon Moreh hat für die jüdischen Fundamentalisten die jüdische Geschichte angefangen. Deshalb gilt für Benny Katzover: „Wir halten nicht an und befolgen keinen Befehl dieser Terrorpolizei." Aus dieser Überzeugung heraus resultierte, dass Katzover nach einem palästinensischen Terroranschlag das Prinzip von Rache und Gewalt verfolgte: Er holzte in der Nähe von Nablus einen Olivenhain einheimischer Bauern ab.

Die israelische Demokratie zu loben, bleibt einem Freund Israels manchmal im Hals stecken. Ein eindrucksvolles Beispiel für diese berechtigten Zweifel ist zum Beispiel die *Kach*-Partei. Obwohl sie 1988 verboten wurde, blieben ihr viele Möglichkeiten, aktiv zu sein. Seit April 1989 schickte der *Kach*-Chef Meir Kahane seine Kämpfer aus der Siedlung Kirjat Arba in die Innenstadt von Hebron. Wie eine Siedlermiliz marschierten sie auf, mit Kippa, Kampfhunden und Fahnen, das durchgeladene Gewehr schussbereit im Arm. Sie sind bereit, alles zu tun, um die einheimische Bevölkerung zu terrorisieren, wurden aber in ihrer Demonstration von Hass und Zerstörung von der israelischen Armee bisher ignoriert.

Die Wehrdörfer verhindern einen Staat Palästina

Die *Kach*-Aktivisten gründeten die Bewegung TnT – *Terror neged Terror* („Terror gegen Terror"). „Transfer" wurde zur Parole, die später von Premierminister Ariel Scharon nicht etwa untersagt, sondern gefördert wurde. Begründet wurde das damit, dass für zwei Völker in *Erez Israel* nicht ausreichend Platz sei. Der damalige ARD-Korrespondent Friedrich Schreiber berichtet von einem Interview, das er im August 1983 mit Meir Kahane geführt hat. Als er ihn gefragt habe, wie er sich denn den Transfer der Palästinenser vorstelle, habe dieser geantwortet: „Ich würde es so machen wie die Tschechen mit den Deutschen im Jahr 1945 im Sudentenland: Mit LKWs vorfahren, aufladen und raus."

Neben der TnT gab es noch eine andere Bewegung, deren Name DOB eine Abkürzung von *Dikui Bogdim*, „Unterdrückung der Verräter", war. Diese Vereinigung brachte eines Tages in Hebron ein Flugblatt heraus, das mit „Cherew Gideon" (Gideons Schwert) unterschrieben war:

„Der Tag der Rache ist gekommen. Aus Orten, wo Juden wohnen, müssen Araber vertrieben werden. Mit euren Händen sollt ihr den PLO-Terror und die linken Freunde des Terrors enthaupten. Schlagt sie, wo immer sie leben und schlafen. Verpasst ihnen einen großen und tödlichen Schlag. Damit sie wissen, dass jüdisches Blut nur um einen hohen Preis vergossen werden darf."

Gefährdet waren durch diese rechten Bewegungen aber nicht nur Araber, sondern auch Israelis, zu welchen neben Dan Margalit, einem Journalisten der *Ha'aretz*, und Amos Schocken, dem Herausgeber der Zeitung, auch der Dichter Dan Almagor sowie die Sängerinnen Chava Albertsein und Si Huiman zählten. Auch Politiker wurden gejagt: In dem Flugblatt „DOB Nr. 1" wurden der damalige Verteidigungsminister Rabin, Generalstabschef Schomron und Generalmajor Mizna als „Verräter" bezeichnet. Einer von ihnen, Rabin, musste später sterben. Ermordet von seinen eigenen Landsleuten. Das alles waren die Folgen der vom Staat Israel geförderten und unterstützten Siedlungsbewegung, die sich so stark in die Gebiete der Palästinenser hineingebaut und -gegraben hat, dass es heute unmöglich scheint, aus der total zerstückelten Landmasse noch einmal einen eigenständigen Staat Palästina begründen zu können.

Scharf ausgedrückt ist die israelische Siedlungspolitik vergleichbar mit dem Verhalten Arafats in Bezug auf die Selbstmordattentate: Immer wieder wird eine neue Realität geschaffen. Immer wieder geraten beide Seiten in den selbstgeschaffenen Sumpf, aus dem sie sich nicht mehr aus eigener Kraft herausziehen können. Die Zahl der Siedler auf der Westbank, im Gaza-Streifen (vor der Räumung) und in Ost-Jerusalem hat eine Marke von 408 000 erreicht (ca. 200 000

Siedler jeweils in Ost-Jerusalem und auf der Westbank, ca. 8 000 im Gaza-Streifen vor seiner Räumung). Die einzig zuverlässige Quelle hierfür ist die israelische Menschenrechtsorganisation *B'tselem*. Das bedeutet doppelt so viele Siedler wie vor zehn Jahren, einer Zeit, in der das Oslo-Abkommen entstand, das von der ganzen Welt bis hin zum Friedensnobelpreis-Komitee mit Freude, Euphorie und teilweise auch mit regelrechtem Enthusiasmus begrüßt wurde. Die heutigen Siedlungen jedoch, die ausgegrenzte Territorien sind und jene von Nagorny-Karabach oder die von der UNO beschützten serbischen Enklaven an Größe weit hinter sich lassen, haben mit diesem Abkommen nichts zu tun und sind rigoros nach dem Prinzip der „normativen Kraft des Faktischen" errichtet worden.

Diese Siedlungen – hineingebaut in erklärtes Feindesland der israelischen Regierung – müssen mit allen Mitteln militärischer Sicherung beschützt werden, mit Mauern, elektrisch geladenen Zäunen, Sicherheits- und Schusszonen, Soldaten und eigens dafür gebauten Straßen. „Scharons Definition eines palästinensischen Staates ist ein Bündel von kleinen Landstrichen, die keinen Zusammenhang untereinander haben", so wird der Sprecher der israelischen *Peace-Now*-Bewegung, Dror Etkes, in der *International Herald Tribune* vom 3. Oktober 2003 zitiert. Scharon spreche immer wieder von einer Langzeitlösung mit den Palästinensern. Aber mit seiner Politik tue er alles, um eine Lösung des Konflikts auf lange Zeit unmöglich zu machen. Daran hat sich auch seit dem Abzug aus dem Gaza-Streifen nichts geändert.

Wie würden Sie, Buber, sich verhalten? Würden Sie nicht passiven und aktiven Widerstand gegen diese Form der Okkupation und der Einschnürung, der Demütigung und der Behandlung der Palästinenser als Bürger siebter Klasse üben? Ich bin ganz sicher, dass Sie das tun würden, denn Sie haben der Gesellschaft immer einen Spiegel vorgehalten und sind voranmarschiert. 1952 hatte man Ihnen den Goethe-Preis der Stadt Hamburg verliehen. Sie, Martin Buber, hatten keine Furcht, ihn anzunehmen, trotz Hamburg, trotz Deutschland und obwohl die israelischen Zeitungen *Ma'ariv* und *Hajom* sie zur Ablehnung des Preises aufgefordert hatten.

Die oppositionelle israelische Zeitung *Ha'aretz* hat die Kosten für die zivile Versorgung der Siedlungen pro Jahr auf 2 Milliarden Schekel bilanziert, das sind 500 Mio. US-Dollar. Die Sicherheitskosten beliefen sich nach den Berechnungen der Zeitung bisher auf 4 Milliarden Schekel, also eine Milliarde US-Dollar. Die Gesamtsumme, die der Aufbau von Siedlungen den israelischen Steuerzahler seit der Eroberung und Besetzung der Westbank und des Gaza-Streifens allein in Bezug auf die zivile Unterstützung gekostet hat, beläuft sich seit dem Krieg 1967 auf 43 Milliarden Schekel.

Dass dieses Land ganz willkürlich so zerschnitten wird, damit eine Friedensregelung in einigermaßen völkerrechtlichen Rahmenbedingungen nicht mehr möglich ist – das scheint das Ziel dieser Politik zu sein. Auch die Regierungen der Arbeiterpartei Israels, auch die Regierungen von Rabin und Barak haben an dieser Entwicklung mitgewirkt, so dass es sowohl für die israelische Führung als auch für die der Palästinenser eigentlich relativ gleichgültig ist, wer jeweils das Sagen hat: Auf der einen Seite wird das Land weiter zersägt und mit Straßen, immer neuen Siedlungen und Militärposten bestückt, auf der anderen Seite wehren sich die Palästinenser mit dem, was ihnen nach der Zerstörung ihrer eigenen Behörden noch bleibt – mit Attentaten, leider auch mit Selbstmordattentaten, die die Welt, die Menschheit nicht aushält. Israel reagiert darauf mit „Vergeltung", was nichts anderes als vom Staat sanktionierter Terror ist. Die Aktionen beider Seiten sind nicht auszuhalten.

„Das Problem sind nicht die paar Kilometer. Hier geht es um Würde."

Die amerikanische Außenministerin von 1996 bis 2000, Madeleine Albright, hat in ihren Memoiren berichtet, wie die Siedlungen bei allen Verhandlungen immer wieder das größte Hindernis darstellten. So auch bei den Gesprächen zwischen Premierminister Barak und der syrischen Regierung in Sheperstown und bei den Verhandlungen auf höchster Ebene zwischen

Bill Clinton, Ehud Barak und Jassir Arafat in Camp David. Zwischen Israel und Syrien stehen die besetzten Golan-Höhen. Die Israelis versuchten, in den Verhandlungen meist großzügige Angebote zu lancieren, indem sie anboten, bis zu 99 Prozent dieser Gebiete zurückzugeben, berücksichtigten aber nicht, dass es für die Araber eine Frage der Würde und der Ehre ist, auch nur auf ein Prozent des besetzten Gebietes zu verzichten oder nicht.

Zwischen den Fronten stehen auf israelischer Seite natürlich immer die Siedler, Bürger des eigenen Landes, die man mit vielen Subventionen und Steuervorteilen zu illegalen Besatzern gemacht hat und die jetzt die Welt hilfe- und trostsuchend fragen: Was können wir denn nun machen?

Darüber hinaus ist der Konflikt über die Siedlungen eng mit der Sicherheitshysterie, die zur zweiten Raison d'être Israels überhaupt geworden ist, verknüpft. Die israelische Gesellschaft war in dem Glauben aufgewachsen, die Golan-Höhen seien für Israels Verteidigung unerlässlich. Bis 1967 waren – so schreibt die ehemalige US-Außenministerin – „syrische Waffen von der Hochebene des Golan auf Israels schmales Territorium gerichtet, danach israelische Waffen auf Damaskus, was die strategische Situation der beiden Länder völlig veränderte." Außerdem – so heißt es in den Memoiren von Madeleine Albright – lebten nun rund 17 000 israelische Siedler auf dem Golan, die sich einer Umsiedlung heftig, möglicherweise auch gewaltsam widersetzen würden.

Drittens schließlich waren in den letzten Jahren über eine Million Einwanderer aus der ehemaligen Sowjetunion und aus anderen Ländern nach Israel geströmt, die die geschichtlichen Hintergründe nicht kannten und keinen Grund sahen, warum Israel Land aufgeben sollte.

Bei den Verhandlungen wurde die Mentalität der Araber sehr deutlich. Barak bot an, 99 Prozent des Golan zurückzugeben – alles bis auf einen etwa 500 Meter breiten Streifen am Ufer des Sees Genezareth und einen achtzig Meter breiten Streifen am Ufer des Jordan. Als Entschädigung für diese Gebiete wollte Israel ein Gebiet im Landesinneren anbieten, das bislang nicht zu Syrien gehört hatte. Barak war felsenfest davon überzeugt, dass er ein wunderbares Angebot gemacht hatte, das Assad senior annehmen würde. Überraschenderweise jedoch antwortete Assad – im Beisein von Bill Clinton, dem amerikanischen Präsidenten und damit dem mächtigsten Mann der Welt: „Dann will er [Barak] keinen Frieden. Dann sind wir fertig." Außenminister Schara war veranlasst, den westlichen Teilnehmern des Gesprächs die Absage zu erläutern: „Das Problem sind nicht die paar Kilometer. Hier geht es um Würde und Ehre. Die Israelis verlieren nichts, wenn sie uns unser Land zurückgeben. Niemand kann besser dafür sorgen als Präsident Assad, dass Israel in der Region akzeptiert wird, sobald eine Einigung erzielt worden ist."

Die nächsten Verhandlungen fanden statt, als durch die dortigen Wehrdörfer die Westbank längst zu einem Flickenteppich à la Südafrika zur Zeit der Apartheid geworden war. Straßen führen durch das Land, die von Palästinensern nicht benutzt werden dürfen und ebenso exterritorial sind wie die großen und sich immer weiter in das Land hineinfressenden Wehrsiedlungen. Doch schon bevor es zu den Verhandlungen in Camp David kommen sollte, war Arafat der Betrogene: Er hatte wie immer gedemütigt und ohnmächtig zusehen müssen, wie die Siedlungen sich unter dem neuen Hoffnungsträger Barak noch rascher ausdehnten als unter Netanjahu.

Doch dann kam es 2000 – ganze acht Tage vor dem G8-Gipfel in Tokio – zu jenen geschichtsträchtigen Verhandlungen in Camp David, zu denen sich Bill Clinton zuungunsten der Nordkorea-Verhandlungen entschied. Was hätte passieren können, wenn es umgekehrt gewesen wäre, wenn Clinton durch einen triumphalen Besuch bei dem Nordkorea-Cäsaropapisten Kim Jong Il die Frage der Atomwaffen- und Raketenrüstung ein für alle Mal hätte klären können? Sein Nachfolger wäre Al Gore geworden!

„Camp David liegt auf dem Gipfel von etwas, was Leute aus dem Osten Amerikas als Berg und solche, die schon einmal in Colorado gelebt haben, als Hügel bezeichnen würden. Am besten fährt man mit einem Golfwagen über die eingezäunte Ranch mit ihren Bäumen, Wegen, Blumen, Holzhäuschen und Erholungseinrichtungen. Vor den Stufen am Eingang seines Häuschens konnte Präsident Clinton Baraks Quartier zu seiner Rechten und Arafats zu seiner Linken sehen ..." , wissen wir aus den Memoiren Madeleine Albrights.

Auch bei diesen Gesprächen waren die Siedler und die Wehrsiedlungen die große selbstverschuldete Ursache, die eine Einigung verhinderte. Die meisten lebten in Siedlungen, die in der Nähe des eigentlichen Israel („Israel proper") lagen. Barak, so meint Madeleine Albright, wollte so viel Territorium des Westjordanlandes annektieren, dass 80 Prozent der Siedler weiterhin unter israelischer Herrschaft leben konnten. Außerdem wollte er die Kontrolle über Korridore im Jordantal und dem Gaza-Streifen übernehmen, um Angriffe und die Bewegung von Waffen und Terroristen zu verhindern. Die Palästinenser waren bereit, Frühwarnstationen zu akzeptieren, aber sie lehnten eine permanente israelische Kontrolle ab.

Camp David gescheitert – Die Tragödie setzt sich fort

Bekanntlich sind die Verhandlungen von Camp David gescheitert. Was wäre gewesen, wenn ... gilt nicht. Sie sind gescheitert. Wie schwierig es war und ist, mit den beiden Seiten zu verhandeln, hat Madeleine Albright bestechend gut deutlich gemacht. Nachdem die Unterhändler ohne ein wirkliches Ergebnis auseinander gegangen waren und Clinton aus Tokio wieder zurückgekommen war, begann eine ganze Kette von Missverständnissen und bewussten Aktionen, die ein Ergebnis boykottierten. Die Israelis waren nun darauf vorbereitet, für eine definitive Beendigung des Konflikts wesentlich mehr tun zu müssen, als sie ursprünglich zu tun bereit gewesen waren. Es folgten Geheimgespräche, den ganzen August und September 2000 über telefonierte Madeleine Albright mit führenden arabischen Politikern. Sie wies auf die Risiken hin, die Barak einging, und forderte dazu auf, Arafat klarzumachen, dass auch er etwas tun müsse. Bei der ordentlichen Sitzung der UN-Generalversammlung im September 2000 trafen Albright und

Arafat erneut zusammen: „Als ich herauszufinden versuchte, ob er seine Position geändert hatte, sprang Arafat auf, schüttelte die Faust und stürmte aus dem Zimmer. Zu seinem Treffen mit dem Präsidenten kehrte er dann wieder zurück, und dabei kam er quer durch den Saal zu mir und überschüttete mich mit Küssen. Wer sollte sich bei diesen Stimmungsschwankungen noch auskennen?"

Doch kurz darauf begann der Tragödie – wievielter? – Teil, der in dem furchtbaren Abgrund endet, der mittlerweile diese Völker trennt und der täglich, ja fast stündlich immer breiter, größer, klaffender wird. Am 25. September 2000 noch lud Barak Arafat in sein Haus ein, wo sie gesellig zu Abend aßen und abwechselnd mit Clinton telefonierten. In diesem Gespräch bat Arafat Barak jedoch dringend, dem Oppositionsführer Ariel Scharon nicht zu erlauben, den Tempelberg bzw. Haram al-Scharif zu besuchen.

Am 28. September marschierte Scharon dennoch – begleitet von tausend bewaffneten Polizisten und Soldaten und einigen seiner Parteianhänger aus der Likud-Partei – über den Platz vor der Al-Aqsa-Moschee und dem Felsendom. Am folgenden Tag begann als Reaktion auf diese kaltblütig geplante Provokation eine Serie von Gewaltanschlägen, Morden, Zerstörungen, Verwüstungen, an der sich beide Seiten beteiligten und die bis zum Jahr 2005 nicht aufgehört hat.

Niemals hat es in der arabischen Politik, nie in der palästinensischen Politik so etwas wie Solidarität, ebenso wenig wie strategische Klugheit und taktische politische Reife gegeben. Auf die erkennbare Provokation hätten die Palästinenser mit tödlichem Schweigen reagieren müssen. Albright sagt es mit unbeirrbarer Klarheit: „Ob die Gewalt bereits geplant war oder Arafat sie angeordnet hatte oder es einfach nur nicht schaffte, sie zu zügeln, spielt für die Folgen keine Rolle."

Die Tragödie setzt sich fort. Weder das palästinensische noch das andere Volk, das durch die Blutmeere des Holocaust gegangen ist, kommt zur Ruhe.

„Wie man Gewalt über den Alp bekommt, wenn man ihm seinen wirklichen Namen zuruft, so muß sich die Es-Welt, die sich eben noch unheimlich vor der kleinen Menschenkraft reckte, dem ergeben, der sie in ihrem Wesen erkennt [...] Wie aber möchte der die Gewalt aufbringen, den Alp beim Namen anzurufen, dem selbst im Innern ein Gespenst hockt – das entwirklichte Ich? Wie kann in einem Wesen die verschüttete Beziehungskraft auferstehen, wo allstündlich ein rüstiges Gespenst den Schutt feststampft? Wie sammelt sich ein Wesen ein, das unablässig von der Sucht der abgelösten Ichheit im leeren Kreis gejagt wird? Wie soll einer der Freiheit innewerden, der in der Willkür lebt?"* Das sind Sätze, die Sie, lieber Buber, damals in einer ganz anderen Situation gesprochen haben; die aber auch auf Völker angewandt werden können, die sich nicht mehr – wie „Ich" und „Du" – begegnen und wahrnehmen können. Wie können Israelis bzw. Juden und Palästinenser bzw. Araber je aus ihrer verschütteten Beziehungskraft auferstehen, wo allstündlich, allabendlich und allmorgendlich ein rüstiges Gespenst den Schutt feststampft? Wer ist das Gespenst, und wie können wir es vertreiben?

„*Es gibt für Israel keine lebendige Kultur ohne Gerechtigkeit.*"

„Es ist an der Zeit" – 1960 schrieben Sie das, Martin Buber, und es ist gut, sich 45 Jahre später Ihrer Sätze zu erinnern –, „die Prophetie Israels dem Zugriff der Phrase zu entwinden, indem man sie ernst nimmt und sie, das wahre Licht der Menschenwelt, dem trügerischen Gefunkel der sogenannten Interessen entgegenstellt. Es ist die Wahrheit: durch Gerechtigkeit allein kann der Mensch als Mensch, können die Menschenvölker als Menschenvölker bestehen."

Wie würden Sie auf diese Mauer reagieren, die Unrecht auf Unrecht wuchtet? Gab es auch schon lange die totale Absage an die Möglichkeit von Solidarität und Verbundenheit mit dem anderen Volk, so hat sie jetzt Methode. Das einzige Prinzip des Staates ist das Prinzip der Einschnürung durch das Militär bis zur

---

* Buber, Martin: *Ich und Du*. Stuttgart: Reclam, 1995, S. 56f.

Strangulierung und uneingeschränkten Beherrschung des Nachbarn geworden. „Wir Juden", so haben Sie damals geschrieben, und ich möchte mir diese Sätze in dicken Lettern wie eine Botschaft an die Wand schreiben, eine Botschaft, die in diesen Tagen und Wochen, in denen die Mauer gebaut wird, zum Menetekel werden kann, „sind wie einst und immer das leibhaftige Paradigma. Ein Paradigma für Heil und Unheil. Was heute für Israel gesprochen wird, wird für das ganze elende Menschengeschlecht dieser Stunde gesprochen […]. Es gibt für Israel keine lebendige Kultur ohne Gerechtigkeit. Und es wird auch keine Wahrheit daraus, wenn man das zu Vollbringende als ‚religiöse Erneuerung' bezeichnet. Denn es gibt für Israel keine lebendige Religion ohne Gerechtigkeit."

Ihre Stimme, lieber Martin Buber, ist immer gehört worden, mit ihrem Ruf nach Rechtlichkeit, nach internationalem Recht, der auch im nationalen Israel gehört werden muss. So zum Beispiel noch am 16. September 2003, als 27 Piloten der israelischen Luftwaffe sich im Protest gegen die Entscheidungen ihrer obersten Luftwaffen- und Armeeführung weigerten, zukünftig noch Einsätze zu fliegen, bei denen sie durch ihre Bomben auch immer Mitglieder der Zivilbevölkerung treffen, verletzten oder sogar töten würden.

Am 5. Oktober 2003 gaben zwei der 27 Piloten dem Journalisten Peter Dutzig ein Interview im ARD-„Weltspiegel". Keiner hatte bisher einen dieser Piloten gesehen, weil deren Gesichter grundsätzlich nicht gefilmt werden dürfen. Einer der beiden war Gil, ein 61-jähriger Pilot, der Held des „Jom-Kippur-Krieges", der sich schon im von Premierminister Menachem Begin begonnenen Libanon-Krieg geweigert hatte, Beirut zu bombardieren. (Im „Sechstagekrieg" 1967 flog er die französische Mirage, im „Jom-Kippur-Krieg" 1973 eine Skyhawk.) Obwohl er als der älteste aktive Pilot der israelischen Luftwaffe mit zehn Feindmaschinen den Abschussrekord im Luftkampf hielt, unterschrieb er einen Protestbrief an Premierminister Ariel Scharon. *Er wird nie mehr fliegen!* Dem deutschen Fernsehen sagte er ohne Umschweife: „Zivilisten sind für mich kein Ziel. Ich bin anders erzogen worden. Einmal hat man uns den Befehl gegeben, eine Flakstellung zu bombardieren. Aber was hatten die Terroristen gemacht? Sie hatten ihre Flakstellung auf einem Schuldach postiert. Ich habe es nicht getan. Ich kann doch keine Schule bombardieren."

Auch Oberst und Kampfpilot Dov hatte sich entschlossen, dem deutschen Fernsehen ein Interview zu geben. Er war schon acht Jahre zuvor aus der Luftwaffe ausgestiegen und manifestierte diese Entscheidung mit der Unterschrift des Protestbriefes. Gil und Dov diskutierten, wie weit sie sich an den Rand der Illegalität bewegt haben, indem sie sich gemäß der Menschenrechte verhalten wollten. Dov erklärte – und das ist eben auch „Israel, um Himmels willen, Israel"*: „Wenn du unschuldige Menschen tötest, dann musst du zur Rechenschaft gezogen werden. Wenn uns auch nicht unser Staat vor Gericht stellt, dann wird es ein internationales Gericht tun. Unschuldige Menschen haben das Recht, nicht getötet zu werden."

Einer dieser Piloten erklärte, dass er ein international zu ahndendes Verbrechen begehen würde, wenn er sich darauf einließe, die Ziele anzufliegen, bei denen notwendigerweise auch Zivilisten, Frauen und Kinder getötet würden. Einmal sei er in einem Einsatz mit bestimmten Zielkoordinaten gewesen, als er entdeckt habe, dass die *Hamas* eine Kanone direkt auf einer Schule positioniert hatte. Dieses Ziel habe er nicht angegriffen. Als er zurückgekehrt sei und man gesehen habe, dass er seinen Auftrag nicht erfüllt hatte, sei ihm aber nichts passiert.

Neben den beiden Piloten wurde in dem Interview auch der Brigadegeneral Spector Yitach vorgestellt. Im Gegensatz zu seinen Vorrednern hätte dieser sich nie geweigert, Feinde und militärische Ziele zu jagen und zu zerstören. Im Interview, das er in Zivil in seinem Privathaus gab, erklärte er, an dem Angriff und der Zerstörung der irakischen Atomanlage in Osirak beteiligt gewesen zu sein. Mit einer F16 habe er mehr als tausend Einsätze geflogen. Spector Yitach beschrieb seine Sichtweise, indem er über zwei weitere Einsätze berichtete. Bei dem einem feuerten Hubschrauber

---

* Anspielung auf das gleichnamige Buch von Ralph Giordano.

Raketen auf den Wagen des Tansim-Führers Ebajat in Bethlehem ab. Neben Ebajat wurden zwei zufällig anwesende Passantinnen getötet und 15 weitere Menschen verletzt. Bei dem zweiten Einsatz wurden in jüngster Vergangenheit elf Kinder und fünf Erwachsene in Gaza zu Grabe getragen, weil eine F16 eine Tausend-Kilo-Bombe auf das Haus eines *Hamas*-Führers im Gaza-Streifen abgeworfen hatte. Als der Pilot sie über dem Wohngebiet in Gaza abgeworfen hatte, wurde er gefragt, was er dabei gefühlt habe. Er antwortete so zynisch, dass einem das Blut in den Adern gefrieren könnte: „ … das Schwingen der Flügel, als das Flugzeug um eine Tonne leichter wurde."

Anders klang Ben Dov, der von seinen quälenden Gesprächen über die Moral der Kriegsführung erzählte: Der Chef der Luftstreitkräfte habe vor einigen Monaten bei ihnen über die Moral in Kriegszeiten gesprochen. Er habe gesagt, dass er jegliche Verweigerung respektieren werde, falls der Befehl nicht legitim gewesen sei. Aber wörtlich habe er hinzugefügt: „In meiner Amtszeit hat es keinen illegitimen Befehl gegeben." Dov dazu: „Wie kann er das wissen?"

Vertreibung bedeutet immer Verletzung der Gerechtigkeit

Und, Martin Buber, Sie wussten (Sie wagten es sogar, das auszusprechen): Die rabiate Vertreibung und die darauf folgende Flucht der Palästinenser war eine einschneidende Verletzung der Gerechtigkeit. Als 1953 der Entwurf eines „Landerwerbungsgesetzes" für die Knesset vorbereitet wurde, schrieben Sie an den Sprecher des Hohen Hauses, Joseph Sprintzak, weil Sie dieses Gesetz als einen ungerechtfertigten Versuch ansahen, die Araber ihres Landes zu berauben. Wie eingemeißelt in mein Gehirn stehen da die Sätze, die bis heute im Miteinander der Völker Geltung haben sollten – aber leider nicht haben:

„Jerusalem, 7. März 1953

Sehr geehrter Herr!
Diese Woche wurde der Knesset ein ‚Gesetz zur Erwerbung von Böden'* vorgelegt. Dies bedeutet, der Beschlagnahmung von Böden arabischer Bürger Vorschub zu leisten und Gesetzeskraft zu verleihen, die nicht aus Gnade, sondern von Rechts wegen in Israel ansässig sind (keine Flüchtlinge!). Es ist uns unverständlich, daß nach dem, was in den Zeitungen steht, sich bis jetzt unter den jüdischen Knessetabgeordneten niemand gefunden hat, der seine Stimme gegen ein Gesetz erhoben hätte, welches eine gesetzliche Billigung für Maßnahmen und Aktionen gäbe, in denen jeder einzelne Knessetabgeordnete ein himmelschreiendes Unrecht sähe, geschähe dies seinem Eigentum oder dem Eigentum eines Juden."**

In meinen Augen müsste es ein Zentrum geben, dessen Schwerpunkt nicht – wie meine vertriebenen Landsleute sich das vorstellen – auf Mahn- und Denkmälern liegt, sondern in dem grundsätzlich aufgearbeitet würde, welche und wie viele Vertreibungen es im letzten Jahrhundert gegeben hat, also ein „Zentrum gegen die Vertreibungen im 20. Jahrhundert".

Chalil Ibrahim Hammad hat gemeinsam mit der Ärztin Gabriele Baumann ein Buch herausgegeben, in dem er die schmerzlichen und abenteuerlichen Erfahrungen des Kampfes um das Land Palästina beschreibt***. Es lohnt, das kleine Büchlein zu lesen. Chalil Ibrahim ist 1927 in Tiberias geboren, er starb 2000 in Graz. Seit 1998 erzählte er der 1962 in Graz geborenen Ärztin Gabriele Baumann sein Leben. Die Tonbandaufzeichnungen, 30 Stunden lang, waren die Grundlage für ein Buch, an dem auch Sie, Martin Buber, allerhöchstes Interesse gehabt hätten. Das Buch zeugt von dem Teufelskreis, der bei der Aktion beginnt, die von Rache

---

* Gemeint ist das Gesetz über den Landbesitz der „Anwesenden Abwesenden": So wurden die palästinensischen „internen" Flüchtlinge in Israel genannt.
** Buber, Martin: *Ein Land und zwei Völker*. Frankfurt 1983, S. 335f.
***Hammad, Chalil Ibrahim / Baumann, Gabriele: *Terra Sancta?* Klagenfurt: Drava, 2003.

gefolgt wird, für die es auch wieder Vergeltung geben muss. Gleich einem unaufhaltsamen Fluch liegt dieser infernalische Automatismus auf dieser Gegend, wie ein Beispiel zeigt: Die Palästinenser eroberten mit ihrer kleinen Miliz den Ort Al-Qastal. Die so mühsam eroberte palästinensische Festung konnte aber nur von wenigen palästinensischen Kämpfern bewacht werden, und es war ein Leichtes für die Juden, sie wieder zurückzuerobern.

Dieses Wissen bleibt ein Stachel in den Köpfen der jungen und der alten Palästinenser: Die Juden sind viel besser organisiert, sie haben ihre eigene Weltsolidarität. Sie haben die besseren Waffen. Und mit diesen besseren Waffen und Kämpfern erleiden die Palästinenser eine Niederlage nach der anderen, schlimmer noch: eine Demütigung nach der anderen. Die Genfer Konventionen, die Haager Landkriegsordnung und auch die – modern gesagt – universalen Menschenrechte werden dabei von beiden Seiten gleichermaßen verletzt.

Das Massaker in Deir Jassin

Das bedeutet langanhaltende Gefühle der Rache und Vergeltung. „Scham, Zorn, Ohnmacht, die brannten in meinem Herzen, und Hass schnürte meine Kehle zu, als ich erfuhr, was geschehen war", sagt Chalil Ibrahim. Das palästinensische Dorf Deir Jassin war im Morgengrauen von Mitgliedern der *Stern*-Gruppe und der *Irgun Zwai Leumi** überfallen worden, die von Menachem Begin, dem späteren Friedensnobelpreisträger, angeführt wurde. Ibrahim erzählt weiter: „Das Dorf hatte geschlafen. Es gab keine Wachen. Wozu auch? Keiner der Dorfbewohner wollte an diesem Krieg teilnehmen. Sie wollten friedlich mit ihren Nachbarn und Freunden leben, ob es nun Juden waren oder nicht. Sie hatten keine Angst." Bis zu dem Tag, an dem sie von den Waffen der *Irgun*- und *Stern*-Leute aus den Betten gerissen und abgeschlachtet wurden. Die Häuser wurden – nach alter nahöstlicher Tradition – in die Luft gesprengt.

* Zwei terroristische jüdische Untergrundgruppen.

Dieses Massaker, Martin Buber, hat aufgrund der unbeschreiblichen Demütigung zu „Rache für Deir Jassin" herausgefordert, ja geradezu aufgerufen. Hass und der Schrei nach Vergeltung haben die Beziehungen zwischen den europäischen Völkern in Mitteleuropa, zwischen Deutschland und Frankreich, zwischen Deutschen und Polen, zwischen Kroaten und Serben, zwischen Orthodoxen und Muslimen vergiftet. Jetzt haben wir in Europa dieses Kapitel hoffentlich hinter uns. Wir sollten uns jeden Tag an diese wunderbare Tatsache erinnern, die im krassen Gegensatz zu dem Hass der Palästinenser steht, die damals – und bis heute – „Rache für Deir Jassin!" schrien, als sie am 13. April 1948 den jüdischen Konvoi bei Hadassa am Fuße des Skopusberges überfielen. Aber Rache ist kein Mörtel für den Aufbau einer Demokratie. Rache und Vergeltung zerstören eine Demokratie.

Die Tragödie vom 4. November 1995: Der Mord an Jizhak Rabin

Könnte man doch ungeschehen machen, was am 4. November 1995 passiert ist. Hätte doch der Schuss des israelischen Fanatikers den Premierminister seines Landes, Jizhak Rabin, nicht so getroffen, wie er ihn traf! Warum müssen die Mörder auf dieser Welt immer so viel Erfolg haben. Warum? Warum muss das Böse so viel Erfolg haben?

An diesem Tag war ich Tausende von Kilometern entfernt. Von Japan kommend, hatten wir in Bischkek Station gemacht. Ich kann mich noch erinnern, dass der November in dem postsowjetischen Land Kirgisien bzw. Kirgisistan noch mild war. Wir hatten am Vortag eine wunderbar traditionelle, geradezu altmodische deutschrussische Baptistengemeinde besucht. Jugenderinnerungen wurden in mir wach, Erinnerungen an ein Leben ganz im Vertrauen auf Jesus Christus … Als dann im Beisein des deutschen Außenministers Klaus Kinkel die Menschen der deutschen Gemeinde, deren Hände und Gesichter von der Landarbeit und den Anstrengungen der letzten Jahrzehnte gegerbt waren, alte deutsche Kirchenlieder anstimmten, da ging mir das Herz auf. Der Tag endete mit einer Einladung durch den Staatspräsidenten. Das Treffen, das mit dem gesamten Kabinett abgehalten wurde, fand in einer riesigen Halle statt, die sehr an alte sowjetische Zeiten erinnerte. Diesem Eindruck widersprach allerdings die Herzlichkeit, mit der wir als Delegation der BRD – jetzt wiedervereinigt – begrüßt wurden.

Am nächsten Morgen waren wir alle noch ziemlich benommen, eine Folge von Zeitunterschied, Klimawechsel und zu viel Wodka am Abend zuvor. Es gab eine Pressekonferenz. Außenminister Kinkel legte immer ein wenig zu viel Wert auf die Pressebetreuung und die Begleitung durch zu viele Mundwerksburschen und -mädels der öffentlichen Meinung. Nach dieser Pressekonferenz verließen wir das Ministerium, das im typisch sowjetischen Stil gebaut war, um nach Deutschland zurückzufliegen.

Kurze Zeit später machte sich Unruhe zwischen Klaus Kinkel, dem bulligen Pressechef Erdmann und Walter Lindner, dem größten unter den Presseagenten, breit. Alle hatten plötzlich das Mobiltelefon am Ohr – es gab offensichtlich etwas zu bereden, von dem wir aber 20 Minuten lang nicht informiert wurden. Dann erfuhren wir, was geschehen war. Am 4. November 1995 war der Hoffnungsträger der ganzen Welt, der israelische Premierminister Jizhak Rabin, ermordet worden. Das, was Ralph Giordano immer wieder mit seinem von Sorgenfalten zerfurchten Gesicht sagt, trifft wirklich zu: Das Böse hat manchmal eine Übermacht auf dieser Welt. Klaus Kinkel blieb gerade noch genügend Zeit, nach Deutschland zurückzukehren, um sich umzuziehen. Anschließend wurde er direkt zum Flughafen Ben Gurion in Tel Aviv geflogen.

Die ganze Welt war anwesend bei der Beerdigung des ermordeten großen Politikers, diesem seit Churchill, Roosevelt und Charles de Gaulle einzigartig mutigen Menschen. Jordaniens König Hussein war das erste Mal als Staatsbesucher auf israelischem Boden. Auch für den ägyptischen Präsidenten Hosni Mubarak war es das erste Mal, dass er israelisches Staatsterritorium betrat. Wie in einer Abschiedszeremonie an eine Welt von gestern, die sobald nicht wiederkommen würde, sprach neben US-Präsident Bill Clinton auch König Hussein, der bewegt und den

Tränen nahe zum Frieden aufrief. Noch tiefer aber bewegte das Zeugnis der siebzehnjährigen Enkelin Rabins, der Studentin Noa Ben Artzi-Pelossof, die all ihren Emotionen freie Bahn ließ und den Abschied von einer bereits vergangenen Welt noch herzzerreißender machte:

> *„Andere, bedeutendere Menschen als ich,*
> *haben dich in ihren Nachrufen bereits gewürdigt,*
> *aber keiner von ihnen hatte jemals das Vergnügen,*
> *die Liebkosung, wie ich sie bekam,*
> *die Liebkosung deiner warmen, weichen Hände zu spüren,*
> *deine warme Umarmung zu würdigen, die nur uns vorbehalten war,*
> *dein leises Lächeln zu sehen, das mir immer so viel gesagt hat,*
> *dieses Lächeln, das es jetzt nicht mehr gibt,*
> *das nun mit dir in deinem Grab erstarrt ist."*

Martin Buber, ähnlich wie damals erscheint mir die Situation heute. Nichts hat sich geändert an dem Ausmaß der Demütigungen und Gemeinheiten. Nur kurz war dieser Zustand unterbrochen worden: vor und kurz nach dem Oslo-Abkommen.

Arafat contra Netanjahu:
Das Tauziehen auf der Wye-Konferenz

Arafat war immer schon jemand, der die Welt bezirzen konnte. Man hatte sich entschieden, ihn nicht zu den Feierlichkeiten bei der Beerdigung zuzulassen. Nichtsdestotrotz machte er Leah Rabin einen Kondolenzbesuch, den sie nicht vergessen konnte.

Nach Rabins Tod schien sich alles aufzulösen. Nichts hatte mehr Bestand. Rabin wurde von Peres abgelöst, der zwar den gleichen glühenden Willen hatte, das Oslo-Abkommen zu verwirklichen, nicht aber das Vertrauen seiner Landsleute, um es auch realisieren und beiden Völkern Sicherheit geben zu können. Anschließend folgte unter Bibi Netanjahu, dem jungen Hardliner des *Likud*-Blocks*, eine Eiszeit in den Beziehungen. Mit ihm

---
* Bedeutet „Zusammenschluss", das größte konservative Parteienbündnis in Israel.

begann eine elende Feilscherei, die von Netanjahu selbst auf die Spitze getrieben wurde.

Thema der Wye-Konferenz 1998 – die neben der widerlichen Berichterstattung über die Sex-Affären Bill Clintons in der Weltpresse ziemlich unterging – war die Erfüllung des Oslo-Abkommens beziehungsweise dessen Aushöhlung. Arafat verlangte die Übergabe von 30 Prozent des palästinensischen Territoriums im Westjordanland, sobald die Gespräche über den endgültigen Status Palästinas in Gang gekommen seien. Unter Netanjahu hatte Israel im Januar 1998 neun Prozent angeboten. Im März erklärte Netanjahu Präsident Clinton unter vier Augen, er könne möglicherweise auf elf Prozent hochgehen. Die USA hatten dreizehn Prozent vorgeschlagen, bei denen Israel weitgehend die letzte Kontrolle in Sicherheitsfragen behalten sollte. Ihr Plan sah vor, dass parallel zur Rückübertragung des Landes Sicherheitsmaßnahmen zur Unterbindung der gegen Israel gerichteten terroristischen Aktivitäten in Kraft treten sollten. Diese Informationen stammen aus einem sehr eindrucksvollen Kapitel in Madeleine Albrights Memoiren.

Die Verhandlungen wurden noch unerträglicher, als Netanjahu seinen wichtigsten Rivalen zum Außenminister machte: Ariel Scharon. Auch in der entscheidenden Phase der Verhandlungen in Wye blieb der letzte Durchbruch aus, weil beide Seiten sich nach wie vor anstrengten, dem jeweiligen Gegenüber weitere Steine in den Weg zu legen. Scharon spielte dabei eine unrühmliche Rolle. „Der Mann, der bei Rot über die Ampel fuhr" – so der Titel einer Biographie über Ariel Scharon –, erklärte die Palästinenser noch in der letzten Gesprächsrunde zu einer Gaunerbande, worauf Madeleine Albright erwiderte: „Wir glauben nicht, daß die Palästinenser eine demokratische Grundeinstellung hegen, aber wir sehen sie auch nicht als eine Bande, sondern als Menschen, die in Ihrer Nachbarschaft leben. Wir sind die besten Freunde Ihres Landes. Wenn wir hier scheitern, wird Ihre Sicherheit abnehmen. Wenn Sie die Palästinenser für eine Gaunerbande halten, gibt es keine Hoffnung, denn dann werden sie sich auch wie eine Gaunerbande verhalten."

Ähnlich einem südafrikanischen Kolonialisten und Apartheidagenten antwortete Scharon, was Menschen mit überzogenem Nationaldünkel in solchen Situationen immer antworten: „Ich habe mein Leben lang mit den Arabern gelebt und habe keine Probleme mit ihnen. Ich habe ein Problem mit ihren Anführern, oder zumindest mit einigen von ihnen, die Mörder sind. Es ist ein Fehler, mit ihnen verhandeln zu wollen." Hier trat Clinton ins Bild, ein Mensch, der mit großer staatsmännischer Wärme und Einfühlungsvermögen die verschiedenen Kontrahenten eines Konflikts zusammenführen konnte.

Madeleine Albrights Bericht über das Zusammentreffen von Netanjahu, Arafat und Clinton wäre auch für Sie, Martin Buber, von großer Faszination gewesen: Der amerikanische Präsident studierte die Notizen auf seinem gelben Block. Sein Gesicht sah müde aus, doch gleichzeitig wirkte er konzentriert und entschlossen. Es war die Phase der Verhandlungen, in welcher der durch eine Chemotherapie gezeichnete König Hussein noch einmal das ganze Gewicht seiner Persönlichkeit in die Waagschale geworfen hatte.

„Nach einer Einigung", sagte der fast durchsichtig wirkende König, „werden beide Seiten zurückblicken und sich kaum an diese Themen erinnern. Es ist Zeit, zu einem Ende zu kommen und die Verantwortung für Ihr Volk und vor allem für Ihre Kinder zu übernehmen." Die Zusammenarbeit der beiden Völker fand nach Rabins Tod ein abruptes Ende.

Immer wieder, lieber Buber, muss ich mich an die Stelle aus Ihrem „Ich und Du" erinnern, in der es um Einsamkeit geht – und Isolation: „Ist die Einsamkeit eine Burg der Absonderung, wo der Mensch mit sich selbst Zwiesprache führt, nicht um sich für das Erwartende zu prüfen und zu meistern, sondern im Selbstgenuß der Seelenfiguration: Dies ist der eigentliche Abfall des Geistes zur Geistigkeit [...], der sich bis zur letzten Abgründlichkeit steigern kann, wo der Selbstbetörte wähnt, Gott in sich zu haben [...]." Wir alle laufen Gefahr, immer zu meinen, wir hätten ihn, der Himmel und Erde erschaffen hat, in uns, und wir würden über und durch ihn über ein politisches Ziel verfügen. In der Situation sagen Sie, Martin Buber: Weit gefehlt. „So wahr Gott uns umfaßt und in uns wohnt: wir haben ihn nie in uns. Und wir reden mit ihm nur, wenn es in uns nicht mehr redet."*

Und gerade weil diese Kraft, die in der Schwachheit des krebskranken und todgeweihten Monarchen zum Ausdruck kam, so eindringlich auf alle Teilnehmer der Friedens- und „Nach-Oslo"-Gespräche wirkte, war die Szenerie, die uns die Außenministerin beschrieb, besonders makaber: Gegen halb drei habe sie Bill Clinton im Gespräch mit Netanjahu und Arafat gesehen, Gamal Helal habe gedolmetscht. Plötzlich sei Arafat wie zur Salzsäule erstarrt und zu seinem Tisch marschiert. Er sei dort wie versteinert sitzen geblieben. Einige Minuten später sei der Präsident aufgesprungen und mit den Worten: „Das ist hassenswert. Das ist verachtenswert. So einen Mist lasse ich mir nicht länger bieten!" aus dem Saal gestürmt.

Was war passiert? Die drei hatten über die palästinensischen Häftlinge gesprochen. Netanjahu hatte erklärt, er könne gut fünfhundert freilassen, aber nur, wenn Arafat sich um einen besonders prominenten Palästinenser „kümmere" und dreißig „Killer" innerhalb der folgenden zwei Wochen verhafte. Arafat: „Was bedeutet das, ich soll mich um den Palästinenser ‚kümmern'? Soll ich ihn einfach hinrichten lassen?" Netanjahu: „Ich werde keine Fragen stellen, Sie brauchen ja nichts zu sagen." Da war Arafat aufgestanden und Clinton explodiert.**

Ist die Mauer das letzte Wort in der Geschichte der beiden Nachbarvölker?

Ist die Mauer das endgültig gefällte Urteil der Regierung Israels – die ja noch immer, mit stillschweigender Billigung der Mehrheit der israelischen Bevölkerung, der Meinung ist, man brauche niemanden mehr für die Regelung der Fragen zwischen Israel und Palästina? Einzig unklar ist vielleicht noch die Frage, wie man die

---

* *Ich und Du*, S. 100.
** Albright, Madeleine: *Madam Secretary. Die Autobiographie*. München: Bertelsmann, 2003, S. 382.

Palästinenser eventuell in ein noch kleineres Land mit einer noch gewaltigeren Mauer pferchen kann, so dass sie kaum noch atmen und somit kaum noch Widerstand leisten können.

Endgültig – ein Wort, das Ihrer Meinung nach nicht in Verbindung mit „Menschenwerk" gebraucht werden sollte – scheint die Hoffnung auf ein Übereinkommen der beiden Völker begraben zu sein, eine Hoffnung, die Sie, lieber Martin Buber, 1955 in einer Wochenzeitung in Tel Aviv so formuliert haben: „Ich sah", sagten Sie damals, „daß das Schicksal dieses Erdteils, den man den Nahen Osten nennt, von der Zusammenarbeit der Völker, die ihn bewohnen, abhängt. Ohne diese Zusammenarbeit werden weder wir noch die Araber Erfolg haben. Sie brauchen uns genauso nötig, wie wir sie brauchen. Dieser Weltteil braucht beide Völker, die Zusammenarbeit zwischen beiden. Darum ist dieses eine weltpolitische Angelegenheit."

Ich sage das hier nicht leichtfertig. Trotzdem bin ich davon überzeugt: Eine Regierung wie die Ariel Scharons, die jetzt auch noch, um jeden Zweifel an ihrer Haltung auszuräumen, die größte Siedlung Ariel mit Israel vereinigt und sie samt allen modernen Freizeiteinrichtungen illegal eingemeindet; eine Regierung, die eine Mauer baut, die als Trennmauer zwischen Völkern ins Guinness-Buch der Rekorde kommen könnte – eine solche Regierung brauchen die Araber in Palästina nicht. Die Zerstückelung ihres Landes einerseits und die Einmauerung ihrer Dörfer und Städte andererseits wird einige dazu bringen, das Land Palästina zu verlassen. Die aber, die keine Möglichkeit zur Auswanderung haben, werden bleiben und weiter ausharren.

Mahatma Gandhi und die „konzentrative Kolonisation"

Ich musste 64 Jahre alt werden, um zu erfahren, dass Sie, Martin Buber, mit Mahatma Gandhi in Kontakt standen. Es war Ihnen unglaublich wichtig, eine Einschätzung, ja im Grunde eine Zustimmung in Bezug auf die Landnahme der auf der Welt zerstreuten Juden in Palästina zu erhalten. Eine Stellungnahme, die der größte (ich weiß niemand anderen zu nennen) Pazifist der Menschheitsgeschichte so nicht geben wollte oder konnte.

Sie selbst, Martin Buber, wollten kurz nach Ihrer von den Nazis erzwungenen Übersiedlung nach Palästina im März 1938 unbedingt den Segen des Mahatma Gandhi für das haben, was die Juden in Palästina leisteten: die „konzentrative Kolonisation", eine von Ihnen kreierte Bezeichnung, die den Gegensatz zur „expansiven Kolonisation" der imperialen Mächte verdeutlichen sollte. Sie reagierten damals auf einen langen Artikel, den Gandhi am 26.11.1938 in der indischen Wochenschrift *Harijan* veröffentlicht hatte. Damals hatte er geschrieben, Palästina gehöre den Arabern. Den Juden, die unter Hitler verfolgt wurden und die den Nazis zu entrinnen beabsichtigten, gab der große Mahatma den Rat, sie sollten in Deutschland bleiben und die Unterdrückung, Schmähung und Diskriminierung durch die Nazis einfach erleiden!

Mahatma Gandhi war in Südafrika Juden begegnet. Zu seinen damaligen jüdischen Mitarbeitern gehörte Hermann Kallenbach (1871-1945), der damals Seite an Seite mit den Indern gegen deren Diskriminierung kämpfte. In dem Artikel äußerte Gandhi sich zunächst sehr sympathisierend gegenüber den Juden in Südafrika: „Mein Mitgefühl gehört durchaus den Juden. Ich habe sie in Südafrika kennen gelernt. Durch diese Freunde erfuhr ich viel über ihre jahrhundertlange Verfolgung. Sie waren die Unberührbaren der Christenheit."

Mahatma Gandhis Schlussfolgerung oder Quintessenz jedoch zeigt – man muss es leider sagen –, dass er keine Ahnung davon hatte, wie furchtbar weit die Diskriminierung der Juden unter den Nazis ging: „Der Ruf nach einer nationalen Heimstätte für die Juden spricht mir nicht sehr zu. Seine Beglaubigung sucht man in der Bibel und der Ausdauer, mit der die Juden eine Rückkehr nach Palästina ersehnt haben." Eine andere Bemerkung lässt allerdings darauf schließen, dass Gandhi doch mehr gewusst hat: „Ein Krieg gegen Deutschland zur Verhinderung der frevelhaften Verfolgung einer ganzen Rasse wäre völlig gerechtfertigt" –, wenn, ja wenn es überhaupt einen gerechten Krieg geben kann im Namen der

Menschlichkeit. Das lehnte Mahatma Gandhi konsequent ab: „Ich glaube an keinen Krieg. Eine Erörterung des Für und Wider liegt außerhalb meines Gesichts- und Wirkungskreises."

Die Inder in Südafrika hätten Zuflucht zu *Satyagraha** genommen, „ohne einen Rückhalt in der übrigen Welt oder der indischen Regierung zu haben." Die Weltmeinung und die indische Regierung hätten sie erst nach acht Jahren Kampf unterstützt, und auch das nur durch diplomatischen Druck. „Wenn die Juden" – so sagte der große Gandhi tatsächlich – „auf freiwillige Leiden vorbereitet werden könnten, könnte selbst das Blutbad, das ich für möglich halte, zu einem Tag des Dankes und der Freude werden dafür, dass Jehova die Hinopferung der Rasse, sei es auch durch die Hände des Tyrannen, beschlossen hat." Das wirkt wie Zynismus. Und ich kann den Mahatma künftig, lieber Martin Buber, nur noch von ferne bewundern.

Sie, Buber, antworteten Gandhi in einem sehr schönen langen Brief, den wiederum der Mahatma nicht erwiderte. Vielleicht ist dieser Brief auch verloren gegangen. So hatten Sie auf dieser Welt auch unter Ihresgleichen Enttäuschungen. Denn ich bin ganz sicher, dass Sie es nicht für möglich gehalten hatten, von Mahatma Gandhi in Ihren kulturellen und spirituellen Bemühungen nicht unterstützt zu werden.** Ich besinne mich, ein anderes wunderbares Stück von Ihnen zum Thema Bücher und Menschen gelesen zu haben. Ein Aufsatz, der von der Liebe zu beidem tief geprägt ist. Im Zweifel aber sind Ihnen die lebendigen Menschen immer wichtiger, das lebendige Gespräch größer und wertvoller gewesen als jeder „Dialog" mit dem Papier.

---

* „Festhalten an der Wahrheit", bezeichnet Gandhis politische Praxis der bewussten Übertretung ungerechter Gesetze.
** In: *Ein Land und zwei Völker*, S. 155-172. Original in *Two Letters to Gandhi. From Martin Buber and Judah L. Magnes.* Jerusalem 1939.

Am Checkpoint bei Nablus

Im August 2003 standen wir mit unserem Auto, vollgepackt mit Medikamenten, an einer der Sperren nördlich von Nablus. Durch die Heckscheibe des Autos sahen wir einen arroganten jungen Soldaten der IDF, der seine Macht ausspielte, indem er mit einer Bewegung des kleinen Fingers den Durchgang freigab und wieder verwehrte. Ihm gegenüber – in einer Entfernung von 25 Metern – stand eine Gruppe von Palästinensern. Die Schikane war ganz deutlich, alle mussten in der Sonne stehen, man sah dem jungen Schnösel an, dass er sie besonders lange „braten" lassen wollte. Endlich hatte ein Mitglied der Gruppe die lange Prozedur überstanden. Wieder dieser kleine Finger, mit dem der Soldat unmoralische, demütigende Macht ausübte – zusätzlich zu der Knarre neben sich und der Besatzungsgewalt, die der Checkpoint aus Beton verkörperte.

Dann gingen zwei Menschen gleichzeitig los. In ihren Gesichtern war einerseits Erleichterung zu sehen, dass sie Einlass in ihr eigenes Land auf der anderen Seite der Barrikade erhielten. Andererseits konnte man darin Besorgnis lesen: Meinte der Soldat beide oder nur einen von ihnen? Nein, er meinte nur einen, der andere ging gehorsam, aber voll innerer Wut ob dieser Willkür sofort zurück. Es waren ältere Palästinenser, die hier von einem jungen Soldaten per Fingerzeig schikaniert wurden.

Dies sind die Akte der Demütigung, des Kleinmachens, des Ungerechtfertigt-an-den-Pranger-Stellens, die an einem einzigen Tag so viel Wut und Rachegelüste hervorbringen, so viel Zorn und Hass. Könnte man solche Situationen – ähnlich wie bei Umfragestatistiken – in einem Schaubild darstellen, wäre jedem klar, dass Israel noch am gleichen Tag seine gesamte Politik ändern müsste. Aber der große Ariel Scharon, den man täglich im Fernsehen dabei beobachten kann, wie er an den Kameras vorbei in den Kabinettssaal stampft, kann und will dieses Leiden und dessen unumgängliche Folgen anscheinend nicht ermessen. Ich fürchte, er verkörpert das Prinzip des Anti-Martin-Buber.

Die Nation als Selbstzweck

Sie, Buber, haben gesagt, dass es ein internationales Recht unter den Völkern geben muss. Man müsse zwischen rechtmäßigem und unrechtmäßigem Nationalismus eine Grenze ziehen. Und diese Grenze ist „nirgendwo anders herzuholen als aus der Erkenntnis der übernationalen Verantwortung der Nation. Für wen die Nation ein Letztes ist, letzte Wirklichkeit, letzte Instanz, für wen über der ungeheuren Vielfältigkeit der Völker nicht eine nennbare oder unnennbare Autorität steht, vor der die Gemeinschaften wie die Personen sich in der Stille ihres Daseins zu verantworten haben, der wüsste, selbst wenn er versuchen wollte, die Grenze zu ziehen, nicht, wie er das anfangen sollte."

Noch präziser waren Sie, lieber Buber, auf dem 12. Zionistenkongress in Karlsbad 1921: Das Judentum habe in den Jahrtausenden seiner Diaspora nicht als irgendeine der Nationen, sondern als das Judentum sui generis nach *Erez Israel* verlangt, als Folge der speziellen Motivation und aus Intentionen heraus, die sich aus der Kategorie „Nation" allein nicht ableiten ließen. Und wörtlich: „Wir haben den jüdischen Nationalismus ausgerüstet mit einem nicht von uns geschmiedeten Rüstzeug: mit dem Bewußtsein einer einzigartigen Verpflichtung, die von dem Übernationalen her allein zu fassen ist und, wo immer sie ernst genommen wird, ins Übernationale weist."

So sagen Sie es uns in diesen Tagen und trösten uns (wenn auch leider nur posthum) in einer ziemlich trostlosen Zeit. 1921 hätten Sie die Zionisten vor den Verirrungen der Volksvergötzung bewahren wollen, so sagen Sie, aber das sei Ihnen nicht geglückt. Der jüdische Nationalismus sei zu einem Teil dabei, sich auf den Weg aller Völker zu begeben, sich nur noch gegen die Welt zu behaupten, anstatt die Welt als Ganzes zu begreifen und zu verteidigen. Mit der neuen, literarisch geprägten wunderbaren Formel, mit der Sie das Völkerrecht paraphrasieren, fahren Sie fort, dieser Nationalismus sei vielfach „dem Trug verfallen, den Horizonthimmel, den man von seinem eigenen Platz aus erblickt, für den Himmel überhaupt zu halten." Auch er „vergeht sich gegen das

Wort der über allen Volksgemeinschaften aufgerichteten Gesetzestafel, daß jede Souveränität falsch und eitel wird, die nicht dem Souverän der Welt, der auch der Souverän meines Rivalen und meines Feindes ist, in allem Kampf um das Recht doch untertan bleibt. Er vergißt, von den Zwecksetzungen der gesunden Selbstsucht zu dem Herrn aufzublicken, der ‚die Kinder Israels' aus Ägypten geführt hat und die Philister aus Kaftor und die Aramäer aus Kir."

Das, was Sie gehasst haben, war die Nation als Selbstzweck. Sie sagten damals in dieser wunderbaren Vorlesung, die uns wie eine Abhandlung über die Menschenrechte erscheint und die heute noch in deutschen, israelischen und palästinensischen Schulen gelesen werden müsste: „Auf einem Boden, auf dem die Nation nun einmal als Selbstzweck gilt, ist für keine übernationale ethische Forderung mehr Raum, weil da keine echte übernationale Verantwortungsübung der Nation mehr besteht."* Zwar war Ihr Vortrag von der sehr wissenschaftlichen Sprache an den Akademien der 20er Jahre beeinflusst, doch beinhaltete er Sätze wie diesen, die geradezu in den Kabinettssitzungen in Jerusalem, aber auch in Ramallah (und wohl auch in Paris, London, Berlin und Washington) als Motto in Stein gemeißelt werden sollten. Sie enthalten einige Verpflichtungen in Bezug auf das Völkerrecht und die Menschenrechte, über die aktuell viel zu schnell und unzureichend begründet hinweggegangen wird.

„Wie wenig wir den arabischen Menschen kennen"

Beim 16. Zionistenkongress meldeten Sie sich erneut zu Wort: Es sei für Sie in Palästina erschreckend gewesen zu erleben, „wie wenig wir den arabischen Menschen kennen." Noch erschreckender wäre es für Sie zu sehen, dass dieser Missstand 2003 immer noch anhält, sich vielleicht sogar gegenüber der Zeit, in der Sie in

---

* *Ein Land und zwei Völker*, S. 70-83.

Israel lebten, ausgeweitet hat. Und dass davon auszugehen ist, dass kaum ein jüdischer Israeli weiß, wovon er redet, wenn er von „den Arabern" spricht.

Viele würden sagen: „Wir wollen nicht majorisiert werden." Sie haben dem zugestimmt. Aber Sie wollten nicht immer zwischen den Zeilen lesen müssen: „... sondern wir wollen majorisieren." „Erinnern wir uns", sagten Sie damals, „wie die anderen Völker uns angesehen haben und allerorten noch ansehen: als das Fremde, als das Niedrigere. Hüten wir uns davor, das, was uns fremd und nicht bekannt ist, als das Niedrigere anzusehen und auch so zu behandeln."

Das war und ist bis heute das eigentliche Problem – auch im Israel des Jahres 2005. Die israelischen Araber sind nach wie vor dem Verständnis Israels nach keine „vollgültigen" Israelis. Warum werden israelischen Arabern bis heute die vollständigen Rechte einer Staatsbürgerschaft verweigert? Und das, obwohl sie auf dem Papier volle Gleichberechtigung genießen, wie es in der Unabhängigkeitserklärung formuliert ist. Die Praxis jedoch sieht ganz anders aus. Die Israelis, mit denen ich an arabischen Dörfern in Israel vorbeifuhr, deuteten auf die Häuser, die Plätze, die schmucken Rathäuser und Restaurants: Ja, so könnten die Palästinenser alle leben, wenn sie sich der Oberherrschaft Israels unterwerfen würden. Nur: Sie wollen sich dieser Oberherrschaft nicht so unterwerfen, wie das der Staat Israel verlangt.

Um nicht genauer darüber berichten zu müssen, was die Mauer zwischen Israelis und Palästinensern bedeuten könnte, schrieb Gisela Dachs am 28. August 2003 über den in Israel gelegenen arabischen Ort Umm al-Fahem in der ZEIT:

„In Hassliebe vereint. Die palästinensische Minderheit in Israel misstraut der jüdischen Mehrheit – und will doch mit ihr leben." Wendepunkt, so die deutsche Journalistin, sei für die israelischen Palästinenser der Herbst 2000 gewesen: „Damals begannen die palästinensischen Unruhen, die wie ein Lauffeuer auch die arabische Minderheit in Israel erfassten. Bei Demonstrationen erschoss die Polizei dreizehn arabische Israelis. Zwei der Opfer stammten aus Umm al-Fahem. Der Zorn der Menschen entlud sich in

Zerstörung. Reifen brannten, die Post, Ampeln, Bank, Strom- und Telefongesellschaft – also alles, was staatliche Symbolkraft in sich birgt – wurden verwüstet. Bis heute hat die generell als moderat geltende palästinensische Minderheit das Trauma der Schüsse nicht überwunden."

Doch ein größeres Trauma, das ähnlich wütende Reaktionen zur Folge haben wird, steht noch bevor: die Mauer. Die Palästinenser Israels werden von den Palästinensern Palästinas „ausgemauert". Oder: sie werden mit den nicht sehr beliebten Israelis „eingemauert", zum Nachteil ihrer Volksgenossen auf der anderen Seite der acht Meter hohen Mauer. Aber das wollte die Korrespondentin lieber nicht beschreiben, denn sie ist proisraelisch. „Sie sind eine Minderheit im Lande", so fuhr sie über die Palästinenser in Israel fort, „einerseits Bürger Israels, andererseits Palästinenser mit familiären Bindungen im Westjordanland und in Gaza. Ihre Familien hatten nach dem 1948er-Krieg eine Existenz als Israelis zweiter Klasse dem Flüchtlingsdasein vorgezogen." Mehr als zwischen Israelis und Palästinensern trennt die Mauer zwischen Palästinensern und Palästinensern. Kann man diese Situation so darstellen und Israel nicht dafür kritisieren? Warum und mit welcher Legitimation kann ein Staat einer Bevölkerungsgruppe von 1,2 Mio. Menschen den Status von Unberührbar-Berührbaren geben?

Diese israelischen Palästinenser seien mit gutem Grund in Israel geblieben, meinte die ZEIT-Korrespondentin und führte das in Israel gebräuchliche Argument an, es gehe ihnen doch wirtschaftlich erheblich besser als den Verwandten in Ramallah und anderswo. „Heute stellen sie und ihre Nachkommen ein Fünftel der Gesamtbevölkerung Israels – und sitzen mehr denn je zwischen allen Stühlen. Die Jahre der Intifada haben ihr Lebensgefühl, ja selbst die Sprache geprägt", so Gisela Dachs weiter. Während sich die meisten in der Vergangenheit als „israelische Araber" bezeichnet hätten, sähen sie sich heute als „Palästinenser mit israelischem Pass".

Das verblödende Gift der monoethnischen und monoreligiösen Staatsidee, die Ariel Scharon in allen Bereichen vertritt, wird dazu führen, dass die Palästinenser auch innerhalb Israels ein Unruheherd werden, wobei die Mauer auch hier zu einem unbrauchbaren Vehikel wird. Es scheint, als müsse man auch die 1,2 Mio. Palästinenser mit israelischem Pass einmauern. Das Ziel, die Araber von der Westbank nach Jordanien zu vertreiben, wo sie ja schon einen Staat hätten, ist immer noch und dauerhaft in den Köpfen maßgeblicher israelischer *Likud*-Minister und -Politiker vorhanden. Man vermeidet allerdings das Wort „Vertreibung" und spricht von „Transfer".

Der jüdische Polizeichef von Umm al-Fahem, Avi Algarizi, muss sich dieser Politik natürlich unterordnen, die dem Mainstream der israelischen öffentlichen Meinung, die sich gar kein Bild mehr machen will von der Westbank und dem Gaza-Streifen, entspricht. Alles andere nämlich wäre gefährlich. Ich bin fest davon überzeugt, dass es in Israel zu einem inneren Aufruhr kommen würde, wenn alle Bürger, auch diejenigen, die dem Holocaust und den Ghettos entkamen, mit eigenen Augen sehen und vor allem erkennen würden: Was wir Juden mit den Palästinensern machen, ist die Einmauerung dieser Menschen, ist deren Vertreibung in ein immer kleiner werdendes Ghetto!

„Mehr als 200 israelische Palästinenser", so berichtet die Journalistin, „waren in den vergangenen drei Jahren in Anschläge verwickelt." Das sei einerseits zwar ein alarmierender Zuwachs, andererseits aber immer noch eine verschwindend kleine Minderheit bei einer arabischen Bevölkerungsgruppe von 1,2 Millionen. Der Polizeichef habe vor Pauschalurteilen gewarnt: „Nicht jede Familie, die einen Palästinenser aus dem Westjordanland beherbergt, weiß, was der vorhat. Und es gibt hier Leute, die sich nicht weniger Sorgen über die Entwicklung machen als wir und die uns anrufen, wenn sie verdächtige Objekte entdecken."

„Bis 1966", führte die Korrespondentin weiter aus, „galt für israelische Palästinenser Militärrecht. Baugenehmigungen wurden ihnen regelmäßig verweigert, illegal errichtete Gebäude häufig abgerissen. Umm al-Fahem hat kein Gewerbegebiet; die Arbeitslosenrate von 13 Prozent ist eine der höchsten im Land. Dennoch zögen vier von fünf israelischen Arabern ihr jetziges Dasein einer ungewissen Zukunft in einem Palästinenserstaat vor." Das alles jedoch sind trügerische Zeichen. Solange der Staat sich nicht entscheidet, diese Minderheit wirklich als gleichberechtigte Bürger zu akzeptieren, wird der Versuch, diese Minderheit nur zu ruhig zu halten, scheitern. Hinzu kommt, dass die Mauer natürlich für die israelischen Palästinenser alles in Frage stellen wird, was sie bisher an schönen Seiten Israels erfahren haben.

Wie tief das Misstrauen sitze, zeige die Reaktion einer jungen Frau, die sich Gisela Dachs gegenüber als „muslimische Palästinenserin in israelischen Grenzen" bezeichnete und namentlich nicht genannt werden wollte. Ihrer Meinung nach sei die Polizei nicht an der Lösung ihrer internen Probleme interessiert: „Im Gegenteil: Sie wollen sogar, dass sich bei uns Drogen und Gewalt ausbreiten, denn das zerstört die Gesellschaft und hält von politischem Aktivismus ab." Mit Verachtung blicke diese junge Frau auf palästinensische Mitarbeiter im israelischen Polizeidienst – „Kollaborateure" in ihren Augen. Alles „Vorurteile", so tut die auf diesem Auge blinde Dachs derartige Gedanken ab.*

Die Lage werde noch dadurch verschärft, dass nicht nur der ehemalige Bürgermeister der Stadt, Raed Salah, zugleich Vorsitzender der *Islamischen Bewegung*, in Untersuchungshaft genommen worden sei, sondern auch sein Nachfolger Suleiman Agbariyeh. Beide würden verdächtigt, die palästinensische Terrorgruppe *Hamas* zu unterstützen und Kontakte zu der proiranischen *Hisbollah*-Bewegung im Libanon zu unterhalten. Die Verhaftungswelle Ende Mai 2003 habe selbst Bürger, die mit Raed Salahs Gedankengut nichts im Sinn hätten, empört. Viele von ihnen sähen in den Beschuldigungen den Versuch, israelische Araber abzustrafen – weil diese sich mit den Palästinensern in den besetzten Gebieten solidarisch erklärten.

---

* Gisela Dachs: „In Hassliebe vereint". In: Die ZEIT, 28. August 2003, S. 10.

Deutschland und Israel

Martin Buber, Sie würden sich unsäglich darüber aufregen, wenn Sie mitbekämen, wie eine Regierung die Frage der Araber im eigenen Land regelt: Die einst durchaus reale Utopie des gemeinsamen und gleichberechtigten Lebens gehört endgültig der Vergangenheit an.

Diese Utopie, dieser „grand design" war immer Bestandteil Ihres Denkens geblieben: Eine gemeinsame Landespolitik, „weil dort und hier dieses Land geliebt wird, dort und hier die Zukunft des Landes gewollt wird, also gemeinsam geliebt und gemeinsam gewollt wird."

Freundlich und souverän wie immer würden Sie mir entgegnen, die jüdischen Israelis hätten so gewaltige Probleme, dass wir etwas mehr Verständnis haben müssten. Sie hätten schließlich den Holocaust noch in den Knochen, und in diesem Punkt wüssten Sie, was Sie sagten. Darüber hinaus dürfe man die Selbstmordattentate, die wöchentlich, manchmal sogar täglich passierten, nicht vergessen.

Dann würde ich Ihnen, lieber Martin Buber, antworten: Der Verweis auf den Holocaust sorgt ja oft dafür, dass wir Deutschen uns zu sanft und ganz unverhältnismäßig milde zu Wort melden. Wir, die Generation, die nach Ihnen, lieber Buber, kam, hat aus dem Holocaust zwei Schlüsse gezogen. Der eine ist: Dieses Israel hat ein Recht zu leben, und ich werde mich dafür schlagen lassen, wenn es angetastet wird. Der andere lautet: Wir müssen Israel kritisieren, wenn es sich gegen die Palästinenser völkerrechts- und menschenrechtswidrig verhält!

In meinem Erinnerungsbuch an 23 Jahre *Cap Anamur* habe ich über unsere Arbeit 1982 im Libanon nach der israelischen Okkupation geschrieben: „Für uns Humanitäre aus Deutschland war es eine wichtige Frage, ob wir uns an die Seite der vom Krieg gebeutelten Palästinenser stellen durften, an die Seite jener also, die schon einmal aus ihren Heimatgebieten vertrieben worden waren." Und: „Das war hochriskant, denn wir wollten nie mehr etwas tun, was den Juden auf dieser Welt politisch oder wirtschaftlich schaden und ihnen Unrecht zufügen würde."* Damals war diese Frage für mich noch leichter zu beantworten: Einerseits durften wir den Palästinensern nicht die Hilfe verweigern, andererseits sollte die Aktion aber zugleich nicht hinter dem Rücken Israels stattfinden.

Heute stehen wir anderen Realitäten gegenüber – der Grundsatz jedoch, den ich für mich und wohl auch für meine Generation formuliert hatte, gilt weiter, ungebrochen. Das kann aber, so müsste ich jetzt mit Bubers Zustimmung sagen, nicht bedeuten, dass man Israel dabei unterstützt, wenn es anderen Unrecht tut.

In diesem Fall muss man die israelische Politik sogar kritisieren. Man kann die Ängste der Juden in Israel uns gegenüber zwar wahrlich begreifen, aber wir würden ja – kritisierten wir diese Politik nicht – unseren kollektiven deutschen Läuterungsprozess nach 1945 verleugnen, wenn wir nicht auch im Nahen Osten, also auch Israel gegenüber, Unrecht als solches begreifen, benennen und diese Erkenntnis auch in unsere deutsche und europäische Politik integrieren würden. Folglich dürfen die Palästinenser nicht ihres Landes beraubt werden. Und sie dürfen nicht eingemauert oder wie Gefangene weggesperrt werden. Das kann auf Dauer nicht gut gehen.

Die Selbstmordattentäterin Hanadi Dscharadat

Ich will meinem Lagebericht – um den Ernst der Situation zu verdeutlichen und um nichts zu verschleiern – noch die Biografie der letzten Selbstmordattentäterin hinzufügen, soweit ich sie recherchieren konnte.

Es führt kein Weg daran vorbei: Neben dem Schutz und der Absicherung muss man Augen und Ohren weit aufsperren und den Verstand aufs Äußerste bemühen, um das Phänomen „Selbstmordattentat" zu begreifen – ein Phänomen, das so voll-

---

* „Zerreißprobe im Libanon". In: *Die Menschenretter von Cap Anamur*, München 2002, S. 86.

ständig gegen unsere europäische Lebenserfahrung und unsere Verlangen nach Genuss und Entertainment verstößt!

„Wie eine angehende Anwältin zu einer Selbstmordattentäterin wurde" – so müsste man dieses Drama nennen, das die gesamte Tragödie im Kleinen widerspiegelt: Am Samstag, den 4. Oktober 2003, sprengte sich eine bildhübsche palästinensische Frau im Restaurant „Maxim" in Haifa in die Luft. Sie riss 19 unschuldige Zivilisten mit in den Tod. Die gesamte Welt verurteilte diesen Mord als einen Akt barbarischer Gewalt, als ein schändliches, amoralisches Bild einer pervertierten Welt.

Und dennoch hat dieser Akt auch eine andere Seite.

Die Täterin, Hanadi Tisri Dscharadat, war eine außerordentlich schöne Frau. Sie hatte in Jordanien Jura studiert und hatte nur noch wenige Tage bis zu ihrer Zulassung als Anwältin. Doch daraus wurde nichts. Die 29-Jährige zog es vor, sich in die Luft zu sprengen und dabei so viele Israelis wie möglich mit in den Tod zu nehmen.

Dscharadat war in Dschenin aufgewachsen. Nach dem Abschluss ihrer juristischen Studien in Jordanien vor fünf Jahren war sie wieder in ihre Heimatgemeinde zurückgekehrt. Die gewaltsamen Auseinandersetzungen zwischen Palästinensern und Israelis hat sie miterlebt. Der Wendepunkt in ihrem Leben, der auch dessen Ende markiert, war ein Ereignis im Mai 2002. Israelische Soldaten erschossen damals gezielt ihren 25-jährigen Bruder Fadi und ihren 34-jährigen Cousin Saleh – ein Mitglied des *Islamischen Dschihad*. Der Verlust dieser beiden geliebten Menschen, den sie nicht in einem „gewöhnlichen" Krieg, sondern in einer Mischung aus permanentem Kriegszustand und willkürlicher Besatzung erlebte, traf sie so hart, dass sie – wie wir bei einem Besuch Anfang Dezember 2003 in Dschenin erfuhren – ihre Vernunft und ihre Liebe zu den Menschen verlor. Lange schon hatte sie das jahrzehntelange Leid der Palästinenser, die endlosen Demütigungen, Enteignungen und Häusersprengungen im eigenen Land nicht mehr ertragen können. Doch der Tod der beiden Verwandten war endgültig zuviel. Einen Hauch von Verständnis schien sogar Israels Ex-Premier Barak Menschen wie ihr entgegenzubringen, indem er einst sagte:

„Wenn ich Palästinenser wäre, würde ich auch einer Terrororganisation beitreten."*

Alle Familienmitglieder konzedierten, dass Dscharadat aus Rache für den Tod ihres Bruders gehandelt hatte, nicht aus politischer Motivation. Deshalb packte die Familie auch nach der Tat die Koffer und verließ schnellstens ihr Haus. Denn der Teufelskreis der Rache ist im Palästinakonflikt mittlerweile ein allseits bekannten Ritual. Israelische Bulldozer machten noch am selben Tag das Haus der Familie dem Erdboden gleich.

Der palästinensische Gewaltakt, so heißt es in einer palästinensischen Publikation, sei wie eine Medaille mit zwei Seiten. Auf der einen Seite sei das Töten von Zivilisten ein Ausdruck von Ohnmacht. Auf der anderen Seite offenbare sich dadurch das endlose Leid eines okkupierten Volkes. Wenn eine ausgebildete Juristin sich entschließt, ihr eigenes Leben gewaltsam zu beenden und dabei 19 Zivilisten mit in den Tod zu nehmen, weil sie den Tod ihres Bruders und die am eigenen Leib erlebte Ohnmacht und Demütigung nicht mehr fassen kann, dann könnte man natürlich daraus folgern, dass viele andere in einer vergleichbaren Situation ebenfalls zu einem solchen Mittel greifen könnten.

Man muss sich nur die Verlassenheit dieser Menschen vorstellen: Vor dem Hintergrund, dass Prozesse und Klagen, die Vertretung durch einen Anwalt, Klageschriften etc. vielen leidenden Menschen bekanntermaßen schon eine spürbare Entlastung verschaffen, muss man sich vor Augen führen, dass es für die Menschen in Palästina keinerlei rechtliche Instanz gibt, die sie in Anspruch nehmen können, keine Berufung, in die sie gehen, kein Gericht, vor dem sie klagen können. Die einzige Möglichkeit, die sie sehen, ist, sich selbst zu wehren.

Der Versuch, ein Verbrechen und den Verbrecher zu verstehen, ist nichts gegenüber der Abscheu vor diesen Verbrechen. Diese Attentäter, die bewusst eine möglichst große Zahl Unschuldiger und Unbeteiligter töten, sind krankhafte Verbrecher. Ihrem Gott tun sie damit – um das Mindeste zu sagen – keinen Gefallen. Sie

---

* In einem Interview im israelischen Fernsehen mit Journalist Gideon Levy, Anfang März 1998.

handeln gegen das Gebot aller monotheistischer Religionen, dass das menschliche Leben uns geschenkt wurde und wir daran nicht herummanipulieren dürfen. Das Verstehen der psycho- oder politpathologischen Basis solcher Taten führt nicht eine Sekunde dazu, sie zu billigen. So wie wir uns bei dem Mörder am Erfurter Gymnasium vor drei Jahren auch fragen müssen, was zu einem solchen Verbrechen führen kann. Und wir damit dennoch nichts billigen.

Die Täter besudeln im Kampf gegen die Besatzung zusätzlich den Ehrentitel ihrer Befreiungsbewegung. Denn in der Tradition dieser Befreiungsbewegungen wurden diese von einer sehr hohen individuellen und kollektiven Moral getragen. Solche Aktionen, wie sie außerhalb des eigentlichen Besatzungsgebietes in Israel gegen die Zivilbevölkerung verübt werden, haben die palästinensischen Bewegungen sehr stark diskreditiert. Um auch das auszuschließen: Gegen Zivilisten und Unbeteiligte darf man in keinem Fall mörderisch und blindwütig vorgehen.

Dazu kommt die abgrundtiefe Dummheit derer, die Auftraggeber solcher Attentate sind. Sie verhindern, dass die Welt weiter Sympathie für die gerechte Sache hat. Hier trifft das berühmte Wort von Talleyrand zu, dem damaligen Außenminister Napoleons, nachdem der den Auftrag zur Ermordung des Herzogs von Enghien gegeben hatte: „Sire, c'est pire qu'un crime, c'etait une faute." Sir, das war schlimmer als ein Verbrechen, das war ein Fehler.

Bei der Verurteilung der Attentate auf Zivilisten sollte man allerdings auch nicht vergessen, dass es die jüdischen Terroristen von Irgun waren, die damit schon in den 30er Jahren begonnen hatten, so 1936 mit dem Bombenattentat auf den Markt von Haifa, bei dem mehr als 50 Zivilisten umkamen.

Wir bräuchten Sie, lieber Martin Buber, um aus diesem Elend herauszukommen. So wie wir in Deutschland einen Heinrich Böll bräuchten, der uns die Richtung weisen würde.

Darf man Israel kritisieren?

Ich lese Sie, Martin Buber, mit hoffentlich derselben aufmerksamen Haltung, die mich auf den Bildern, die wir von Ihnen als Leser haben, so beeindruckt. Ich lese, wie Sie Ihre Landsleute vor einer falschen Einschätzung der britischen Politik gewarnt haben. Die Zionisten sollten sich nicht blind machen für die – wie Sie es damals sagten – „Grundtatsache, dass die britische imperialistische Politik letzten Endes doch nur den britischen Interessen dient."* Wäre es ganz unhistorisch und unerlaubt zu meinen, lieber Martin Buber, Sie würden Ihre Landsleute in Israel heute auch vor einer zu engen Zusammenarbeit von Regierung und Volk Israels mit der imperialen US-amerikanischen Politik warnen? Und wäre es ebenso unerlaubt zu sagen, dass Sie es nicht ertragen könnten zu erleben, wie ein für die Menschheit nicht ganz unwichtiges Gebiet von Betonmauern, Gräben, Stacheldraht und Wachttürmen gleich einem Gefängnis abgeriegelt wird? Wir vermissen Ihre starke, unaggressive Stimme in der Kakophonie von Rechtfertigungen und Aktionen, die von den darauf folgenden Reaktionen der jeweils anderen Seite nicht zu unterscheiden sind.

Die Mauern um Zion sind auch so schon hoch genug. Die Freimütigkeit bei der so wichtigen Debatte um Israel und Palästina ist auf ein Minimum dessen reduziert, was für unser Land, Europa und die Welt auf Dauer verträglich sein kann. Immer wieder geht es nicht nur in Deutschland um die „illegitime" Frage: Darf man Israel kritisieren? Darf man – erste Variante – Israels Regierungspolitik kritisieren? Darf man – zweite Variante – die ungerechtfertigte und völkerrechtswidrige fortdauernde Landnahme und deren permanente Ausweitung kritisieren?

In den USA hat die Äußerung des Harvard-Präsidenten Lawrence Summers die Gemüter nicht nur in der akademischen Welt erhitzt. Er hatte gesagt: „Zutiefst antiisraelische Ansichten finden zunehmend Unterstützung in progressiven intellektuellen Kreisen. Ernsthafte und nachdenkliche Leute befürworten und bege-

---

* *Ein Land und zwei Völker.*

hen Handlungen, die in ihrer Wirkung – wenn nicht sogar ihrer Absicht nach – antisemitisch sind."

Die an der Universität Berkeley lehrende jüdische Philosophin Judith Butler – auf Deutsch erschien ihr Buch „Kritik der ethischen Gewalt" 2003 bei Suhrkamp – hat in einem Aufsatz für die *London Review of Books* diese Anschauung heftig kritisiert. Sie wehrt sich darin gegen die Gleichsetzung von Kritik an der Politik Israels mit Antisemitismus. Die Rede von Lawrence Summers unterscheide zwischen Wirkung und Absicht einer Kritik an der Politik Israels, aber bestimme die Absicht aus der Wirkung, „so dass der Beifall von Antisemiten über die Absicht entscheidet." Diese Gleichsetzung von Wirkung und Absicht sei das Ende jeder Kritik an Politik. Der Beifall von der falschen Seite werde ständig zum Maßstab für die Absichten des Kritikers genommen. Wörtlich meinte die Professorin: „Es scheint so, als hätten wir, historisch gesehen, nun eine Position erreicht, wo Juden legitimerweise nicht immer und ausschließlich als mutmaßliche Opfer angesehen werden können. Keine politische Ethik kann von der Annahme ausgehen, dass Juden ein Monopol auf die Position des Opfers haben."

Wer das zionistische Selbstverständnis Israels in Frage stelle, gerate nach dem Schema der Gleichsetzung von Wirkung und Absicht leicht in den Verdacht, einen jüdischen Selbsthass zu fördern. Wenn das, was den politischen Interessen Israels widerstreite, mit Antisemitismus in Zusammenhang gebracht werden könne, sei der Spielraum für Kritik in der Tat auf Belangloses reduziert. Es sei schon, so betonte Judith Butler in ihrem Aufsatz, soweit gekommen, dass Juden wie sie, die eine starke emotionale Beziehung zu Israel hätten, der gegenwärtigen Form des Staates sehr kritisch gegenüberständen und „einen radikalen Umbau seiner ökonomischen und rechtlichen Grundlagen" anstrebten; dennoch hätten diese Juden keine Möglichkeit mehr, ihre Vorstellungen über den Staat Israel öffentlich zu diskutieren, da jede Kritik an Israel als Gefährdung des Überlebens der Juden angesehen und damit abgetan werde.

Sie fragt sich und fragt uns: Wie könne es angehen, dass eine

Kritik an Israel „im Namen des eigenen Judentums, im Namen der Gerechtigkeit" als gegen das Judentum gerichtet erscheinen könne?

Arnold Zweig: „Sie wird sich an uns furchtbar rächen!"

Noch einmal sind wir bei dem von Ihnen, Martin Buber, immer wieder hochgehaltenen Leitstern der „Gerechtigkeit", ein Aspekt, auf den auch der Schriftsteller Arnold Zweig, der in den dreißiger Jahren in Palästina war, hingewiesen hat. Er schrieb über seine Erlebnisse und Reiseerfahrungen an Sigmund Freud. „Vater Freud" nannte er ihn in einem Brief vom 16. Juli 1938, verfasst auf dem Berg Carmel. In Jerusalem sei eine Bombe von Juden geworfen worden, schrieb er und fügte hinzu: „Sie wird sich an uns furchtbar rächen!" Gegen den Willen der arabischen Majorität ins Land gekommen, seien „diese Juden seit 1919 unfähig gewesen, den guten Willen der Araber zu gewinnen." Ihre „Aggression als Einwanderer und die Aggression der arabischen Terroristen" hätten sich gegenseitig aufgehoben, während mit der Bombe von jüdischer Seite nun dieses Gleichgewicht gestört worden sei. „Werfen sie jetzt Bomben, so sehe ich ganz schwarz."*

Der Journalist Henning Ritter beschreibt das Problem folgendermaßen: „Einwanderung als Aggression – mit dieser Sicht stand Arnold Zweig damals in Palästina sicherlich nicht allein. Aber sie ermöglichte ihm eine andere Abwägung von Aktion und Reaktion als die, die sich seit damals in einer beispiellosen Überbietung von Aggressionen durchgesetzt hat. Gerechtigkeit wäre kein so unangreifbares Ziel politischen Handelns, wenn sie nicht zugleich die Wahrnehmung von Situationen verändern würde." Sein entscheidender Gedanke lautet, dass „Nicht-Vergeltung gerechter sein kann als Vergeltung ... Angesichts der gegenwärtigen Selbstmordatten-

---

* Zitiert aus dem Artikel von Henning Ritter: „Freundfeinde – Kritik der zionistischen Vernunft. Israel und der Antisemitismus. In: FAZ, 29. August 2003, S. 33.

tate könnte ein Umschalten von naheliegender Vergeltung auf weiterblickende Gerechtigkeit eine Veränderung des Reaktionsschemas bewirken. Die Frage wäre zu stellen, ob es überhaupt eine adäquate Vergeltung für Selbstmordattentate gibt oder ob nicht ein passives Erdulden in ihrer Wirkung auf die Gesamtsituation effektiver wäre als die pünktlichen Gegenschläge. Die moralische Überlegenheit, die durch eine solche Haltung erlangt werden könnte, würde sich wohl als ein erheblicher politischer Gewinn erweisen."

Zumal, wenn es dann zu einem Wettbewerb um die jeweils höhere moralische Glaubwürdigkeit kommen würde. Hört die eine Seite mit den unsinnigen Vergeltungsschlägen auf, so folgt die andere unweigerlich diesem Verhalten. Ziel dieses Wettkampfes wäre dann, als erster ganz auf diese Art von Gewalt zu verzichten.

Auf jeden Fall ist es gefährlich, wenn jede Kritik an der israelischen Politik auch dann als antisemitisch denunziert wird, wenn Juden außerhalb Israels sie äußern. Das nämlich hätte zur Folge, dass über Israels Politik überhaupt nicht mehr verantwortlich geredet werden könnte. Weder von Judith Butler oder Joschka Fischer, noch von dem Friedensaktivisten Uri Avnery, Amira Hass oder Norbert Blüm – die bei uns von so prominenten Journalisten wie dem SPIEGEL-Mitarbeiter Henryk M. Broder als „Antisemiten" oder „jüdische Selbsthasser" diffamiert werden.

Die Antisemitismus-Frage wurde auch schon vom Gründer des Judenstaates und Begründer des Zionismus gestellt. Herzl erklärte in seiner Abhandlung über die „Judenfrage": „Unsere Feinde, die Antisemiten, werden unsere verlässlichsten Freunde und die antisemitischen Länder unsere Verbündeten sein." Die Instrumentalisierung des Antisemitismus für die zionistischen Ziele hat also eine lange und ehrenvolle Geschichte, wenn man sich vergegenwärtigt, wer Theodor Herzl war. Ein Vorwurf, der alles, was für Israels Politik schädlich sein kann, mit einem Bann belegen will, wäre nur eine Variante der Instrumentalisierung, die Theodor Herzl damals vornahm. In dem 1945 veröffentlichten Aufsatz „Zionism reconsidered" war es keine geringere als Hannah Arendt, die diese Vorstellungen in aller Deutlichkeit kritisiert hat: „Das

Ergebnis konnte nur die allergrößte Verirrung sein, in der niemand zwischen Freund und Feind unterscheiden konnte, in der der Feind zum Freund und der Freund zum heimlichen und deshalb um so gefährlicheren Feind wurde."

Ein Beispiel für die Einschränkung der einfachen Wahrnehmung, also dessen, was wir vor Ort sehen, hören und mit unseren Sinnen wahrnehmen können, ist dieses furchtbare Ungetüm – diese „Israel-Ariel-Scharon-Mauer" –, die die katastrophale Folge haben könnte, dass die israelische Politik heute schon nicht mehr weiß, wer ihre Freunde sind und wer ihre Feinde.

Auf ewig: Symbiose mit der US-Politik?

Warum hat sich das heutige Israel so uneingeschränkt auf die USA eingelassen? Wir Deutschen wissen aus der Zeit des Kalten Krieges: Nur die USA haben uns Schutz gegeben. Also können wir die jüdischen Bürger Israels erst einmal gut verstehen. Aber wir leben jetzt in einer ganz anderen Zeit und müssen uns auch auf andere Kräfte in der Welt besinnen. Allein Gewalt und militärische Macht wird auf Dauer in der Geschichte der Völker nie Erfolg haben.

Sie, Martin Buber, haben damals das Wort „Kolonisation" in seiner Differenziertheit nicht nur kritisieren, sondern auch retten wollen. Man müsse sich klarmachen, schrieben Sie, „daß wir, wenn wir von Kolonisation sprechen, etwas vollkommen anderes meinen, als wenn England von Kolonisation spricht." Damals gab es die große Bewegung der Kibbuzim, die das Land urbar gemacht und so kolonisiert hat. Die Siedlungen, die heute auf der Westbank wie Wehrdörfer in den schlimmsten Zeiten des Vietnam-Krieges oder der Apartheid in Südafrika entstanden sind, und die sich mit Beton, Stacheldraht und exklusiven Straßen immer weiter in das Land hineinwühlen, das sind koloniale Konstruktionen im Sinne der imperialen Kolonisation. Es war ein Unglück, damit anzufangen! Diese Siedlungen müssen wieder aufgelöst werden!

Dass die Juden in Israel nicht Schrittmacher des britischen

Imperiums sein sollten, das wollten Sie, Martin Buber, damals der Welt und Ihren Landsleuten sagen. „Glauben Sie nicht", haben Sie damals gesagt, „daß der Imperialismus sich so zu uns verhält, daß wir dessen Methoden mitmachen können. Es ist die absterbende Methode […]. Es gibt eine Wandlung zu neuen Methoden." Heute würden Sie Ihre Meinung wohl – bei allem Respekt vor den USA, die ja Schutzmacht bleiben wird – so formulieren: Es müsste ein spezifisches Gegengewicht zu der gegenwärtigen Politik der US-Regierung unter George W. Bush geben. Eine solche Politik würde Israel bei der Gemeinschaft der islamisch geprägten Völker und Staaten großen Respekt einbringen, und nicht nur in der arabischen, sondern auch in der europäischen Welt.

So, meine ich, würden Sie heute reden und schreiben, würden Sie das Desaster einer Politik erleben, die nur noch auf die Armee, die eigene militärische Stärke, die Überlegenheit der Waffen und die Kollaborateure setzt: einer Politik, die vielleicht das Gegenteil dessen ist, was man unter einer Regelung der Probleme, Konflikte und Angelegenheiten einer menschlichen Gemeinschaft verstehen kann. Denn sie ist eine Politik, die in einer Sackgasse endet. Jeder kann das sehen! Nur: die, die es ändern könnten, wollen wiedergewählt werden. Um dieses Ziel zu erreichen, versprechen sie billigen Wohnraum und Infrastrukturen in den vom Staat Israel errichteten Siedlungen auf der Westbank. In Siedlungen, die auf gestohlenem Boden entstehen und somit – um es harmlos auszudrücken – illegal sind.

Noch einmal: Kalkilia

Wenn man – wie ich Anfang August 2003 – nach Kalkilia kommt, dann erlebt man eine Stadt, die U-förmig von einer Betonmauer umgeben ist. Diese Mauer ist doppelt so hoch wie die, die einst Berlin teilte. Als ob die Baumeister, die das verfügt haben, den palästinensischen Bewohnern Kalkilias sogar den Blick in das andere Land, nach Israel, verwehren wollten, indem sie die Aussicht einfach zumauerten. Man trifft dort auf die totale Ein-

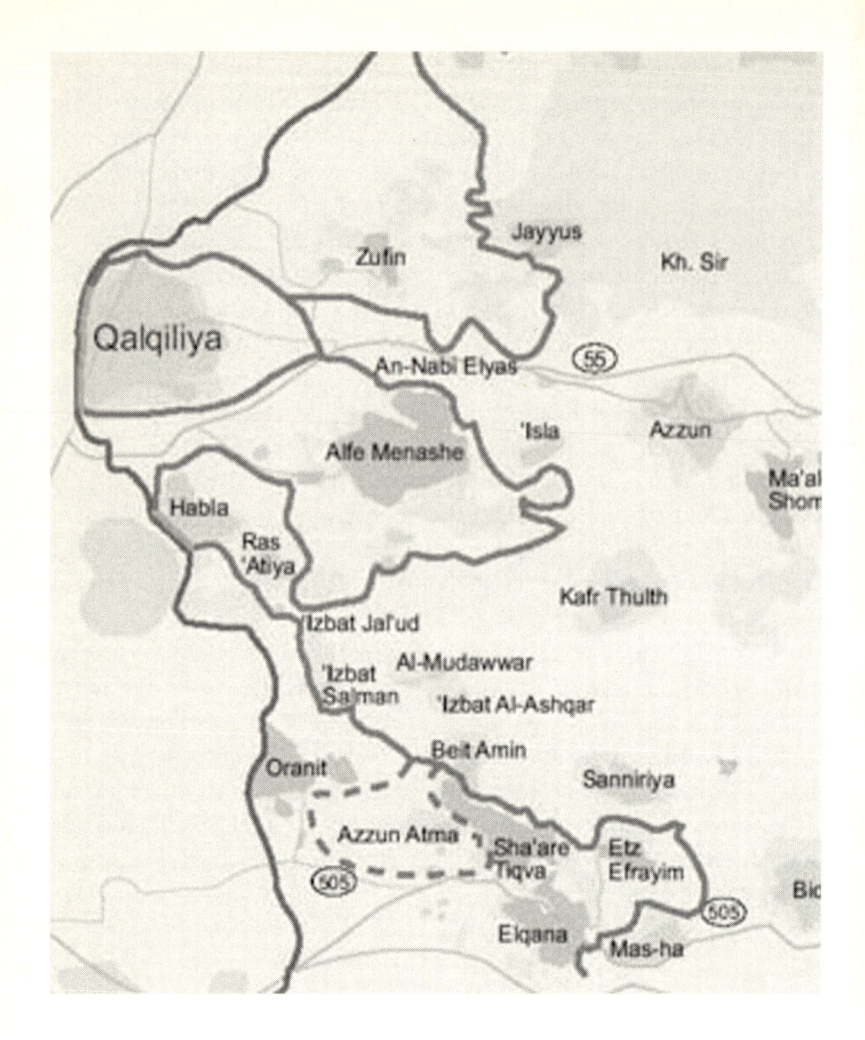

Mauerverlauf bei Kalkilia

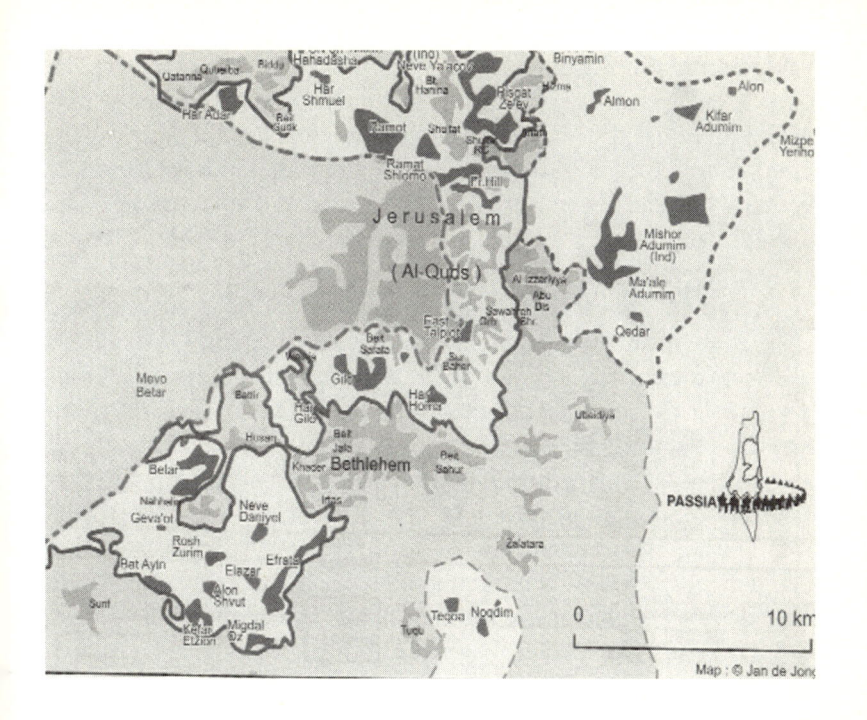

Mauerverlauf bei Bethlehem

schließung: alle 300 Meter ein Wachturm und ein Stacheldrahtzaun – es ist zum Verzweifeln. Selbst eine nahe der Mauer gelegene Baumschule – welch ein lebensbejahendes Symbol! – muss weichen. Die Militärs bestimmen, dass alles im Umkreis von 100 Metern um die Mauer verschwinden muss. Wir erlebten mit, wie 11 000 Palästinenser ihre Existenz verlieren, weil die Mauer deren Lebensgrundlage zerstört.

Die an uns gerichtete Frage, ob wir eine Sondergenehmigung dafür haben, uns die Mauer von der palästinensischen Seite aus ansehen und Fotos machen zu dürfen, musste ich natürlich verneinen. Schon dorthin zu gelangen war überaus schwierig gewesen. Nach anderthalb Jahren Ausgangssperre kennt kaum noch ein Palästinenser sein eigenes Land. Wir mussten uns an den Checkpoints durchmogeln, von denen manche nur noch zu passieren sind, indem man, als Bewohner oder Besucher, aus dem eigenen Auto oder dem gemieteten Taxi aussteigt und diese Barriere als Fußgänger überwindet, um auf der anderen Seite wieder in das nächste Taxi einzusteigen. Für die Touristen, die ja früher in Israel und im Besatzungsgebiet der Westbank die Freiheit hatten, zu fahren und zu reisen, wohin auch immer sie wollten, gibt es jetzt bestimmte Zugänge. Seit Anfang 2004 herrscht sogar ein Verbot, von Israel aus in die Westbank zu fahren, es sei denn, man hat vorher eine staatliche Genehmigung eingeholt. Dem Besucher werden diese beschränkten Zugangswege nicht bekannt gegeben. Man weiß also vorher nicht, dass man zum Beispiel Nablus an einem bestimmten Tag nur über den südlich gelegenen Checkpoint bei Al-Hila erreichen kann.

Wer heutzutage Israel und die palästinensischen Gebiete besuchen will, kann das fast nur noch über Lug und Trug erreichen. Am Flughafen sollte man besser nicht sagen, was man wirklich vorhat, dass man zum Beispiel nach Beit Sahur oder Beit Dschala gehen und palästinensische Freunde wie Dr. Madschid Naser treffen will. Oder nach Nablus, um dort den palästinensischen HNO-Chirurgen Dr. Ibrahim K. Lada'a aufzusuchen. Und bei der Ausreise? Eine israelische Familie, mit der ich seit 15 Jahren befreundet bin, riet mir kurz vor diesem lächerlichen, unangenehmen Verhör auf dem Ben-Gurion-Flughafen von Tel Aviv, durchgeführt von jungen weiblichen Mitgliedern des Geheimdienstes: „Wenn Sie gefragt werden, ob Sie bei den Arabern waren, sagen sie ‚Nein'!"

Nach dem Fall „unserer" Mauer dachten wir Deutschen: Die Methoden wandeln sich, es wird auf dieser Erde keine Mauer mehr geben. Doch diese Hoffnung, die auch die meine war, scheint vergeblich gewesen zu sein. Der israelische Mauerbau könnte zum ersten Mal zu einer außenpolitischen Herausforderung für unsere ostdeutschen Landsleute werden. Der in der Nähe von Magdeburg lebende SPD-Abgeordnete und Diplom-Theologe Ulrich Kasparick, den ich um seine Einschätzung bat, ob denn die Ostdeutschen bereit seien, ihrer Empörung über den Bau einer neuen, sogar doppelt so hohen Mauer laut und öffentlich Ausdruck zu verleihen, antwortete mir:

„Meine lieben Ossis wollen leider überhaupt nicht an irgendwelche Mauern erinnert werden. Weshalb ich Zweifel habe, ob irgendeine ostdeutsche Zeitung auf das Stichwort ‚Mauer' anspringen wird. Hinzu kommt, dass es bei uns immer noch so etwas wie einen latenten Antizionismus gibt, der aus der DDR-Ideologie herrührt, die Bereitschaft zur differenzierten Wahrnehmung ist entsprechend nicht sehr ausgeprägt. Das Dritte ist: dass sich viele mit den Verhältnissen in Palästina überhaupt nicht auskennen."

Ein Land für zwei Völker

In einem Ihrer Bücher, lieber Buber, fand ich einen Satz des jüdischen Gelehrten Gerschom Scholem, der Ihr Freund und ein großer Erforscher der mystischen Strömungen im Judentum war. Scholem war überzeugt, „daß das Land Israel zwei Völkern gehört, die einen Weg finden müssen, gemeinsam zu leben. Und für eine gemeinsame Zukunft zu arbeiten."*

Und auch Arthur Ruppin, der Hauptbaumeister der zionistischen Siedlungspolitik (1876 - 1943), hatte auf dem 14. Zionisten-

---

* *Ein Land und zwei Völker*, S. 102.

kongress in Wien klipp und klar gesagt: „Palästina wird ein Zweinationalitätenstaat sein. Meine Herren, das ist ein Faktum, ein Faktum, das viele von Ihnen vielleicht noch nicht richtig zur Kenntnis genommen haben. Unter Umständen für etliche von Ihnen ein unangenehmes Faktum, aber daran ist nicht zu rütteln."*

Der Schriftsteller Ralph Giordano, mit dem ich jüngst sprach, als ich ihm von meinen erschreckenden Erfahrungen mit „meinem" Israel und „meinem" Palästina im August 2003 berichtete, sagte mir, dass es viele Menschen in Israel gebe, für die die Palästinenser keine richtigen Staatsbürger seien. Sie gehörten zu einer anderen Rasse. Giordano: „Es gibt viele Rassisten in Israel."

Mit einer Politik der sofortigen militärischen Vergeltung, des Einschnürens und des Einmauerns allein wird man weder einen zweiten Staat noch diesen gemeinsamen „Zweierstaat" erschaffen können. Beide Seiten werden auch dann aufeinander angewiesen sein, wenn sie durch Mauern getrennt sind. Denn Nachbarn kann man sich in dieser Welt nicht aussuchen.

Sie, Martin Buber, waren Mitglied im *Brit Schalom*, was „Friedensbund" bedeutet. Kommen Sie doch heute noch einmal zurück, machen Sie einen kleinen Ausflug vom Himmel hierher auf die Erde und gründen Sie mit anderen Gleichgesinnten den neuen „Brit Schalom 2004". Mit Ihnen zusammen würden wir uns auch trauen, wieder von Solidarität und wirklichem Zionismus zu sprechen. Es geht – wie damals Arthur Ruppin und Gerschom Scholem –, um einen Modus Vivendi, um ein nachbarschaftliches Nebeneinander von Zionismus und palästinensisch-arabischem Nationalismus. In zwei Staaten. Die entscheidenden Anregungen müssen aus der Region kommen. Ich habe den Traum, wir könnten uns später einmal auf den Anhöhen von Abu Ghneim (hebräisch: Har Homa) oder zwischen Ramallah und Nablus niederlassen. Wenn wir einmal älter geworden sind. Aber das wird nur möglich sein, wenn die Ideologie des nationalistischen Irrwegs ein für allemal gescheitert ist.

---

* *Ein Land und zwei Völker*, S. 103.

Dann werden wir uns Ihrer erinnern und eine große Schule bauen, die den Namen „Martin-Buber-Schule für Frieden und Versöhnung" tragen wird. Humanitäre Helfer und andere werden dort ausgebildet werden, um in den Konfliktzonen der Menschheit tätig sein zu können, die es leider immer geben wird. Wie etwa die *Grünhelme*, eine Hilfsorganisation junger deutscher Muslime und Christen nach dem Vorbild der Peace-Corps-Idee von John F. Kennedy. Die Verheißung, dass Lämmer neben Wölfen liegen werden, ist wohl doch für eine andere, neue Welt gemacht. Oder?

Im Alten Testament entwirft der Prophet Jesaja ein sehr konkretes Friedens- und Entwicklungsprogramm, an das wir uns halten könnten, wenn es um die Konflikte zwischen Palästina und Israel, Moskau und Grozny, Kigali und Kinshasa, Harare und Bulawayo geht:

„Ich juble über Jerusalem, frohlocke über mein Volk!
Dort gibt es keinen Säugling mehr, der nur wenige Tage lebt,
keinen Greis, der seine Tage nicht voll erreicht.
Vielmehr wird der Knabe als Hundertjähriger sterben,
wer hundert Jahre nicht erreicht, ist vom Fluche getroffen.
Da bauen sie Häuser und wohnen darin,
pflanzen Weinberge und essen deren Frucht.
Sie werden nicht bauen, während ein anderer bewohnt.
Was ihre Hände erarbeitet haben, sollen meine
Auserwählten auch verzehren.
Wolf und Lamm werden einträchtig weiden, und der Löwe frißt Stroh
wie das Rind. Die Schlange aber ernährt sich vom Staub. Man wird
nichts Böses und nichts Verderbliches tun auf meinem ganzen heiligen
Berg, spricht der Herr."

Schade, dass wir uns nicht jetzt sofort über die Realisierung dieser sehr konkreten Verheißung bei Tabak und Tee und meinetwegen auch Alkohol, am besten hier in meinem Köln bei einem „Kölsch", unterhalten können. Wissen Sie, was ein „Kölsch" ist? Das ist eine Biersorte, das Nationalgetränk der Kölner und angrenzenden Ortschaften. Die Kölner können davon sehr viel trinken, aber es sieht immer sehr kultiviert aus, weil es in kleinen Gläsern, die sehr schmal und hoch sind, serviert wird – nicht in so massiven Krügen wie beim Münchner Oktoberfest.

Haben die Terroristen keine Moral mehr? – Das Beispiel der russischen Anarchisten von 1905

Am 15. August 2003 begann ich mit meinem Buch, und nur vier Tage später ereignete sich mitten in der Vereinbarung über eine Waffenruhe zwischen der Palästinensischen Autonomiebehörde und den radikalen Organisationen *Hamas* und *Dschihad* ein grässlicher Terroranschlag. Noch am gleichen Tag erlebte die Welt außerdem mit angehaltenem Atem, stumm vor Entsetzen, das Attentat auf das UN-Hauptquartier in Bagdad, dem zwanzig zum Teil höchstrangige Repräsentanten der internationalen Völkergemeinschaft zum Opfer fielen. Beide Attentate, ohne jegliche Moral oder irgendeinen Sinn, führen uns wieder einmal deutlich vor Augen: Die Welt ist aus den Fugen, die Menschheit aus dem Leim geraten.

Bisher hatte es in den Kriegen, den Befreiungskämpfen, den Terrorakten zur Befreiung ganzer Völker und in den Tyrannenmorden scheinbar noch eine letzte Hemmung – die Rücksicht auf die Kinder – gegeben. Albert Camus hat uns ein bewegendes literarisches Zeugnis der „moralischen Terroristen" von 1905 in seinem Theaterstück „Die Gerechten" und in einem langen Kapitel des „Menschen in der Revolte" vermittelt. Die damals beteiligten Anarchisten hätte lieber auf das Werfen einer Bombe verzichtet und damit ihr eigenes Leben gefährdet, als bei einem politischen Attentat unschuldige Kinder zu töten. Ihre Devise war: Wer in politischem Auftrag handelt und in der Absicht, die Gesellschaft zu befreien, einen Mord begeht, muss dafür sein eigenes Leben geben. Camus formulierte das so: „Der Terrorismus ist ein Verbrechen, das man weder entschuldigen noch um sich greifen lassen darf [...] Die russischen Terroristen von 1905 zum Beispiel wären eher gestorben, als sich dazu zu erniedrigen, Kinder zu töten." Die Moral der Anarchisten bestehe darin, dass für sie Mord und Selbstmord eins sei: „Ein Leben wird mit einem Leben bezahlt." Als Camus' Protagonist Kaliajew die Kalesche des Großfürsten sieht, erkennt er im letzten Moment, dass die Kinder des Großfürsten auch in dem Gefährt sitzen. Er wirft die Bombe deshalb nicht. In der wunderbaren, bis heute gültigen Streitdebatte zwischen dem Terror-Apparatschik Stepan und dem moralischen Regelverletzer Kaliajew heißt es:

„Schaut mich an, Borja, schaut mich an, ich bin kein Feigling. Ich habe mich nicht gedrückt. Aber auf die Kinder war ich nicht gefaßt. Diese beiden ernsthaften Gesichtchen und in meiner Hand das schreckliche Gewicht. Auf sie mußte ich es werfen. Einfach so. O nein. Das habe ich nicht vermocht. [...] Als ich früher daheim in der Ukraine mit dem Wagen fuhr, preschte ich daher wie der Wind und hatte vor nichts Angst. Vor nichts auf der Welt, außer davor, ein Kind zu überfahren. Ich stellte mir den Aufprall vor, das Aufschlagen dieses zerbrechlichen Köpfchens auf der Straße."

Kaliajew, immer noch nachdenklich, ist versucht, die Verantwortung zurückzugeben: „Wenn Ihr beschließt, daß diese Kinder umgebracht werden müssen, warte ich am Ausgang des Theaters und werfe die Bomben in die Kalesche. Ich weiß, daß ich mein Ziel nicht verfehlen werde, und ich gehorche der Organisation." Stepan meint, dass dieser Befehl schon ergangen ist, doch Dora stimmt Kaliajew zu: „Öffne die Augen und mach dir klar, daß die Organisation ihre Macht und ihren Einfluß einbüßte, wenn sie auch nur einen Augenblick duldete, daß Kinder von unseren Bomben zerfetzt werden."*

Welch ein Abgrund ist dagegen scheinbar in unserer Zeit zu verzeichnen, wo ein Selbstmordattentäter, blasphemisch manchmal

---

* Albert Camus: *Dramen*. Reinbek 1962, S. 202 ff.

„Märtyrer" genannt, mit seinen Bomben gar nicht genug zivile Ziele treffen kann.

Selbst in der grässlichsten Vergewaltigungsorgie 1945 in Danzig-Langfuhr waren wir kleinen Kinder, die die Mütter auf ihrem Schoß trugen, manchmal (leider nicht immer) der allerletzte Schutz vor diesem furchtbaren Verbrechen, das Männer an Frauen verüben können: die Vergewaltigung. Die Hemmung, die ein Mann wie Sie und ich immer noch haben sollte, auch wenn Rache- bzw. Revanchegelüste beteiligt sind – Gefühle, die sich oft nur noch in Raserei äußern können – diese Hemmung, die immer den unbeteiligten Zivilisten, den (kleinen) Kindern, (schwangeren) Frauen und natürlich auch den alten Leuten gelten sollte, scheint nicht mehr maßgebend zu sein, scheint außer Kraft gesetzt.

Treten wir in eine neue Zeit der Rücksichtslosigkeit und Barbarei ein? Zwei als Bomben missbrauchte Flugzeuge werden mitsamt allen zivilen Flugpassagieren auf einem Inlandsflug von dazu ausgebildeten Selbstmordpiloten in die Türme des World Trade Centers in New York gejagt. Das wird das Menetekel der nächsten Jahrzehnte und Generationen sein und so schnell nicht von einem anderen Schreckensbild verscheucht werden können. Wie kann man die fanatische Bereitschaft eines aufgehetzten Menschen begreifen, sein Leben im Auftrag einer vermeintlich heiligen Sache wegzuwerfen, die ihm die moralische Erlaubnis gibt, jegliche moralische Fessel zu missachten und beispielsweise – wie am 19.8.2003 in Jerusalem – einen Bus in die Luft zu jagen, der voller Kinder steckte?

Und dann das Attentat in Bagdad, dessen Furchtbarkeit weniger in der erschütternden Anzahl an Mordopfern und Verwundeten – 20 Tote und über 100 Verletzte – und dem Ausmaß der Zerstörungen liegt, sondern vielmehr in seiner Erst- und Einmaligkeit. Die UNO wird in Bagdad attackiert; ihr ranghöchster Diplomat im Außendienst, Sergio Vieira de Mello, ermordet. Das hat es seit Folke Bernadotte nicht mehr gegeben. Es ist meines Wissens tatsächlich das erste Mal gewesen, dass die UNO auf diese Weise von internationalen Terroristen angegriffen wurde. Die Welt muss gegen den Terror zusammenstehen. Sie muss ihn bekämpfen. Sie muss aber auch vernünftig bleiben und die Völker gewinnen, daher sollte sie niemals den Fehler begehen, ganze Völker mit dem Terrorismus gleichzusetzen.

Der internationale Terrorismus: das Ende jeglichen Gefühls von Sicherheit

Der Mord, so möchte ich es bezeichnen, an dem UNO-Sondergesandten Sergio de Mello in Bagdad am 19. August 2003 war ein politischer Mord ohne Sinn, Verstand, Zweck, strategisches oder taktisches Ziel, ohne jeden Rest von dem, wovon wir uns in solchen Situationen kaum noch trauen zu sprechen: von Moral. Am 17. September 1948 geschah etwas Ähnliches im damaligen Israel/Palästina. Einer der ersten Sonderbotschafter, den die damals noch jungfräulichen Vereinten Nationen in New York nach Israel und Palästina entsandten, war nach dem Ausbruch des Krieges im Mai 1948 der schwedische Diplomat Graf Folke Bernadotte. Er sollte zwischen den Konfliktparteien vermitteln.

Bernadotte war bemüht, sowohl die Wünsche der Araber ernster als bisher zu nehmen, als auch unbedingt an dem jüdischen Staat festzuhalten. Wie ein heimliches, nie ganz dementiertes Programm des neuen jüdischen Staates erscheint der Mord an dem schwedischen Gesandten am 17. September 1948, begangen von Mitgliedern der *Stern*-Bande, einer Terrorgruppe, die 1940 mit der (ebenfalls Terroraktionen verübenden) *Irgun* gebrochen hatte.

Dieses „programmatische" Verhalten scheint sich bis heute im gespaltenen Verhältnis Israels zu den Vereinten Nationen widerzuspiegeln. Israel achtet bis heute nicht die Resolutionen und Beschlüsse der Vereinten Nationen.

Damals haben Sie, Martin Buber, mit äußerster Strenge gesagt, dass sich nach dem Mord an Bernadotte „diese jüdische Gemeinschaft nicht nur auf dem Weg zum Abgrund befindet, sondern in der Tat davor steht." Sie haben sich nicht gescheut, diesen Mord auch Mord zu nennen: „Dies ist zu verkünden: Mord und Mordanschlag bewirken niemals Leben und Wiederauferstehung.

Wer es wagt, im Namen seines Volkes zu morden, tötet die Keime der Zukunft eben dieses Volkes."

Dennoch, im Vergleichbaren liegt auch ein Stück Unvergleichbares. Die Attentäter des Folke Bernadotte waren bekannt. Sie hatten ihr Ziel proklamiert, dem dieser politische Mord dienen sollte. Der Mord an Sergio de Mello erscheint mir dagegen ungezielt, geht in wilder Mord- und Zerstörungswut gegen ein mit Menschen volles Gebäude. Die Devise der Attentäter war offenbar: Je mehr UNO-Beamte dort gerade ihren Kaffee trinken und ihren PC anmachen, je mehr unschuldige Menschen in den Trümmern umkommen, desto besser.

Schlagt sie tot, die Weltgeschichte fragt euch nicht nach den Gründen. Grausig ist der eine wie der andere Mord. Doch hat das wilde Herummorden – die völlige Unberechenbarkeit des internationalen Terrorismus – uns in eine menschheitsgeschichtliche Phase absoluter Ratlosigkeit gebracht. Das Ende jeglichen Gefühls von Sicherheit ist gekommen. Die Frage, wo es denn noch ein Stück davon geben könne, kann heute nur noch so beantwortet werden: nirgends. Das World Trade Center kann in gleichem Maße der unsicherste Punkt auf der Erde sein wie die US-Botschaft im verträumten Dar es-Salam, die Disco auf Bali genauso wie die Hotels in Mombasa ...

Krieg gegen den internationalen Terrorismus?

Wir stehen nun am Anfang des 21. Jahrhunderts und seit Ihrem Tod, Martin Buber, sind nun schon vierzig Jahre vergangen. Sie können die Geschehnisse nur aus der Ferne verfolgen. Dabei erleben wir einen Niedergang der Moral, sind voller Entsetzen über die amoralischen Angriffe, zu denen aufgehetzte Selbstmordattentäter ausgebildet oder, besser gesagt, „abgerichtet" werden. Vieles hat sich in der Entwicklung der Weltgesellschaft verroht und verdüstert. Als Reaktion darauf sind die Staaten der Welt nun jedoch dabei, mit einer ungeheuren Leichtfertigkeit ganze Völker auf dem

Altar der Koalition gegen den Terror zu opfern. Das ist der Hauptfehler der großen Politik: Neben Tschetschenen und Palästinensern, Basken und Nordiren werden jetzt auch Afghanen und Iraker mit dem Terrorismus gleichgesetzt. Ein größeres Unrecht können wir nicht begehen.

An diesem Unrecht gegenüber anderen Völkern ist auch die israelische Regierung von Ariel Scharon beteiligt, was an einem Interview mit dem Premierminister der Republik Tschechien, Milos Zeman, deutlich wird. Dieses Interview in der *Ha'aretz* gab Zeman während seines Staatsbesuches in Tel Aviv im Februar 2002, in dessen Verlauf er auch Gespräche mit Ariel Scharon führte. Dort sagte Zeman: „Wir teilen ein gemeinsames Schicksal. Ihr, die Juden, wart als erste dran im Holocaust-Plan der Nazis. Die Vernichtung des tschechischen Volkes war als zweite Stufe vorgesehen." Dann zog er eine Parallele zwischen Adolf Hitler und Jassir Arafat: „Zu seiner Zeit war Hitler der größte Terrorist der Welt. Wir hätten damals mit ihm keine Verhandlungen führen dürfen, wie auch heute mit Terroristen nicht verhandelt werden darf."

Auf die Nachfrage der regierungskritischen Zeitung, ob er denn wirklich Arafat mit Hitler vergleichen wolle, antwortete er: „Selbstverständlich. Es ist nicht meine Aufgabe, über Arafat zu richten, aber jeder, der Terrorismus unterstützt, der Terrorismus als legitimes Mittel betrachtet, der terroristische Aktionen gegenüber unschuldigen Menschen verübt, ist in meinen Augen ein Terrorist. Dasselbe gilt für jedermann, der Terrorismus finanziert."

Ob Israel die Palästinenser aus ihrem Land hinauswerfen solle? Zeman dazu: „Die Vertreibung der Deutschen war ein unmittelbares Ergebnis des Zweiten Weltkrieges. Vor dem Krieg hätten die Führer der Tschechoslowaken und der Welt nicht mit den deutschen Führern verhandeln sollen. Wir hätten ihnen sagen müssen: ‚Nehmt oder verschwindet!' Mit anderen Worten: ‚Akzeptiert die Vorschläge oder ihr werdet vertrieben.'" Als der Reporter der *Ha'aretz* nachhakte, was Israel den Palästinensern sagen sollte, erwiderte Zeman: „Dasselbe: ‚Nehmt an oder verschwindet!'" Im Klartext also wollte der tschechische Premier zu Ariel Scharon sagen: „Die Sudetendeutschen damals waren wie heute Ihre Palästinenser. Sie sollten sie verjagen." Tatsächlich ausgesprochen wurden diese Worte natürlich nicht, aber es fällt nicht schwer, zwischen den Zeilen zu lesen.

In meinen Augen verstößt eine solche Äußerung dagegen, dass der Holocaust als einmalig, nämlich als ausschließlich von den Deutschen – den Nazis und der SS – gemacht anzusehen ist. Die Palästinenser mit den Nazis und der sudetendeutschen Partei Konrad Henleins auf eine Stufe zu stellen, das ist sehr schwer zu begreifen. Es erstaunt mich zutiefst und ist bezeichnend, dass ein Vergleich wie der von Zeman nicht aufs Schärfste von israelischer Seite kritisiert wurde.

Doch nicht nur Zeman, auch den Präsidenten des nicht mehr so mächtigen Russlands wollte Scharon für seine militaristische Politik auf der Westbank und im Gaza-Streifen gewinnen, indem er die Bemerkung machte, Putin wisse doch genau, wie schwierig das Problem mit den Terroristen zu lösen sei. Der habe doch sein Tschetschenien. Er selbst, Scharon, habe sein Palästina. Das Ende blieb unausgesprochen: „Ich werde dort meine Armee auch machen lassen, was sie gerade will."

„Pseudo-Simsonismus"

Immer wieder haben Sie, Buber, etwas beklagt, was sich bis zum heutigen Tag nicht gebessert hat. Die Juden, die nach Palästina einwanderten, auch die, die das ohne die grausame Gewalt und den unmittelbaren Zwang des Holocaust taten, hatten nicht das unbedingte Interesse, die Araber als ihre aktuellen und zukünftigen Nachbarn wahrzunehmen. Unter dem prägnanten Titel „Pseudo-Simsonismus" schrieben Sie am 5. Juli 1939:

„Als wir Juden nach einer langen Reihe von Jahrhunderten wieder in unser Land kamen, benahmen wir uns, als ob es leer wäre – schlimmer noch, als ob die Bevölkerung, die wir sahen, uns nichts anginge, als ob wir uns um sie nicht zu kümmern bräuchten, das heißt, als ob sie uns nicht sähe. Aber sie sah uns – nicht ebenso deutlich, wie wir sie gesehen hätten, wenn wir im Land ansässig gewesen wären und nun ein anderes Volk in großer Zahl kommen und sich festsetzen erlebt hätten, nicht ebenso deutlich, aber deutlich genug. Sie sah uns naturgemäß von Jahr zu Jahr deutlicher. Wir kümmerten uns nicht darum. Wir sagten uns nicht, daß es nur ein einziges Mittel gab, uns vor den Konsequenzen dieses immer deutlicheren Gesehenwerdens zu schützen: ernstlich gemeinsame Sache mit dieser Bevölkerung zu machen, sie an diesem Werk in diesem Land ernstlich zu beteiligen."*

Und da wir ja nicht mehr bibelfest sind, müssen wir uns von Ihnen noch erklären lassen, wer denn Simson war: Als die Philister, ein straff organisiertes Völkchen wahrscheinlich aus dem kretischen Kulturkreis, ihren Kampf um die Vorherrschaft in Palästina begannen und laut biblischem Bericht die benachbarten israelitischen Stämme unterjochten, tat sich eine Gruppe verwegener Männer vom Stamm Dan zusammen und schwor, sich die Haare wild wachsen zu lassen, wie das aus den Tagen Deboras von den Kampfverschworenen bekannt war, und keinen Tropfen Wein mehr zu trinken, bis die Zinsherrschaft der Philister gebrochen sein würde.

Da aber die nur mittelbar betroffenen Stämme für den Befreiungskrieg nicht zu aktivieren waren, noch nicht einmal Waffen liefern wollten, bereiteten die Verschworenen einen Guerillakrieg vor. Immer wieder überfielen einige von ihnen verschiedene Plätze der Philister, steckten die Felder in Brand und machten diejenigen nieder, die sich ihnen in den Weg stellten.

Wenn die Abordnungen der Philister kamen und fragten und forschten, wer denn die wären, die diese Angriffe anzettelten, bekamen sie zur Antwort: „Simson, der Sohn der verzehrenden Sonne, der Löwenzerreißer, hat es getan. Niemand vermag ihn zu fangen, denn selbst wenn es gelänge, ihn mit starken Stricken zu binden, an der Haut des Sonnensohnes würden sie wie Flachs im Feuer verbrennen." Dann aber wurden sie doch übermannt. Aber selbst im Besiegtwerden und Sterben fügten sie den Philistern grö-

---

* *Ein Land und zwei Völker*, S. 180 f.

ßere Verluste zu als je zuvor. Dennoch rief sich das Volk von Dan nun von Dorf zu Dorf zu: „Simson ist tot!" Die Sänger zogen hinaus und sangen von den Taten und dem Tod des Sonnensohnes. Am Schluss aber riefen sie: „Wehe Dir, ... Simson ist nicht tot!"

„Es scheint, daß es in dieser unserer Siedlung von heute Burschen gibt", so schreiben Sie in diesem Artikel, „die sich einbilden, Simsone zu sein. Als Simson-Taten gelten: Minen vor Fahrzeuge legen, in denen unbekannte, unschuldige, wehrlose Leute sitzen, Häuser überfallen, in denen unbekannte, unschuldige wehrlose Familien leben. Sie sagen den Knaben auf der Gasse, jetzt sei die Stunde gekommen, Simsons Taten zu tun. Wenn sie Simsone werden wollten, brauchten sie nur in ihre Schule zu gehen! Und sie finden Kinder genug, die so etwas gern hören!"

Und heute?

Und heute? Heute ist Israel eine der gefürchtetsten Militärmächte der Welt, ausgerüstet mit allem, was die Militärtechnologie von West bis Ost aufzubieten hat, sogar mit Nuklearwaffen. Dieses Militär hat die Macht, sofort in der Region zuzuschlagen.

Und heute? Kann man die israelische Kolonialpolitik wirklich noch „konzentrativ" nennen, oder muss man sie nicht viel eher als „expansiv" bezeichnen?

Und heute? Gibt es so gut wie keine Zusammenarbeit mehr mit der UNO. Die Weltgemeinschaft wurde durch die USA ersetzt. Und am liebsten hat man – das heißt der „Super-Simson" Ariel Scharon – Militärs oder den Chef des CIA zu Besuch.

Und heute? Heute scheint der Protest gegen eine Politik der Diskriminierung verstummt.

Und heute? Gott und die Gottesbeziehung haben keine Konjunktur. Wahrheit und Liebe als die beiden stärksten Mächte, die niemand endgültig besiegen kann, haben keinen guten Stand.

Und heute? In Deutschland sagen uns die Redakteure der politischen Sendungen, zumindest die der beiden Auslandsmagazine, die es in ARD und ZDF noch gibt: wird im Fernsehen ein Beitrag über Israel und Palästina, über einen neuen Konflikt und einen neuen Raketenangriff, gezeigt, erscheint eine Meldung über einen neuen Anschlag mit einem oder 21 Toten, Zerfetzten, Verletzten, begleitet von den unvermeidlich heranrasenden Ambulanzwagen, dann schalten die Zuschauer ab, drehen den Ton weg und holen sich ein Bier. Die Kurve der Zuschauerbeteiligung sinkt rapide. Warum? Die Zuschauer, meine Mitbürger, sehen nicht, dass sich in diesem Nahen Osten irgend etwas zum Besseren verändert, irgend etwas in Bewegung gerät. Auf ein Attentat folgt die martialische Vergeltung der israelischen Armee, Häuser werden zerstört, Menschen aus der Luft erschossen, liquidiert.

„Aschkelon mit Raketen beschossen": Ewige Wiederkehr des Gleichen?

Ich zitiere aus einem der immer gleichen Berichte zum Thema Israel/Palästina. Die Berichterstatter selbst müssen sich schon merkwürdig vorkommen, denn sie haben eigentlich ununterbrochen das Gleiche zu berichten:

Jerusalem, SZ, 29. August 2003
Überschrift: „Küstenstadt Aschkelon mit Raketen beschossen – *Hamas* lehnt neue Waffenruhe mit Israel ab - Extremisten nennen Arafats Aufruf ‚Propaganda' – Palästinenserpräsident sperrt Konten angeblicher Terror-Finanziers. Von Thorsten Schmitz.
Sprecher der palästinensischen Terror-Organisation *Hamas* und *Islamischer Dschihad* haben sich gegen eine Wiederaufnahme der Waffenruhe ausgesprochen und so den entsprechenden Aufruf von Palästinenserpräsident Arafat abgelehnt. Arafat hatte sich am Mittwoch (27.8.2003) erstmals öffentlich zur Waffenruhe geäußert und die Führer der Terrorgruppen darum gebeten, sich erneut zum Verzicht auf Waffengewalt zu verpflichten, um die Umsetzung des Friedensfahrplans des Nahost-Quartetts nicht zu gefährden. Nach der Absage habe Arafat mehrere Bankkonten islamischer Wohlfahrtsverbände einfrieren lassen, hieß es in israelischen Medien.

Diese sollen auch palästinensische Terrorgruppen finanziert haben. Sprecher der Wohlfahrtsverbände sagten, 36 Konten seien eingefroren worden, so dass Hunderte hilfsbedürftiger Palästinenser keine Schecks hätten einlösen können.

Hamas, Islamischer Dschihad und die *Al-Aqsa-Brigaden* von Arafats *Fatah*-Organisation hatten vor zehn Tagen ein Ende der Waffenruhe verfügt, nachdem Israel den Selbstmordanschlag eines palästinensischen *Hamas*-Terroristen in Jerusalem mit der Liquidierung eines der höchsten *Hamas*-Führer vergolten hatte. Bei dem Selbstmordanschlag waren 21 Menschen getötet und weit mehr als 120 verletzt worden, bei der Liquidierung des *Hamas*-Sprechers Ismail Abu Schanab wurden außerdem zwei seiner Leibwächter getötet und etwa 15 Passanten verletzt.

Hamas-Sprecher Abdel Asis Rantisi erklärte, es könne keine Gespräche über eine neue Waffenruhe geben, solange Israel seine Angriffe fortsetze. Rantisi hob jedoch hervor, dass Arafats Aufruf zur Waffenruhe an alle Fraktionen weitergeleitet und nicht offiziell abgelehnt worden sei. Seit Beginn der Intifada vor fast drei Jahren habe Arafat bereits mehrfach zu einem Ende der palästinensischen Terroranschläge aufgerufen.

Die israelische Regierung lehnte eine Wiederaufnahme der Waffenruhe als „Propagandatrick" Arafats ab. Ein Regierungssprecher wurde im Rundfunk mit den Worten zitiert: „Solange die palästinensische Regierung nicht mit der Zerschlagung der palästinensischen Terrorgruppen beginnt, wird Israel dies tun." Eine Waffenruhe komme nicht in Frage, da diese von den Terrorgruppen nur zur Wiederbewaffnung missbraucht werde. Auch die US-Regierung bezeichnete eine Waffenruhe als „ungenügend". Zugleich hob eine Sprecherin des Weißen Hauses hervor, Arafat habe bewiesen, dass er „Teil des Problems" sei. Er müsse Premierminister Abbas die Hoheit über alle zwölf palästinensischen Sicherheitsdienste überlassen. Zur Zeit unterstehen lediglich drei Sicherheitsdienste der Autorität von Abbas und Sicherheitsminister Mohammed Dachlan.

Am Donnerstag nachmittag (28.8.2003) schlug erstmals eine Mittelstreckenrakete des Typs ‚Kassam' im Süden der israelischen Küstenstadt Aschkelon ein, die vom nördlichen Gaza-Streifen abgefeuert worden war. Es war der weiteste Raketenbeschuss, der je aus dem Gaza-Streifen verzeichnet wurde. Palästinenser feuerten außerdem 13 Mörsergranaten auf jüdische Siedlungen im Gaza-Streifen."

Immer wieder die gleiche Sturheit und Beharrlichkeit auf beiden Seiten. Trotzdem gibt es einen Unterschied, der für das deutsche, für mein Publikum nicht genügend erkennbar wird. Die palästinensische Seite ist die schwächere. Sie kann sich nicht zu einer großen Widerstandskraft formieren, die den Waffen der israelischen Armee auch nur annähernd gewachsen wäre. Vielleicht ist das der Traum vieler Völker, die in der Vergangenheit unterdrückt worden sind, aber nicht alle schaffen es, sich entsprechend der Erfordernisse zu bewaffnen, ihren eigenen Formationen eine wirkliche Disziplin zu verpassen.

Gewaltloser Widerstand?

Einen möglichen Ausweg haben Mahatma Gandhi und Ibrahim Rugova, der (provisorische) Präsident des Kosovo, für eine gewisse Zeitspanne vorgedacht und vorgelebt: gewaltlosen Widerstand. Große Demonstrationen unbewaffneter palästinensischer Frauen in Schwarz oder in Weiß, die zusammen mit ihren Kindern so lange an der Mauer demonstrieren, bis auf der israelischen Seite eine ähnlich große Zahl zur Mauer kommt und dort ebenfalls so lange demonstriert – eine Menschenkette bildet, singt, Gedichte und Gebete rezitiert, sich am Abend zu kleinen Gruppen zusammenfindet, kocht, isst, trinkt, um dann Wachen aufzustellen und auf Isomatten und in Schlafsäcken eingemummelt zu schlafen –, bis am nächsten Tag alles genauso weitergeht. Das wäre der Traum des Mahatma Gandhi, des Ibrahim Rugova und des Martin Buber gewesen. Es ist noch heute der Traum der Friedensbewegten, zum Greifen nah. Aber die Gesellschaft Palästinas ist auf diesem Ohr taub. Vielleicht ist es der typisch arabische maskuline Stolz, der solche wirksamen Aktionen des zivilen Ungehorsams nicht zulässt.

Auf der israelischen Seite ist die Friedensbewegung nur noch ein schmaler Rinnsaal. Kaum noch wahrzunehmen mit bloßem Auge. Die Israelis leben in einer tieferschütterten Gesellschaft, belastet auch durch eine viel zu schnelle Einwanderung einer großen Anzahl jüdischer Russen, die von vielen Teilen der israelischen Bevölkerung zu den Sündenböcken des Staates gemacht werden. Und – die Politik Ariel Scharons versteigt sich zu immer höheren Formen des opportunistischen Zynismus. Scharon hat einen neuen Freund gewonnen, Indien, das ihm nicht nur im Waffengeschäft, sondern auch bezüglich Hoch- und Nukleartechnologie als Handelspartner und Verbündeter nützlich ist. Zudem ist Indien eine Nuklearmacht. Scharons dortiger Staatsbesuch im September begann mit einem Statement am Flughafen, dann zeigten die Fernsehsender der Welt, wie Ariel Scharon, der für die Schlächtereien und Massaker von Sabra und Schatilah 1982 verantwortlich ist, Kränze und Blumen am Grabmal von Mahatma Gandhi niederlegte … Tote können sich nicht wehren.

Die israelische Gesellschaft muss sich der Tatsache bewusst werden, dass sie sich – wie der große israelische Politiker Avraham Burg einmal sagte –, nicht in die „Dummheit der Palästinenser" verlieben darf, sondern als der Stärkere Politik machen muss. Sie muss die Siedlungen abbauen, auch wenn Scharon das nicht will. Im Grunde ist dieser Konflikt Hauptstein des Anstoßes. Alle anderen Steine lassen sich mit leichten Fußtritten aus dem Weg räumen.

Und es muss immer wieder darauf hingewiesen werden, dass jedes Selbstmordattentat Scharons Politik entgegenkommt.

„Wir haben tausend Keime des Vertrauens zerstört", haben Sie, Martin Buber, 1939 erklärt. Die Fixierung auf Großbritannien ist abgelöst worden von der Fixierung auf die USA. Das wird den Zionismus kleinlich und fantasielos machen, der in den Jahrzehnten sowohl nach dem Ersten Weltkrieg als auch nach dem Zweiten Weltkrieg so beispielgebend war für die Jugend der Welt. Und heute?

Heute: Propaganda allüberall

Bei einem Vortrag im Paul-Loebe-Haus in Berlin (also im Deutschen Bundestag) am 26. Juni 2003 erklärte der Israel-„Korrespondent" Ulrich (Uri) W. Sahm vom Fernsehsender NTV: Er wisse aus „erster Hand" von einem Redaktionsbeschluss einer großen deutschen Nachrichtenagentur, dass jede israelische Militäraktion als „Vergeltungsschlag" zu bezeichnen sei. Selbst wenn der israelische Militärsprecher von einem Präventivschlag spreche, berichte jene Agentur von Vergeltung. „Andere Agenturen enthalten in ihren englischen Originalberichten nichts dergleichen. Doch in der deutschen Ausgabe, etwa von Reuters, rutscht der Begriff „Vergeltung" als Zwischentitel rein." Dabei nennen die Israelis ihre Aktionen selbst „pe'ulat tagmul", zu Deutsch: Vergeltungsaktion.

Das ist natürlich starker Tobak. Der Autor dieses Vortrages vor dem Bundestag fügte seiner Rede später in der deutschsprachigen Zeitung *Israel-Nachrichten* eine Anmerkung hinzu: „Die Information stammt von einem verantwortlichen dpa-Mitarbeiter, dessen Namen wir hier jedoch nicht nennen wollen. Da sich dieser Begriff wie ein roter Faden durch die dpa-Berichterstattung über die Intifada zieht, hatten wir keinen Grund, diese – Ende der 80er Jahre im Zusammenhang mit israelischen Angriffen im Libanon erfahrene – Information noch einmal zu überprüfen."

Nach seinem Vortrag habe die *Frankfurter Rundschau* recherchiert und am 2. Juli 2003 die Ergebnisse veröffentlicht: „Von dem Redaktionsbeschluss, den Sahm erwähnt, weiß man zumindest bei dpa nichts." Der stellvertretende Chefredakteur Harald Bojunga erklärte dazu: „Das ist definitiv nicht der Fall." Doch hat der Israel-Korrespondent Sahm deshalb seine Verschwörungstheorien fallen gelassen? Nicht im Geringsten: Für ihn sind das alles subtile Methoden und Verschwörungen, um die Wahrheit zu verfälschen und die Palästinenser in einem viel zu günstigen Licht zu präsentieren. So also vermittelt der Korrespondent den Bundestagsabgeordneten in Berlin sowie den jüdischen Bürgern Israels ein Bild der allgemeinen Verschwörung gegen den guten, demokratischen Staat Israel.

Der „Korrespondent" empört sich: jüdische Vergeltung würde sich eben mit dem Begriff der Rache verbinden. „Dann sind wir ganz schnell bei Luthers Erfindung des jüdischen Rachegottes im Gegensatz zum christlichen Gott der Liebe." Und noch mal O-Ton Sahm, im Zusammenhang mit der „antijüdischen" und „antiisraelischen" deutschen Presse: „Sogar Hitler berief sich gegenüber evangelischen Bischöfen auf Luther, um Bücherverbrennungen und Judenverfolgungen zu rechtfertigen. Dass sich die israelische Regierung von einem archaischen Rachegott anleiten lasse, wird immer wieder behauptet."

Das hat wirklich Methode: Wer lügt, der stiehlt auch und frisst kleine Kinder. Stimmt schon der Fundamentalsatz nicht (weiß ich aus erster Hand – aus zweiter Hand wird das schon dementiert!), so stimmen die anderen, die danach folgen werden, auch nicht. Es kann sich also nur um eine psychologische Entlastung handeln. Der Korrespondent beklagte, dass die von ihm bekümmerte eigene Seite so schlecht dastehe, weil die deutschen Medien das gute Bild der israelischen Regierung und ihrer Aktionen unterwanderten.

Aber es kommt noch toller: Sahm, im Besitz aller (natürlich ungenannt bleibenden) Archiv- und Geheimdienstquellen, erklärte vor den Abgeordneten des Bundestages: „Längst ist belegt, dass die Intifada kein spontaner Volksaufstand als Reaktion auf Scharons Provokation ist, sondern ein Monate im Voraus geplanter bewaffneter Angriff auf Israel." Die Verschwörung der deutschen Medien gegen Israel sei bereits in den kleinsten Sprachbausteinen ablesbar. Eine Formulierung, die in Journalismusseminaren als Lehrbeispiel für heimliche Manipulation eingesetzt werden sollte, ist folgende: „Der als Hardliner bekannte Ariel Scharon erklärte sich zur Räumung von Siedlungen bereit." Nun reibt sich der deutsche Leser die Augen – was ist denn da schon passiert? Diese Nachricht ist doch gut geschrieben … Und doch ist sie genauso richtig, wie es die Aussage wäre, dass der als Friedensvermittler bekannte Ex-Präsident von Südafrika sich um den Frieden zwischen Palästinensern und Israelis bemüht.

Der NTV-„Korrespondent" in Israel macht daraus eine große Anklage: „Es fragt sich, wer eigentlich Scharon zum Hardliner gemacht hat. Bei nüchterner und unvoreingenommener Betrachtung ist seine Politik eher pragmatisch und je nach Situation mal hart, mal nachgiebig und in jedem Fall konsistent und wechselhaft zugleich. Ich persönlich würde mir ein simples pauschalierendes Urteil über keinen einzigen der nahöstlichen Politiker erlauben." Wer allerdings darüber entscheidet, ob Ulrich Sahm – der sich nach seiner Konvertierung zum Judentum Uri Sahm nennt – selbst nüchtern und unvoreingenommen ist, bleibt unklar. Sich nur selbst diese Eigenschaften zuzuschreiben, reicht meiner Meinung nach nicht aus. Auch bei den Zahlen wittert der „Korrespondent" Manipulation. Er begründet das mit einem völlig untauglichen und aggressiven Vergleich. Jeder palästinensische oder israelische Tote werde mit Altersangabe und Namen bekannt gegeben. Über das Vorgehen in anderen Weltregionen sei er nicht genügend informiert, sagte er, fügte aber ironisch hinzu, er nehme an, dass Reuters und AP mit ebensolchem Fleiß die Namen und Altersangaben der zwei Mio. Todesopfer im Südsudan, der drei Mio. im Kongo, der 250 000 europäischen Toten im ehemaligen Jugoslawien gesammelt und veröffentlicht hätten. Ganz gewiss würden auch die Namen der Hunderttausenden von Toten des Irakkrieges publiziert.

Bei seinem nächsten Vorwurf greift der „Korrespondent" auch die palästinensischen Medien, die den deutschen offenbar nahe stünden, an: Offenbar rufe jeder tote Palästinenser, dessen Leiche sogar aus dem Kühlschrank geholt werde, um von Sendern der ganzen Welt gefilmt zu werden, mehr Mitgefühl hervor als die Toten von New York, Tel Aviv und Jerusalem. Bei arabischen Fernsehsendern solle das exzessive Zeigen der eigenen Verletzten und Toten allerdings weniger Mitgefühl auslösen, als vielmehr den Hass auf den Feind (Israel oder die Amerikaner) schüren. Auf eines wartet man bei den Ausführungen Sahms vergeblich: auf die leiseste Andeutung von Mitgefühl für eine Bevölkerung, deren Mitglieder – Ärzte, Professoren, Lehrer, Journalisten oder wer auch immer – nie spontan ihr Land verlassen können, wie es der „Reporter" Ulrich W. Sahm einfach kann und tut.

„Ich und Du": das Dialogische Prinzip

Sie, Martin Buber, sind am 13. Juni 1965 gestorben. Ich habe vorher mehrere Jahre mit Theologie zugebracht. Ich war gefangen in der merkwürdigen Geheimdisziplin der katholischen Kirche. Sie haben mit dem Geheimwissen ja auch so Ihre Probleme gehabt. Meistens wird auch in den frömmsten Zirkeln der heiligsten Religionen unglaublich viel gemenschelt. Aber da es den Exegeten und Schirmherren der Heiligkeit und den Hütern der Orthodoxie nicht recht ist, dass herauskommt, dass auch sie Menschen sind, verbirgt man das unter den Regeln der Geheimdisziplin.

Erst später habe ich Sie gelesen und kennen gelernt. Ich las Sie immer wie einen, der direkt vor mir saß. „Ich und Du", genauso programmatisch, wie das Dialogische Prinzip entworfen wurde, so wenig prinzipiell war es. Es war und ist menschlich. Und Sie hatten und haben in allem, was ich lesen kann, das Erbteil des Erzählers auch in der strengen Begriffsschule der Philosophie und der Pädagogik nicht abgelegt. Ihre Sprache war nicht die Heideggers oder Hegels. Es war das klare, für jedermann verständliche Deutsch von jemandem, der auch als Wissenschaftler verstanden werden wollte. Später in Münster – es wird 1968 gewesen sein –, überschritt das Dialogbedürfnis zwischen Ost und West, Sozialismus und Theologie alle Blockgrenzen, die marxistischen Philosophen fanden plötzlich Theologen interessant und umgekehrt, Besuche und Gegenbesuche wurden gemacht. Da hatte der sogenannte „politische Theologe" (was für die orthodoxe Kirche eines Joseph Ratzinger, jetzt Papst Benedikt XVI., immer noch ein weniger anrüchiger Titel war denn – pfui! – „Befreiungstheologe") Johann Baptist Metz den Tübinger Magier, Sprachkünstler, Jäger, Sammler, Philosophen, Trinker und Raucher Ernst Bloch eingeladen, erst zu sich nach Hause, dann ins Seminar und schließlich, weil die Räumlichkeiten nicht ausreichten, in den großen Hörsaal. Ernst Bloch zog natürlich sofort im Gespräch mit dem viel jüngeren Katholiken Metz seine Pfeife aus der linken Hosentasche, stopfte sie und begann während des Redens, mit großem Behagen kräftig zu rauchen. Ein Behagen, das ihn heutzutage bei allen US-

Amerikanern schon diskreditieren würde. Einer der preußisch-ordentlichen Theologie-Assistenten wollte die Feuerpolizei rufen, war das Rauchen in den Hörsälen deutscher Universitäten doch verboten.

Da besinne ich mich, dass Ernst Bloch diese unvergessliche Geschichte von seinem Deutschlehrer in Leipzig zum Besten gab, nachdem er aus der rechten Hosentasche die andere Pfeife geholt, diese gestopft und angezündet hatte. Besagter Lehrer hatte den jungen Pennälern auf die Frage nach den literarischen Gattungen den unvergesslichen Gemeinspruch mitgegeben: „Es gibt nur Karl May und Hegel – alles andere ist Mischform!" Natürlich wollten wir protestieren, die wir gerade aus dem Pädagogikseminar kamen: Es gibt dazwischen noch den Martin Buber, der niemals heideggerisch raunt und unverständlich schwadroniert, der auch nie fantastische und unverstehbare Dinge erfinden muss.

Damals ahnte ich nicht, dass ich Ihre Bücher, Martin Buber, immer wieder auf meine Reisen über Israel nach Palästina mitnehmen würde. Man kann nach Palästina nur über Tel Aviv kommen. Fliegt man über Amman, hat man es über die Allenby-Brücke noch beschwerlicher. Das, lieber Martin Buber, wäre ja dann auch ein erster Fingerzeig der Gleichberechtigung und Verständigung zwischen Israel und den arabischen Nachbarn: Wenn man nicht mehr durch das Nadelöhr der Geheimdienst- und Zollkontrolle vom Ben-Gurion-Flughafen bei Tel Aviv nach Palästina und ins Westjordanland einreisen müsste, sondern direkt in den anderen, zweiten Staat gelangen könnte.

Das aber wäre ein gar nicht auszudenkender Wandel der Verhältnisse, wenn wir auf einem anderen Weg als über Tel Aviv hineinkämen in dieses andere Land Palästina. Ja, nicht auszudenken wäre es, es gäbe dann auch einen Flughafen zwischen Nablus und Ramallah. Und, zum Teufel, es gab sogar schon einen, kräftig unterstützt und ohne viel Zögern aus den Budgets der Europäischen Kommission bezahlt, doch der wurde auf Befehl Scharons von der israelischen Armee zerstört. Das Flugzeug Arafats – so wurde mir bei einer Busfahrt zum UN-Flieger erzählt, der von dem heimlichen Schmuggelflughafen Marka bei Amman nach

Bagdad ging – stand da am Rand ebendieses Flughafens, beschützt von dem befreundeten, jedenfalls seinen Dienst nicht verweigernden Nachbarland Jordanien. Ich müsste noch überlegen, ob ich die Wette annehmen könnte, dass ich noch zu meinen Lebzeiten auch über Syrien nach Palästina und demnächst auch über Palästina nach Israel kommen kann.

Es ist schlimm, niemanden mehr mit der Kraft des Wortes, der Stimme und der großen jüdisch-chassidischen Tradition zu haben, der dem „Super-Simson" namens Ariel Scharon wirklich von Angesicht zu Angesicht widersprechen kann. Es hilft uns nur noch, ihn zu lesen und darauf aufmerksam zu machen, dass er, Martin Buber, uns die Schlüsselelemente einer Lösung dieses quälendsten Menschheitsproblems schon lange vor unserer Zeit in die Hand gegeben hat.

Echte Gleichberechtigung für die Araber? Wider den Aktualitätsterror

Martin Buber, 1962 widersprachen Sie öffentlich Ihrem Premierminister, Levi Eschkol (1895 – 1969). Als damals schon mit dem Bau der Siedlungen auf Kosten des arabischen Landes in Zentralgaliläa begonnen wurde, zum Beispiel bei der Gründung von Karmi'el, errichtet in einer Gegend, in der fast ausschließlich arabische Dörfer lagen, da riefen Sie Ihrem Premierminister zu, Sie seien über die willkürliche Enteignung von arabischem Boden im Zusammenhang mit der Errichtung von Karmi'el besorgt. Die politische Strategie, sagten Sie Ihrem Premierminister, sei so, dass das aktive ungezügelte Misstrauen den Grund des Misstrauens nur verschärfen könne. Sie fügten hinzu: „Wenn wir diese Erkenntnis auf die Beziehungen zur arabischen Minderheit übertragen, heißt dies, daß wir dieser Minderheit eine echte Gleichberechtigung geben müssen."*

---

* *Ein Land und zwei Völker*, S. 374f.

Gott hat eine Wahrheit, nein: die Wahrheit. Der Gegner – das haben Sie immer schon gewusst – ist der Gott des Erfolges, der „efficiency", des Aktualitätsterrors. Das sei das, was Jeremias den Trug ihrer Herzen nennt: „Sie trügen nicht, sie werden betrogen und können in keiner anderen Luft atmen als in der dieses Truges." Ihnen, Martin Buber, wurde alles vorgeworfen, was einem, der dem goldenen Kalb der Realpolitik („le veau d'or du réalisme", so nennt es Jean-Paul Sartre) keine Opfergaben bringen wollte, vorgeworfen werden konnte: „Humanitätsduselei", „Defätismus", „Verrat" – von Ihnen ist ein Dialog überliefert, in dem Sie selbstironisch die Rolle des Verräters übernehmen. Man hielt Ihnen vor, Sie und Ihresgleichen (das war 1945) kämen vom Skopusberg, dem Berg der Späher, Sie seien also Zuschauer, die nicht am prallen Leben teilhätten, sondern von den Höhen des moralischen Olymps leise, klar und vorwurfsvoll ihre Stimme erhöben.

Sie haben darunter gelitten, wie die Wahrheit in einer so hochmilitarisierten Gesellschaft missachtet wird. Die Wahrheit kann sehr bitter sein. „Manchmal ist es schwerer, sie auszusprechen, als aufzuspringen und um sich zu schlagen und andere dazu aufzurufen, auch aufzuspringen und um sich zu schlagen. Wer aber um die Wahrheit weiß, die Wahrheit, die allein helfen kann, dem ist es auferlegt, sie auszusprechen, gleich, ob ihm das Volk zuhört oder nicht." Sie waren darin ein Vorgänger von Albert Camus, auch Ihnen bedeutete die Politik nicht alles, Ihnen schien das Leben und wie man es führt das Wichtigere zu sein. Sie zitieren in Ihrer bewegenden Rede vor der *Ichud*-Konferenz im Mai 1946 einen arabischen Großkaufmann, der Ihnen acht Jahre zuvor, als Sie aus Nazi-Deutschland nach Palästina kamen, sagte: „Wir zwei, Ihre Freunde und meine Freunde, können uns verständigen, denn wir wollen etwas aus diesem Land machen, und ihr wollt etwas aus diesem Land machen, zusammen könnten wir das viel besser, als wenn jeder für sich ist."*

---

* *Ein Land und zwei Völker*, S. 249.

Die Politik (und die Geschichte) sind nicht alles!

Wie Albert Camus wollten Sie die Hypertrophie der Politik bekämpfen.

„Die Geschichte ist nicht alles!" sagte Camus. Wir dürfen ihn hier paraphrasieren: Die Geschichte und die Politik sind nicht alles! Noch einmal der arabische Kaufmann: „Es gibt bei uns Leute, und es gibt bei ihnen Leute, die ein Interesse daran haben, zu verhindern, daß wir uns miteinander verständigen. Diese Leute sind die Politiker. Und wer weiß, vielleicht werden sie es noch so weit bringen, dass wir einmal nicht mehr miteinander werden reden können, so wie wir jetzt miteinander reden."

Sie, Martin Buber, fuhren unbeirrt fort: „Was sollen wir tun? Sollen wir etwa, da es nun im allgemeinen so um das Wirken der Politik bestellt ist, auf politische Arbeit verzichten? Das hieße ja, das Leben vollends der Politik auszuliefern. Nein, wir müssen, so paradox das klingt, eine Politik der Depolitisierung inaugurieren." Die Wege zu einer klugen Verständigung scheinen durch die zu einem pathologischen Übermaß angewachsene Politisierung verbaut zu sein. Noch bis in die letzte Zeit, so berichteten Sie uns damals, gab es überall, „wo ländliche arabische Bevölkerung unpolitisiert geblieben ist, die schönste friedliche Nachbarschaft, die weitherzigste gegenseitige Hilfe zwischen jüdischen und arabischen Dorfleuten. Jüdische Bewässerungs- und Meliorationsanlagen* sind den Fellachen häufig nicht bloß zugute gekommen, sondern diese Lebenserleichterung ist von ihnen auch als ein Positivum auf das Konto der Juden verbucht worden, an nicht wenigen Punkten sind die Methoden intensiverer Wirtschaft gern gelehrt und gern gelernt worden."

Da klingt neben Albert Camus ein Stück Vaclav Havel hinein. „Das Leben in der Wahrheit" und zugleich das Leben in der Anti-Politik. Der Bruder im Geiste der beiden ist jener Martin Buber, der uns so schmerzlich fehlt in dem schwierigsten Konflikt auf ver-

---

* Melioration: Bodenverbesserung.

flucht heiligem Boden, den die Welt seit fünfzig Jahren kennt, wenn nicht länger. „Wir müssen politisch arbeiten, um eine Gesundung des pathologisch gewordenen Verhältnisses zwischen Leben und Politik herbeizuführen. Wir müssen von innen, mitten in der politischen Sphäre stehend, die Hypertrophie der Politik bekämpfen."*

Martin Buber, Sie waren ein energischer Gegner der jüdisch-israelischen Terrororganisation *Irgun*. Dennoch richteten Sie nach dem furchtbaren Attentat am 22. Juli 1946 auf das King-David-Hotel in Jerusalem und alle Dienststellen der Zentralregierung, wobei achtzig Menschen – Engländer, Juden und Araber – ums Leben kamen, ein Gnadengesuch an den britischen Hochkommissar. „Die jungen Leute, die Gewalt angewandt haben, sind in unseren Augen irregleitet. Was sie getan haben, ist weniger ihre Schuld als das Resultat von Umständen und die Folge einer Atmosphäre, die auch nicht von selbst entstanden ist. Deshalb sollen sie nicht straflos ausgehen", aber in Anbetracht der Jugend baten Buber und sechs weitere Mitglieder des *Ichud* den Hochkommissar, sein Recht auf Begnadigung auszuüben und das Urteil zu mildern. Sie betonten dabei ihre Gegnerschaft gegen den Terrorismus. Wie tröstlich für unsere Tage, an denen Raketen in Häuserblocks donnern und sich verkleidete Menschen mit Sprengstoff in Busse mit möglichst vielen Zivilisten begeben, dass es Menschen wie Sie, Martin Buber, zu Beginn der israelischen Staatsgründung noch gegeben hat.

Heute sind diese Stimmen „fast" verstummt. Ich sage „fast", weil in letzter Zeit auch so hochrangige Politiker wie Avraham Burg und Jossi Sarid** endlich aufgewacht sind und zurück zu den Quellen, zurück zu Ihnen, Martin Buber, kehren. Ganz Israel hat sich verändert. Würden Sie, Martin Buber, Ihr Israel heute noch wiedererkennen? Sagen Sie es mir nur ehrlich! Dieses Israel will ein Staat wie jeder andere sein, der sich in seiner selbstverschuldeten Isolation benimmt, als habe ihm die Weltgemeinschaft nichts mehr zu sagen. Allenfalls darf der US-amerikanische

---

* *Ein Land und zwei Völker*, S. 249.
** S. Anhang.

Präsident ihm noch etwas sagen. Aber das auch nur, solange all das bezahlt wird, was Israel an militärischer Aufrüstung gegen die Palästinenser aufwendet.

Mordechai Baron, Abteilung „Education"

Wie groß wurde die Erziehung zu Beginn des jüdischen Staates geschrieben – die Volkserziehung, die Erziehung in den Genossenschaften, die Erziehung in der Armee!

Es war ja geradezu die Botschaft des neuen zionistischen Unternehmens an die ganze Welt. Bildung und Schulerziehung sollte die gesamte Gesellschaft erfassen und umkrempeln.

In dem rauschhaften Gespräch, das Sie, Herr Buber, seinerzeit kurz nach der Gründung des Staates, den Sie gar nicht wollten, mit Ihrem Premierminister Ben Gurion führten, als Männer des Geistes oder wie man heute lieber sagen würde, als Intellektuelle, da hielten Sie Ben Gurion nach Ihrem eigenen Protokoll entgegen, es gäbe eine Tätigkeit, bei welcher die Aussicht auf intellektuelle Einigung bestehen würde. „Nämlich auf dem Gebiet der Erziehung." Man müsste – sagten Sie damals – eine große Institution zur Volkserziehung schaffen. Und haben als Vorbild den Dänen Sven Grundtvig genannt, den Begründer der nichtstaatlichen Volkshochschulen.

Und in der Tat, es gab die beherztesten und gewaltigsten Anstrengungen zur Volkserziehung. Auch und gerade in der Armee. Ich habe noch vor dem furchtbaren, vom damaligen Verteidigungsminister Ariel Scharon mitverschuldeten Massaker an den palästinensischen Flüchtlingen in Sabra und Schatilah, zwei Lagern am Rande von Beirut, eine Fahrt in die Städte Tyros und Nabatieh im Süden des Libanon unternommen. Für uns fünf Journalisten war der ehemalige General und Leiter der wichtigen Abteilung „Education" in der israelischen Zahal-Armee, Generalmajor Mordechai Baron, zuständig. Ich werde nie vergessen, mit welcher Anteilnahme, Aufmerksamkeit und Freundlichkeit er trotz der angespannten Kriegssituation einigen arabischen

Notablen begegnete – Premierminister Menachem Begin und Ariel Scharon hatten damals gerade erst den ersten großen Präventivkrieg gegen den Libanon begonnen.

Baron setzte sich mit aller Ehrerbietung gegenüber den Würdenträgern und Familienältesten an den Tisch, kein winziges Zeichen von Arroganz oder Überlegenheit der Waffen. Er sprach mit ihnen lebhaft in ihrer Sprache, denn er konnte vorzüglich arabisch. Nie habe ich diese beiden Tage im Südlibanon vergessen. Mordechai Baron machte seine Arbeit vor unser aller Augen so gut, dass wir uns nur fragen konnten: Wenn alles so gut läuft, und das auch noch mitten in einem verhängnisvollen Krieg, warum läuft es dann zwischen den Völkern nicht gut?

Bewegende Szenen, die auf solch eine Haltung hindeuten, in einer Armee, die nicht alle in stumpfe Hierarchiegläubigkeit und Befehlsgehorsam hat pressen können, finden sich in Uri Avnerys großartigem Buch „In den Feldern der Philister"*. Etwa in der zufällig herausgegriffenen Beobachtung, die Avnery seinem Tagebuch anvertraut: „Im Schützengraben bei Chukeilath, 21. Oktober 1948. An der Straße von Gaza nach Mischdahl. Hier stand der Ägypter und schoss bis zum letzten Augenblick, bis sie ihn erreichten und neben seiner Waffe (der Vickers) töteten", und nun liegt er da in einer Reihe mit anderen, die ins Gras gebissen haben, wie man auf Deutsch sarkastisch sagen würde. „Ein breitschultriger Araber mit spitzem Bart liegt auf dem Rücken. Die Kugel hat ihn in den Bauch getroffen und das Blut hat seine Hose befleckt." Uri Avnery, ein Soldat, der auch im Krieg das Gefühl für seine Mitmenschen nie verlor, versucht mit dem toten Soldaten eine Unterhaltung. „Einen Moment lang unterhalte ich mich mit ihm, dem toten Feind. Was hat ihn hierher gebracht? Militärischer Gehorsam? Idealismus? War er verheiratet? Hat er vielleicht Kinder? Die Wege des Schicksals sind eigenartig." Avnery fährt fort: Wenn dieser Mann seine Waffe nur wenige Millimeter anders gehalten hätte, säße er jetzt irgendwo in einem Caféhaus am Strand des Mittelmeeres. Er könnte einen Brief an seine Frau

---

* Auf Deutsch 2005 im Diederichs Verlag, München, erschienen

schreiben. „Seine Finger haben sich in den Boden gekrallt." Es fällt Avnery schwer zu entscheiden: „Liegt hier ein Mensch oder nur etwas, das eine menschliche Form hat?"

Auf der Erde findet Avnery eine arabisch geschriebene Broschüre. Der Titel lautet: „Wasarat al difa's al watani". Auf Deutsch etwa: „Die Kunst des Krieges". Dagegen nun richtet sich Avnerys Protest: Am Schreibtisch, schreibt er, in einer Welt von Worten und Gedanken, mag der Krieg „Kunst" sein – hier sei er brutale Wirklichkeit. „Leben gegen Leben, Stahlsplitter, die sich in menschliches Fleisch bohren, todbringendes Pfeifen und Erdlöcher, in denen man überlebt." Oder auch stirbt.

Lieber Martin Buber, heute finde ich nichts mehr von dieser Bemühung um eine solche Erziehung israelischer Zahal-Soldaten. Heute erlebe ich wenig von den Bemühungen um ein Benehmen, das niemanden demütigt. Im August 2003, wie auch schon bei zwei Besuchen im Mai und Juli 2002, begegneten uns Soldaten der israelischen Armee mit einem arroganten Benehmen, das es vor 20 Jahren noch nicht hätte geben können. Es erinnert mich an das, was Sie in der im April 1949 neugegründeten Monatszeitschrift *Ner* geschrieben haben: Einige Menschen – auch damals, 1950, waren es ja nur „einige Menschen in Jerusalem" – hatten sich zusammengetan, um mit dem Dienst an diesem Werk zu beginnen. Sie nennen sich nach dem Propheten, der vor allem die Botschaft der Gerechtigkeit verkündete und die Völker geißelte, weil sie an den Brudervölkern Unrecht verübten: „BNEI AMOS" (Söhne Amos).*

Im gleichen Jahr schrieben Sie, ein umfassendes Zusammenwirken mit dem „arabischen Nachbarvolk" sei die „Grundbedingung für ein echtes und dauerndes Gelingen dieses Siedlungswerkes". Und damit meinten Sie nicht die völlig illegalen Siedlungen, die sich als strategische Wehrdörfer in das Land der anderen Seite hineinfressen. Das Grundproblem sei immer dasselbe geblieben, meinten Sie in Ihrem wunderbar unzeitgemäßen Text „Sozialismus und Frieden" 1955, ein Jahr vor dem „Sinai-

---

* *Ein Land und zwei Völker*, S. 330.

Krieg" 1956: „Wie wird die Beziehung zwischen unserem Volk in Israel und seinen Nachbarn aussehen?"

Wie wohl uns das tut, nach so viel gegenseitiger Verhetzung. Wie wunderbar das klingt, wenn einer damit aufhört, an dieser ewigen Schraube der Fanatisierung zu drehen!

Sie hatten sich immer wieder mit Freunden auseinander zu setzen, die sich von Ihnen und Ihren manchmal als utopisch und realitätsfern eingestuften Plänen und Ansichten distanzierten. Wie damals, als es den ersten bedrohlichen und den Staat Israel gefährdenden Angriff der arabischen Nachbarstaaten gab. Sie hatten 1948 gewagt, öffentlich zu sagen, was wohl nur Sie sagen konnten. Heute gibt es nach dem Tod des verehrungswürdigen Philosophen Leibowitz niemanden mehr, abgesehn von dem Friedensaktivisten Uri Avnery, der Rechtsanwältin und Alternativen Nobelpreisträgerin Felicia Langer, dem israelischen Journalisten Gideon Levy und einer Handvoll weiterer mutiger Menschen, der sich freimütig gegenüber der durch den Terror der Aktualität und die Aktualität des Terrors geprägten Öffentlichkeit äußern könnte: Es sei unehrlich, wenn die Israelis sich nur als unschuldige Opfer der arabischen Aggression sehen wollten.

Damals riss Ihrem eifrigen Schüler Gideon Freudenberg der Geduldsfaden, und er schrieb einen „offenen Brief" an seinen verehrten Lehrer Martin Buber unter dem Titel „Krieg und Frieden".

„... Eine Mauer bauen, aber keinen Tempel."

Das Schlimme ist, dass diese Debatte in Israel heute nicht mehr geführt wird. Die Gesellschaft hat sich ganz offenbar auch durch die Einwanderung von russischen Immigranten so stark verändert, dass es dafür keinen Nerv mehr gibt. Israel ist nur noch ein Staat, der auf seine militärische Stärke und das enge Bündnis mit den USA setzt. Alles andere fällt dabei unter den Tisch.

In der Antwort an Ihren Schüler Gideon Freudenberg waren Sie in einer Weise prophetisch, Martin Buber, wie Sie damals gar nicht hätten ahnen können. Der Kampf, der Krieg wird aufhören, schrieben Sie damals – und es war erst der erste Krieg, es folgten noch schreckliche weitere, die wirklich an die Wurzel der realen Existenz unseres Israels gingen. „Aber wird das Misstrauen aufhören, wird das Ressentiment aufhören, wird der Durst nach Revanche aufhören? Und werden wir nicht rüsten und rüsten müssen, um dagegen gerüstet zu sein?" Wahre Sätze, die bis heute nicht ein Jota ihrer schlimmen Wahrheit verloren haben. Werden sich nicht unsere besten Kräfte darin aufzehren?" Und mit ungeheurer Prophetie fuhren Sie, lieber Martin Buber, fort: „Mit der einen Hand die Arbeit tuend und die andere hält das Kurzschwert – so kann man eine Mauer bauen, aber keinen Tempel."

Als Sie als hochgeehrter Gast im Jahre 1958 in die Vereinigten Staaten kamen und dort eine Rede vor den amerikanischen Freunden des *Ichud* hielten – Thema waren die wahren Quellen des Zionismus und das unaufgebbare Gebot der *Chaluziut*, des Pionierwesens – da sprachen Sie mit großartiger und klarer Diktion davon, dass Israel sich nicht als „Enklave der westlichen Welt" im Nahen Osten etablieren und behaupten dürfe und dass – noch präziser gesagt – Israel „kein Mietling des Imperialismus" sein bzw. sich als solcher gerieren dürfe. In diesem Vortrag erinnerten Sie noch einmal mit Vorbedacht daran, dass dieser schreckliche Adolf Hitler es bewirkt hat, dass es bei der Ansiedlung der Juden nicht organisch, nicht zureichend vorbereitet und damit eben ungerecht zuging. Denn es sollte nach Ihrer Einschätzung und der des *Ichud* natürlich nicht so sein, dass die Juden in einer Massenansiedlung das Land in Besitz nehmen und dem anderen Volk Angst, Furcht und Zittern beibringen würden. Deshalb setzten Sie, Martin Buber, so klar auf Solidarität, auf eine vorderasiatische Föderation: Die „unerläßliche Voraussetzung einer politischen Aktivität in dieser Richtung war eben die Erzeugung eines gemeinsamen Bewusstseins der Solidarität."*

---

* *Ein Land und zwei Völker*, S. 367f.

Adolf Hitler unterbrach
die „organische Entwicklung"

Diese von Ihnen, Buber, so sehr gewünschte „organische Entwicklung" wurde von Adolf Hitler unterbrochen. Das Prinzip des Siedlungswerkes und des Pionierwesens wurde abgebrochen und von den grauenhaftesten Ereignissen der modernen Geschichte, der Vernichtung von Millionen Juden, überrannt. Dazu schreiben Sie: „Wer hätte es über sich gebracht, diesem Ansturm der Heimatlosen gegenüber die Fortsetzung der selektiven Methode zu vertreten. Die Massen kamen und mit ihnen die Notwendigkeit der politischen Sicherung." Aber: Wichtig bleibt auch für die Aktualität, dass Israel nicht Mietling der USA sein sollte. Das ist es jetzt aber. Es ist Sklave und Knetmasse in den Händen der USA und des US-amerikanischen Präsidenten.

Für alle, die sich dem Pazifismus und der Sicherung des Friedens mit immer weniger Waffen verbunden fühlen, ist die politische Entwicklung Israels ein Albtraum. Sie, Martin Buber, haben im Februar 1958 für die gesamte *Ichud*-Bewegung eine radikale Revision des Militärregimes und die Beseitigung vieler anderer Erschwernisse im Leben der arabischen Bevölkerung verlangt.

Dabei kommen Sie auf die von Ihnen so genannte „Ideologie des Militärregimes" zu sprechen, die Ihre eigenen jüdischen Landsleute und Israel insgesamt immer mehr gefangen hält. Mit dieser Ideologie und dem Schlagwort von der eigenen „Sicherheit" wurde in den letzten fünfzig Jahren alles gerechtfertigt. Und da die Bevölkerung Israels von den Palästinensern nichts mehr erfährt, weil sie aus Angst den Kontakt scheut, existieren nur noch Fragen von „Sicherheit" und Aufgaben des Militärregimes. Die Petition, die Sie an den Premierminister Ben Gurion schrieben, wirkt so aktuell, dass sie für die Lage der Palästinenser auf der Westbank als auch für die israelischen Araber in Israel gelten könnte, von der trotz des israelischen Abzugs völlig ausweglosen und verzweifelten Lage der Palästinenser im Gaza-Streifen gar nicht zu reden: „Gemäß den Worten des verehrten Herrn Ministerpräsidenten, daß sich das Regime nur mit Militär und Sicherheitsfragen der

Grenzgegenden befassen soll, bitten wir, alle Gegenden, die sich nicht an der Grenze befinden, aus dessen Zuständigkeitsbereich herauszunehmen und im Grenzgebiet gleiche Rechte für alle Einwohner, ohne jegliche Diskriminierung, walten zu lassen."*

Das Verhexte ist: Israel hat sich selbstverschuldet in eine Lage manövriert, in der durch die neue Grenze die Siedlungen zu einbetonierten und ummauerten Enklaven geworden sind, deren eigene Brücken, Straßen und Bergtunnel die einzige Verbindung nach Israel darstellen. Und wenn Sie damals vorschlagen, dass alle Angelegenheiten, deren Durchführung nicht mit Sicherheitsfragen verbunden sind, den bürgerlichen Beamten übergeben werden sollten, so hat jetzt schon das Prinzip der Militarisierung dazu geführt, dass in den Siedlungen jeder Israeli mit einer Knarre oder einer Uzi herumläuft.

Nun ist schon wieder viel Wasser den Rhein, den Euphrat und den Jordan hinuntergelaufen, und die Verhältnisse haben sich wahrlich nicht verbessert. Das Krankenhaus in Nablus ist bereits zerstört. Der bedauerlicherweise von Israel und den USA eingesetzte, nicht von den Palästinensern gewählte Premierminister Abbas hatte die Konsequenz aus der für ihn nicht zu bewältigenden Lage gezogen und war 2003 zurückgetreten. Arafat war wieder im Kommen gewesen. Heiko Flottau zitiert in einer großen Reportage** u. a. den Archäologen Adil Jahia, der einer der Organisatoren der ersten Intifada (1987–1993) war: „Man hatte Arafat ganz vergessen. Doch nun haben die Israelis Arafat ganz ungewollt zu neuer Popularität verholfen."

Der achtzig Jahre alte Mahmud Kharub stand auf dem Platz vor dem Amtssitz des Palästinenserpräsidenten. Vizepremier Olmert hatte sich mit der Einschätzung vernehmen lassen, für den Staat Israel sei auch ein Attentat auf und die Liquidierung von Arafat legitim und moralisch erlaubt. Mahmud Kharub ist einer dieser alten Palästinenser, die die Söhne und Töchter Israels eigentlich ganz gut verstehen müssten. „Nächstes Jahr in Jerusalem" – das haben Juden Jahrhunderte lang gesungen und gebetet. Nun singen

---
* *Ein Land und zwei Völker*, S. 370ff.
** SZ, 16. September 2003.

und beten auch die Palästinenser ähnlich. Vor 55 Jahren musste Mahmud Kharub aus seinem Haus fliehen. Er bewahrt immer noch den Schlüssel seines ehemaligen Hauses auf. Vor ein paar Monaten waren er und ein paar andere der alten Männer bei Arafat und übergaben dem Führer einen großen Schlüssel. Sie taten es als Symbol dafür, dass sie auch Jahrzehnte nach der *Nakba*, der als „Katastrophe" in die Geschichte der Palästinenser eingegangenen Vertreibung, nicht auf ihr Recht auf Rückkehr verzichten wollen.

Mahmud lebt nun schon seit 1948 in dem palästinensischen Flüchtlingslager Dschelazun. Er floh aus seinem Dorf Beit Naballah bei Ramleh in der Nähe des heutigen israelischen Flughafens „Ben Gurion". Die Männer um Mahmud Kharub brauchten ganze drei Stunden, um aus dem nur 15 Kilometer entfernten Lager Dschelazun nach Ramallah zu gelangen. Immer wieder wurden sie an den israelischen Checkpoints auf palästinensischem Gebiet aufgehalten. Dabei wollten sie nur ihre Unterstützung für ihren Präsidenten, Palästinenserführer Arafat, kundtun. Wie bei der wöchentlichen Papstaudienz auf dem Petersplatz versammelten sie sich im Innenhof der *Muqata*, dem Amtssitz Arafats, von dem ja nur noch ein kleiner Wohnflügel für ihn übrig geblieben war. Diese alten Männer haben den Staat Israel in den Grenzen vom Juni 1967 akzeptiert. Damals, 1967, besetzte Israel im „Sechstagekrieg" jenen Teil Palästinas, der noch nicht unter seiner Kontrolle stand.

Der Journalist Heiko Flottau beschreibt einen jener demonstrativen Auftritte, die Arafat gerade deshalb nötig hatte, weil er aus allen Ämtern entlassen worden war. Aber, so sagen es auch seine vehementesten Gegner und unerbittlichen Feinde, so sagt es auch unser Gastgeber in Beit Sahur, der Arzt Dr. Madschid Naser: Arafat wurde in freien, demokratischen und geheimen Wahlen gewählt. Wie Präsident Maschadow in Tschetschenien, der im März 2005 den Kugeln russischer Häscher erlag.

Für den Nachmittag war einer der täglichen Auftritte Arafats angesagt. Neben einem Berg von Schrott war ein Podium errichtet worden, nicht für Arafat, sondern für eine Musikkapelle und einen kleinen Chor. Dann kam er, die 74 Jahre alte, in der Wolle gefärbte weltpolitische Persönlichkeit, neben Sihanouk, Carter und Muammar Gaddafi der einzige, dessen Zeit noch in die Ära von Josip Broz Tito und Nehru sowie der blockfreien Länder zurückreichte. Er strahlte und spreizte zwei Finger zu dem Victory-Zeichen Churchills. „Arafat – mit unserer Seele und unserem Blut werden wir uns für dich opfern", singt der Chor und jubelt. Ganz klar, das hat eine unsinnige Politik Scharons eingebrockt. Der Führer der Palästinenser hat sicher eine schlechte, für die Bevölkerung katastrophale Politik gemacht. Aber er war von der Regierung Ariel Scharons auf den „Thron" gehoben worden.

Pazifismus contra „gezielte Tötungen"

Dabei gehörten Sie, Martin Buber, nicht zu jener Sorte, die aus Pazifismus lieber Millionen Menschen sterben lassen, als etwas gegen die zu tun, die sie ermorden. Diese reinen Pazifisten konnten Sie nur von ferne bewundern. Sie schrieben 1958: „Ich bin kein radikaler Pazifist. Ich glaube nicht daran, daß man überall auf Gewalt mit Gewaltlosigkeit zu antworten habe, ich kenne die Tragödie von Angesicht."*

Ein junger Journalist, der für die Zeitung *Ha'olam Haseh* in Sachen Minderheitenfragen als Reporter arbeitete, schrieb Ihnen aus Akko am 4. Mai 1958, er brauche nicht zu klagen, weil sein Lebensunterhalt gesichert sei. „Allerdings weine ich, weine ich Tag und Nacht darüber, daß ich keine erfreulichen Dinge sehen kann. Tagtäglich begegne ich auf Schritt und Tritt den schändlichsten Handlungen aller möglichen Menschen, aller möglichen Institutionen, und ich weiß nicht, ob ich daraus schließen muß, daß sie schlecht ist, diese unsere Welt. Ist es unmöglich, eines strahlenden Morgens aufzuwachen und alles ist gut und schön? Ist die jüdisch-arabische Feindschaft etwas Ewiges? Gibt es keine Möglichkeit, daß sich diese unsere Welt zum Besseren verändert? Ich frage Sie – und zwar als Mensch, als junger und lediger Mensch:

---

* *Ein Land und zwei Völker,* S. 369.

Ist es nicht ein Verbrechen gegen das Gewissen, zu heiraten und Kinder in die Welt zu setzen, die unter solchen Bedingungen zu leben hätten?"*

Sie, Martin Buber, fehlen uns, und Sie fehlen mir in all den schmerzlichen Auseinandersetzungen in und für Israel, in und für Palästina. Um Himmels willen Israel! Um Gottes willen Palästina!

Am Sonntag, dem 21. März 2004, gab Scharon den Befehl, Scheich Achmed Jassin töten zu lassen. Der Befehl wurde am folgenden Tag ausgeführt, als der Scheich in seinem Rollstuhl gerade aus der Moschee kam. Die Armee, so meldete der Korrespondent Jörg Bremer aus Jerusalem, habe schon im Herbst zuvor eine präventive Exekution versucht. „Die Rakete traf das mehrstöckige Gebäude in der Stadt Gaza, in dem sich der Gründer der islamistischen *Hamas*-Bewegung gerade bei einem Kampfgefährten mit anderen *Hamas*-Aktivisten getroffen hatte. Doch bei diesem ersten Mordversuch konnte der alte Mann im Rollstuhl gerade noch rechtzeitig aus dem Haus in seinen Wagen getragen und weggefahren werden. Danach verschwanden er und andere *Hamas*-Führer für Wochen im Untergrund." In ersten Reaktionen zeigte sich weder die israelische Regierung noch die öffentliche Meinung in Israel berührt. Die EU-Außenminister verurteilten am 21. März in scharfer Form die Ermordung des *Hamas*-Führers Scheich Jassin.

Die EU – so die Außenminister – hätte sich immer gegen illegale und extralegale Tötungen ausgesprochen, weil sie internationales Recht verletzten. Die Außenminister billigten Israel natürlich zu, sich gegen terroristische Angriffe zu verteidigen; die Methode der gezielten Tötung aus der Luft sei jedoch nicht zulässig. In einem Kommentar schrieb die einflussreiche *Frankfurter Allgemeine Zeitung* am 23. März 2004, Israel kämpfe nach wie vor um die Existenz. „Und nur Übelmeinende können sein Recht auf Selbstverteidigung in diesem Kampf bestreiten. Aber es ist nicht zu leugnen, dass die Zahl seiner Freunde kleiner geworden ist, und zwar auch deshalb, weil es in der Wahl seiner Mittel brutal ist, den Extremisten damit Zulauf verschafft und weil Scharons Politik

---
* *Ein Land und zwei Völker*, S. 359f.

jenen Palästinensern das Wasser abgräbt, die sich einem Ausgleich nicht verweigern wollen."

Bitter, weil zutreffend nannte die Zeitung am gleichen Tag das Urteil des polnischen Außenministers: „Das Bild von einer an einen Rollstuhl gefesselten Person, die von einer Rakete getötet wird, ist wahrscheinlich nicht geeignet, die Sicherheit Israels zu erhöhen. Es ist schlechte Reklame in eigener Sache, aber es ist eben noch mehr als das."

Am folgenden Tag begründete in einem langen Leitartikel Erik-Michael Bader unter dem Titel „Selbstvergiftung" dieses Urteil ausführlicher. Die erste Frage in diesem Desaster sei, ob Mord auch dann noch Mord und damit eine verwerfliche Tat bleibe, wenn das Mordopfer selbst mit an Sicherheit grenzender Wahrscheinlichkeit Anstifter vieler Morde gewesen sei. Auf Anhieb neigten die meisten zur verneinenden Antwort, doch nach reiflicher Überlegung sei außer mit zynischer Rabulistik dem „Ja" kaum zu entkommen, ebenso wenig der Notwendigkeit, besondere Entlastungsgründe anzuführen, wolle man die Tat dennoch verteidigen. Die zweite Frage laute: „Um wie viel weiter hat die Tötung des *Hamas*-Führers Scheich Jassin durch Israel die Büchse der Pandora für die Region geöffnet? Das Opfer Jassin, fast blind und querschnittgelähmt, war in ganz besonderem Maße wehrlos. Die Tötungsmethode – Beschuss aus Hubschraubern – ist mit den Charakteristika, jederzeit und an jedem Ort überraschend hereinbrechen zu können, geradezu systematisierte Heimtücke. Kann gegenüber solchen Mordmerkmalen Rechtfertigung aus der Motivation gezogen werden? Nur für die Machtzyniker kann das jetzt eine wesentliche Rolle spielende Motiv, für die Zeit nach einem Abzug Israels aus dem Gaza-Streifen die radikale *Hamas* gegenüber anderen palästinensischen Gruppierungen zu schwächen, die Auslöschung von Menschenleben aufwiegen; möglicherweise ist dies eine totale Fehlkalkulation." Das Motiv, so schrieb der Autor weiter, künftige Terrormorde zu verhindern, möge bei der Tötung operativer Unterführer einige Rechtfertigungskraft haben, da auf diese Weise laufende Vorbereitungen abgeschnitten, potenzielle Opfer mutmaßlich gerettet werden könnten.

Im Fall Jassin, so fuhr Erik-Michael Bader fort, sei es aber kaum um direkte technische Vorbereitung von Anschlägen gegangen, sondern um geistige Anstiftung, die aufgrund seiner Autorität einerseits durch Hetzreden, andererseits durch Nichtdistanzierung von solchen Taten ermunternd habe wirken müssen. Zu erwägen bleibe die rechtfertigende Qualifizierung der Tötung als „Aktion im Krieg gegen den Terrorismus, da nach herkömmlicher Ansicht im Krieg vieles anders, geradezu entgegengesetzt zu bewerten ist als sonst". Doch könnten sich dann auch – teilweise zu Recht – die Palästinenser im Krieg gegen strukturelle Gewalt als terroristisch empfundene Unterdrückte fühlen. Viele palästinensische Aktionen wären dann anders zu beurteilen. Dazu Bader: „Die Sprengstoffanschläge auf Zivilisten, die auch ohnmächtiger Verzweiflung über die hoffnungslose eigene Unterlegenheit entspringen, wären aber mit guten Gründen als selbst im Krieg nicht zu rechtfertigende Exzesstaten zu verurteilen. Allerdings ist schwer zu sehen, worin sie sich in ethischer Hinsicht von den Flächenbombardements im Zweiten Weltkrieg unterscheiden."

Wenn Israel sich immer mehr von Terroristen zu „Gegenterrorismus" verleiten lasse, so schloss der Leitartikel, veröffentlicht zwei Tage nach dem furchtbaren Mord an Scheich Jassin, und auf seiner eigenen Seite immer mehr ethische und rechtliche Maßstäbe ausgehöhlt werden, dann werde dieser Konflikt – in dem auf beiden Seiten in den letzten Jahren auch die Einsicht gewachsen sei, dass das andere Volk auch irgendwie recht habe – wieder mehr und mehr zum hemmungslosen Kampf zweier Bevölkerungen um ein Territorium, bei dem nur noch die Stärke, die Kampf- und Technologiestärke entscheiden würden. „Heute und auf absehbare Zeit ist Israel das stärkere Land. Aber worauf kann es sich bei solcher Reanimalisierung des Konflikts berufen, wenn es einmal anders sein wird?"

Ganz anders äußerte sich Heribert Prantl[*], einer der prominentesten innenpolitischen Journalisten der Republik, Exstaatsanwalt, also mit allen Wassern der Jurisprudenz gewaschen, aber viel zu

---

[*] „Die Grenzen des Verstehens". In: Süddeutsche Zeitung, 24. März 2004.

ängstlich, um selbst etwas zu dem Fall zu sagen. Im Fall des Mordes an Scheich Jassin war die deutsche Öffentlichkeit ja nicht um den Scheich besorgt, schon gar nicht hatte sie irgend etwas von dessen frommen Mordsprüchen gehalten, aber sie sah darin das letzte i-Tüpfelchen, das das Fass der arabisch-palästinensischen Empörung zum Überlaufen bringen würde. Prantl hatte jedoch nichts weiter zu sagen, als sich selbst zum hundersten Mal einzugestehen, dass es ihm schwer falle, Israel zu kritisieren. Noch am gleichen Abend hatte ich Prantl in einem längeren Gespräch von der inneren Beschämung berichtet, die ich empfinde, wenn eine ganze Bevölkerung wie in einem „Apartheid-Kokon" gefangen und geknebelt gehalten werde. Diese Behandlung sei nach meiner Meinung nur als permanente kollektive Bestrafung und Ächtung zu begreifen.

Trotzdem erwähnte Prantl in seinem Artikel so gut wie nichts zum Anlass des Tages, alles aber dazu, dass wir uns nicht aufplustern sollten, denn wir würden ähnlich verfahren (bescheidene Frage: Was will er damit begründen? Etwa dass unsere Reaktion auf die RAF-Terrorattentate gerechtfertigt war? Mitnichten, Prantl selbst war ja mit spitzer Feder einer der heftigsten Gegner einer solchen Vorgehensweise). Wer selbst den Terror erlebt habe (vor 25 Jahren zur Zeit der RAF), hat „durchaus nicht so gelassen und überlegt reagiert, wie man es heute von einem Ländchen verlangt, in dem alle paar Tage Selbstmordattentäter Straßencafés oder Schulbusse in die Luft sprengen. Die Kritiker hierzulande können die existenzielle Bedrohung eines Staates kaum nachvollziehen, in dem Politiker und Militärs nicht einfach dasitzen und warten wollen, dass ihre Kinder und Enkelkinder auf der Straße zerfetzt werden. Wer hierzulande perfide von Nazi-Methoden der Israelis spricht und schreibt und auf diese Weise die NS-Geschichte exkulpiert, der sitzt in einem Restaurant oder einem Büro, das nicht in die Luft gejagt wird. Er maßt sich aber an", so Prantl weiter, „die verzweifelt falsche israelische Politik als Gegengewicht zum Holocaust in die Waagschale zu werfen." Und SPIEGEL-Redakteur Henryk M. Broder meinte in einem Beitrag für die Allgemeine Jüdische Zeitung: „Es macht Spaß Täter zu sein!"

Dezember 2003: noch einmal Hebron

Wieder waren wir unterwegs über Israel nach Palästina.

Lieber Martin Buber, wie las ich es auf der Hinreise bei Ihnen im „Rabbi Nachman", diesem tröstlichen Text: „Als die Söhne Israels die Thora annahmen und ins Land kamen, durften sie dessen Heiligkeit aus der Verborgenheit ins Offenbare heben. Als sie sich gegen seine offenbare Heiligkeit vergingen, indem sie das ihnen Offenbarte nicht erfüllten und endlich aus dem Lande gehen mußten, ist seine Heiligkeit wieder in die Offenbarung versunken, und seither lebt und wirkt sie darin." Wie tröstlich empfand ich Ihre Zeilen am Schluss dieses wunderbaren Büchleins. Wie, fragten Sie sich und jetzt auch uns, wie ist das Land wiederzugewinnen? „Jedermann aus Israel hat Anteil am Land, jedermann aus Israel kann Anteil an seiner Erlösung haben. In dem Maße, in dem er sich selbst reinigt und heiligt, wird er gewürdigt, einen Teil des Landes zu fassen und zu erobern." Und Sie sagten: „Ein geringes, erniedrigtes Land ist dieses Land – und die Hoffnung der Welt ist in ihm eingefaßt."

„Trost!", aber auch „Skandal!" wollte ich schreien, nachdem ich die Banalisierung des Heiligen durch den Absturz in Gemeinheit und Mord erlebt hatte. In Hebron, wohin wir zufällig gelangten, geschah es, dass wir an einem Tag erleben konnten, wie die israelische Armee sich herabließ, den Zugang nach Hebron zu ermöglichen – allerdings nur für Israelis und Ausländer. Und für Ausländer auch nur, wenn sie keine Touristen waren, sondern ein humanitäres oder politisches Mandat hatten.

Unter dieser Bedingung also kamen wir nach Hebron. Ich habe selten eine solche Situation erlebt, in der mir der Glaube, mein eigener Glaube, nahezu aus dem Innersten der Seele herausgewrungen wurde. Wie kann das möglich sein? Man entweiht einen Tempel Gottes durch einen Massenmord, verübt von einem wahnsinnigen Fanatiker, dem ich zögere, die Qualität eines Gläubigen zuzubilligen: Dr. Baruch Goldstein hatte in der Ibrahim-(Abraham-)Moschee in Hebron, auf dem Boden von Abrahams Grab, mit einer Kalaschnikoff und drei Magazinen einen furchtbaren Mord verübt. Mitten in der Moschee war dies ein Mord, der darauf angelegt gewesen war, die Muslime zu verjagen.

Ich würde, wie in Ruanda, wo sich ebenfalls von Todesangst gezeichnete Tutsi in die Sanktuarien von Kirchen flüchteten, um dort um so einfacher von den „génocidaires", den Völkermördern, zerhackt zu werden – ich würde solchen Gotteshäusern eine lange Zeit auferlegen, in der sie sich reinigen und um Sühne und Entsühnung bitten müssten. In der die Gläubigen ihre Gaben nicht zum geschändeten Altar Gottes bringen dürften. Eine lange Zeit, in der wir stumm darauf warten müssten, diesen Raum wieder betreten zu dürfen, um den Einzigen anzurufen, der heilig ist: den Gott, der Himmel und Erde erschaffen hat. Religionen aber, die den Machtkampf, den Kampf um Einfluss, Boden, Territorien, Besitztitel lieben, kümmern sich wenig darum, dass Menschen IHN preisen wollen.

So auch das Judentum von *Gusch Emunim*: Es bestand darauf, den Platz in der Moschee Abrahams weiter zu besetzen und so vor den Ungläubigen zu bewahren. An fünf Stellen in der Altstadt von Hebron war den Siedlern vom Staat Israel das Wohnrecht garantiert worden. Und da diese Siedler es genauso wie die Heißsporne auf der anderen Seite von vornherein auf den Machtkampf abgesehen hatten, so kam es zu „H1" und „H2", den Zonen innerhalb Hebrons, in denen fünf Siedlungen liegen, die natürlich militärische Knotenpunkte sind. Schlimmer: Es kam zu einem international und national sanktionierten Schutz eines klaren, offensichtlichen, auch architektonisch erkennbaren Gegeneinander-Lebens.

Lieber Martin Buber, ich hoffe, wir sind in diesem Punkt einig. Da sitzen Sie und hören mir zu, nachdem Sie das Buch weggelegt haben, das Sie gerade in der Hand hatten. Was Sie gelesen haben, wollte ich natürlich unbedingt wissen! Ich sehe das Buch, das sie mit dem Titelbild nach oben gelegt haben, und kann zwei Kreise erkennen, die in einer Schnittmenge zusammenkommen. Und – ja, natürlich, ich erkenne das berühmte, scharf geschnittene und doch so gütige Gesicht des deutschen Philosophen Ernst Bloch. Mit der versonnen an den Mund gehaltenen Hand, die sich fast ein wenig ballt bei der leichten Anstrengung des Gedankens, der –

ich kann es gerade lesen – dem „Atheismus im Christentum" gewidmet ist. Ja, ich kann nicht umhin, Martin Buber zu fragen, wie er denn dazu kommt, dieses Buch zu lesen, an dessen Titelbild ich mich noch aus meiner Studentenzeit her erinnere. Es war die Zeit, in der wir die Schätze der großen Literatur, der Philosophie als auch der Theologie, in solchen kleinen Bändchen, die eine kleine Enzyklopädie für die kleinen Leute versprachen, zu erschwinglichen Preisen erstehen konnten. Ich hatte die Absicht, mir alle Bände der rororo-Enzyklopädie zuzulegen, als ich auf der Schule in Hagen in Westfalen war. Warum Ernst Bloch? Martin Buber sitzt jetzt fast in einer ähnlichen Haltung wie „Der Denker" von Rodin, aber nicht so steinern, nicht so massiv, sondern vom Denken und der Menschlichkeit des Denkens beflügelt. Bloch war ja auch so ein Mensch, der nur in Begegnungen denken konnte, der die Atheisten im Christentum, die Christen im Atheismus immer wieder dabei ertappte, dass sie in Disputen die fruchtbarsten Begegnungen hatten.

Ich darf nicht ablenken. Ich erzähle das alles wegen Hebron, da man hier das Gegeneinander-Leben – genau wie im damaligen Südafrika die Apartheid – geradezu militärisch institutionalisiert hat. Nein, ich sehe, dass es Sie schüttelt, ich sehe, dass Sie sich vor Empörung und Widerwillen abwenden. Sie zeigen auf das Motto dieses kleinen Buches des mächtigen Ernst Bloch: „Nur ein Atheist kann ein guter Christ sein, nur ein Christ kann ein guter Atheist sein." Auf Dauer ist dies das gesellschaftliche Lebenselixier, das Elixier dessen, was wir heute modern „Zivilgesellschaft" nennen. Nur ein Israeli kann ein guter Palästinenser sein, nur ein Palästinenser kann ein guter Israeli sein.

Das Gegeneinander-Leben ist das genaue Gegenteil des „Ich und Du", Ihres Dialogischen Prinzips. Wie hätten Sie den Gang durch diese Gasse bewältigt, die zwei Gemeinschaften trennt und trennen soll? Wie hätten Sie mit den Grenzen gelebt, die zu Mauern werden, die ganze Bevölkerungsteile auseinander reißen? Wie hätten Sie damit gelebt, wenn Sie gebeugt durch diese Straßen gegangen wären? Wie hätten Sie es ertragen, dass Sie jemand zur Seite genommen hätte, nur weil Sie in die Altstadt von

Hebron gehen wollten? Wie hätten Sie reagiert, wenn Sie vor dem Eingang zur Moschee oder zur Synagoge zur Kontrolle durch einen riesigen elektronischen Sicherheitszaun hätten gehen müssen?

Gewiss, die Selbstmordattentäter haben so vieles an der Grundlage des Vertrauens zerstört. Aber Sie, Martin Buber, hätten vieles nicht mehr ertragen und auch gesagt, was man tun muss, um zu verhindern, dass es Selbstmordattentate gibt. Die fallen ja nicht vom Himmel, Martin Buber, Sie hätten doch den Mut gehabt, einer blind gewordenen Gesellschaft Israels und Palästinas, aber auch der USA und Deutschlands zu sagen: Diese Selbstmordattentäter sind doch nicht Produkte einer bestimmten Volksmentalität. Das ist doch grober Unfug. Das sind Produkte einer konkreten Situation, in der die Menschen nicht mehr weiterleben können, nicht mehr atmen können, weil ihnen der Raum zum Leben, die Luft zum Atmen genommen wird. Wie es Jean-Paul Sartre sagte: „La vérité dans la situation concrete."*

So wurden wir an diesem Tag in den Altstadtkern von Hebron geführt, hatten aber keinen Einblick in die fünf Siedlungen, die von israelischen Soldaten der besonders imperialen Form bewacht wurden. Die Soldaten, die wir zu sprechen bekamen, wirkten bedrohlich. Einer sagte uns, sie seien sicher, dass niemand außer den 200 bis 400 Juden in Hebron ein Recht habe, hier zu leben, Handel zu treiben und zu arbeiten. Einer dieser arroganten Soldaten, die wir hier zu sehen bekamen, behauptete wie einer der religiösen Siedler, das sei seine Stadt, seit 2 000 oder 4 000 Jahren sei das eine Stadt der Juden! Wenn es schon so anfängt, ist Mord und Totschlag zwangsläufig die Folge. Denn diese Mentalität endet, wenn nicht jemand dazwischentritt, jedes Mal in Krieg, Hass, Missgunst, gegenseitiger Abneigung, Mord und Totschlag – mit der ganzen Lust der nicht behinderten Rechtfertigung.

Alle Geschäfte waren verschlossen, das gesamte Leben zusammengebrochen. Die Siedler warfen den gesamten Unrat, den sie in der ersten Etage produzierten, auf die Basargassen unter ihnen. Damit der Unrat den Arabern nicht einfach auf den Kopf fallen

---

* *L'existentialisme est un humanisme*, Paris 1946.

würde, hatte die israelische Armee zum Schutz Netze aufgespannt. Das ist die sichtbare Unmöglichkeit hier noch zu arbeiten. Die humanitären Arbeiter der spanischen Organisation *International Palestinian Youth League*, die wir trafen, berichteten, dass die Menschen in diesen Gebieten ohne jede Freude aufwachsen würden. Eine Erzieherin, die hier für drei Monate arbeitete, sagte uns, dass es hier das ungezwungene, fröhliche Lachen von Kindern nicht mehr gebe. Die Kinder hätten ja auch kaum etwas zu lachen. Sie lebten – so zeigte uns die Spanierin Monica Leiva auf der Landkarte – etwa 40 km vom Meer entfernt und hätten nicht die Möglichkeit, es auch nur einmal in ihrem Leben zu sehen.

Kein Weg mehr nach Kalkilia, oder: „Mauersteine zu verkaufen..."

Meine Januarreise des Jahres 2004 begann mit strahlend schöner Sonne. Nach einer Nacht in Beit Sahur befanden wir uns mit einem Schreiben der Kindernothilfe in einem Ambulanzwagen nach Kalkilia. Als erstes wollten wir natürlich die Mauer besuchen, und zwar dort, wo sie am grässlichsten ist. Doch wir hatten keine Chance, nach Kalkilia hineinzugelangen. Ein älterer Offizier wollte uns den Zugang ermöglichen, aber es klappte nicht. Und eine Telefonnummer vom Sicherheitsdienst Schin Beth, die wir für solche Fälle immer dabeihatten, blieb unerreichbar.

Lieber Martin Buber, da schlug ich am frühen Morgen mein kleines Reclambändchen an einer beliebigen Stelle auf, so, wie ich das früher auch mit dem Neuen Testament gemacht habe: „In bloßer Gegenwart läßt sich nicht leben, sie würde einen nur aufzehren, wenn da nicht vorgesorgt wäre, daß sie rasch und gründlich überwunden wird."*. Ich verstehe das an diesem Morgen anders, als Sie es wohl gemeint haben, aber doch der Situation angemessen. Das Leben in dieser eingemauerten Gegenwart hat uns an diesem Morgen – in der Gegenwart dieses Tages – aufgezehrt.

* *Ich und Du*, S. 34.

Also fuhren wir weiter nach Nablus. Dort sollte uns der Zugang auch versperrt bleiben. Aber das Schreiben der Kindernothilfe – in dem es hieß, dass wir drei, „Dr. med. Norbert Blüm, Dr. med. Rupert Neudeck und Dr. med. Winfried Seibert", beauftragt seien, die gesundheitliche Situation der Kinder auf der Westbank zu untersuchen und gebeten würden, die Krankenanstalten und Ambulanzen zu besuchen – wirkte Wunder. Nachdem ich auch noch meine ID als Mitglied der deutschen Organisation *Grünhelme e. V.* vorgezeigt hatte, sagte uns ein kluger junger Geheimdienstmann, dass wir unsere Reise eigentlich mit der Armee oder zumindest mit der Deutschen Botschaft koordinieren müssten, er das aber jetzt mal übergehen werde, weil man ja schließlich eine solche Arbeit von Israels Regierungsseite her ermutige. Deshalb: „No problem!" Wir waren durch, also zogen wir gleich in das Hotel Jasmin und später dann auf den Berg zu den Samaritern.

Zwischendurch waren wir auf dieser Reise richtig high. Auch diese Mauer wird wie die in Berlin und an der Zonengrenze wieder zusammenbrechen. Und sollte man sich in der globalisierten Welt der Geschäftemacher nicht schon jetzt die Rechte an den Mauerstücken sichern, die man aus der – so der fiktive Werbegag – „unwiederbringlich letzten Mauer der Menschheitsgeschichte" heraushauen wird? Das Copyright an dieser wunderbaren Patentidee hat Winfried Seibert, der Rechtsanwalt und rheinische Schalk aus Köln-Rodenkirchen.

Das sind Momente der Ekstase, fast politischer Mystik, in der wir etwas sehen wollen, was noch nicht ist, was vielleicht einmal war, aber jetzt nicht mehr oder noch nicht wieder da ist. So wie es der große Enthusiast und Philosoph Ernst Bloch genannt hat: Die „Ontologie des Noch-Nicht". Diese Checkpoints und diese Mauern, diese Sicherheitszäune, Stacheldrähte und Security-Kameras haben alle einen unsinnigen Sinn. Der Unsinn ist aber größer, und deswegen wird er nicht von Dauer sein. Die Ursprünglichkeit menschlichen Lebens und menschlichen Treibens basiert auf Zusammenleben und Konflikt, Kontakt und Krieg, Begegnung und Gegenüber. Irgendwann wird es zu Ende sein mit der Trennung der beiden semitischen Brüder. Aber wann?

Quoadusque abutere Israel patientia nostra? Wie lange noch, Israel, wirst du unsere Geduld strapazieren?

Aber wir sind ja noch lange nicht soweit, hier Witze zu machen! Weit gefehlt, selbst der größte, oder sagen wir vorsichtiger, einer der größten Komiker jüdischer Zunge nach dem Zweiten Weltkrieg, Ephraim Kishon („Drehen Sie sich um, Frau Lot"), hat sich ganz energisch auf die Verteidigung der Politik des Staates Israel eingelassen. Auch der von uns allen für seinen Mut bewunderte Wolf Biermann gab bei einer Veranstaltung der Lew-Kopelew-Stiftung vor seinem Auftritt eine eindeutige und sehr autoritäre Erklärung ab: Jetzt wüssten es in Deutschland wieder einige besser als die israelische Regierung, was zur Verteidigung der Juden und Israels nötig wäre …

Wie gern würde ich Ihnen, Martin Buber, zuhören, wenn Sie sagen würden, was wir denn tun sollen, um diese beiden Völker zusammenzubringen! Das allererste ist, was Lew Kopelew nie müde wurde zu sagen: Es gibt nicht *die* Juden, es gibt nicht *die* Palästinenser. Es gibt nur Völker, die in verschiedenen – unerträglichen oder erträglichen – Situationen leben bzw. hausen. Gern wäre ich Ihnen 1920 begegnet, als Sie die Vorlesungen über „Religion als Gegenwart" hielten. Ich kann und will bis heute nicht verstehen, wie Menschen sich töten und den Geiern zum Fraß vorwerfen können, die wirklich an den Großen Gott, den Schöpfer des Himmels und der Erde, glauben, die mit geöffneten Händen in demütiger Gebetshaltung dastehen und sich berauschen lassen von dieser einen Welt der Menschenbrüder und -schwestern, und die diesem Gott zujubeln, da er alles so wunderbar und bunt und vielfältig geschaffen hat …

Nein, bitte keine Witze über die Mauer, deren Steine wir in alle Welt verkaufen werden, wenn sie einst fällt. Obwohl dieser Witz durchaus tragikomisch wäre. Denn im Moment gehen wir Linken aus Deutschland ja im Vertrauen auf unser altes Israel immer noch davon aus, dass die Mauer vielleicht gar nicht zu Ende gebaut, sondern gestoppt und – horribile auditu – geschliffen werden wird!

Müssen wir Deutsche uns aus dem Palästina-Konflikt heraushalten?

Martin Buber, bei wem kann ich denn jetzt für uns Deutsche der zweiten Generation mit Verständnis rechnen, wenn nicht bei Ihnen? Es gibt jetzt, lieber Bücherfreund Martin Buber, ein kleines, ganz sorgfältig über Jahre, wenn nicht Jahrzehnte durchdachtes Buch des deutschen Schriftstellers Uwe Timm, „Am Beispiel meines Bruders", das ich erst spät, sehr spät gelesen habe, weil es so plötzlich auf den Bestsellerlisten stand, nachdem Joschka Fischer es zur Eröffnung der Frankfurter Buchmesse 2003 bei Elke Heidenreich in der ZDF-Sendereihe „Lesen" besprochen hatte. Das Buch stellt eine eindrucksvolle Mischung von Dokumentation, memoria, produktiver und destruktiver Erinnerung dar. Für mich, Martin Buber, ist es diese Stelle, die ich Sie bitte, mit mir zu lesen:

„Der Junge kann sich nicht erinnern, von den Eltern je zu einem Nichtgehorsam ermuntert worden zu sein, auch nicht von der Mutter – raushalten, vorsichtig sein ja, aber nicht das Neinsagen, die Verweigerung, der Ungehorsam. Die Erziehung zur Tapferkeit – die ja immer als Tapferkeit im Verbund gedacht war – führte zu einer zivilen Ängstlichkeit."*

Das ist das Thema unserer Generation, lieber Martin Buber. Daran, dass unsere Eltern feige und konformistisch waren, führt kein Weg vorbei. Es betrifft jetzt aber auch die politischen Aggregatzustände Israels und Palästinas. Wir dürfen uns eben nicht mehr heraushalten, auch auf die Gefahr hin, dass uns unsere israelischen Freunde dann nicht mehr mögen. Sind das denn noch unsere Freunde, frage ich mich erschreckt? Ich bin der Überzeugung, dass es sogar für unsere Verbundenheit mit Israel gefährlich wäre, uns herauszuhalten. Wir müssen schreien und Kritik üben. Wir müssen unsere deutsche Regierung auffordern, nicht mehr feige zu sein. Wir müssen auf den Skandal der Zerstörung und der Vernichtung von Leben und Perspektive hinweisen, den

---

* Timm, Uwe: *Am Beispiel meines Bruders*, Köln 2003, S. 72.

das israelische Militär in der Westbank und im Gaza-Streifen anrichtet. Und auf das, was die Siedler anrichten, die nicht zu der Art Zionisten gehören, die wie Sie, Buber, dorthin kamen, um neben und mit den Palästinensern einen – wenn möglich sogar gemeinsamen – Lebensraum aufzubauen.

Das Gefühl von Nachbarschaft zwischen jüdischen Israelis und Palästinensern wird uns und der gesamten israelischen Bevölkerung von der Regierung Ariel Scharons gestohlen, das Gefühl, dass es irgendwann diese Nachbarn und dieses Nachbarvolk wieder geben könnte. Für Scharon, der keinen Frieden will, gibt es nur eine Militäroperation, mit der alle Palästinenser und auf Dauer auch die 21 Prozent der israelischen Bevölkerung, die als arabische Israelis in Israel leben, aus dem ganzen Land hinausgeworfen werden.

Martin Buber, hier sitzen wir nun nebeneinander. Ich habe mir eine Zigarette angezündet. Es hilft in wenigen Lebenslagen, die Gegenwart zu ertragen, indem man ein Stückchen ihrer Zeit wegraucht. Ich ziehe ganz langsam und fest an dieser selbstgedrehten Zigarette. Deportieren möchte Scharon die Palästinenser, ist es nicht so? Sie schauen mich bei diesem Gedanken mit einer Mischung aus Kritik und Traurigkeit an. Natürlich, lieber Martin Buber, erinnert das auch mich an das unendlich viel größere Deportations- und Vernichtungsverbrechen, aber das hilft doch jetzt nicht denen, die hier eingeschlossen sind. Sie stimmen zu, die Begegnung ist perfekt. Sie haben nur eine leichte Kopfbewegung gemacht. Ich bin mir sicher, ich habe Ihre Zustimmung. Die Zustimmung des großen Martin Buber, einem der großen Zionisten, der aber den Zionismus nicht als trennend, sondern als zusammenführend verstand. Ich weiß, manche Freunde aus der jüdischen Gemeinschaft halten das nicht für möglich. Ich und Du. Die Palästinenser und die Juden. Die Araber und die Juden. Scharon – ja, das müssen wir uns eingestehen – würde am liebsten in der Nacht einen Deportationszug organisieren und sie alle nach Bagdad oder zu den Kurden „transferieren".

„In dem besetzten Frankreich hatte er einmal beobachtet, wie ein deutscher Soldat einem Jungen einen Apfel schenken wollte.

Der Junge nahm den Apfel und warf ihn verächtlich weg. Eine Geschichte vom Stolz, die der Vater mehrmals erzählte."*

Die arabischen Israelis werden im heutigen zionistischen Staat Israel eher noch misstrauischer angesehen werden. Dieser Staat hat so wenig mit dem alten, von uns seit den 60er Jahren so geliebten Staat Israel zu tun, wohin Hunderttausende von jungen Landsleuten damals zur Mitarbeit in eines der Kibbuzim gingen, wohin so viele zum Studium zogen, wo so viele ihre Pilgerreise oder einfach ihren Erholungsurlaub verlebten. Ja, lieber Ralph Giordano, das ist nicht mehr der Staat, den ich mit Zittern und Bangen und der allergrößten Bewunderung all seiner Pionier- und Heldentaten verehrte: der Staat mit seiner Kultur der Trauer und der Freude, der großen menschlichen Geste, mit der man uns junge nachgeborene Deutsche aufnahm. Wir können nicht zulassen, dass unsere Kinder uns eines Tages den Vorwurf machen: Warum habt ihr geschwiegen? Warum habt ihr das Unrecht, das in Gaza und auf der Westbank geschah, nicht gesehen, sondern nur das Unrecht, das durch die Selbstmordattentäter verübt wurde?

Ich habe mit Schrecken von Hans-Jürgen Wischnewski gehört, dass die israelischen Gesprächspartner der deutschen Seite immer wieder gesagt hätten, die materielle Wiedergutmachung sei eigentlich nicht die, die sie sich von den Deutschen wünschten. Sie erwarteten, dass wir ihre Politik unterstützen, mitmachen. Das sei die wahre Form der Wiedergutmachung.

Da kam ein Samariter des Weges: In Nablus bei den Samaritern

Wir waren bei dem Hohepriester der Samariter, oder Samaritaner, Jefet Schomroni. Er war den Berg bei Nablus eigens bis vor den Checkpoint heruntergekommen, um uns in die Siedlung der Samariter mitzunehmen: Dort leben jetzt etwa 330 Mitglieder, die

* *Am Beispiel meines Bruders*, S.70.

alle nur untereinander heiraten, weshalb viele ihrer Kinder ein bisschen schwachsinnig sind.

Jesus habe gesagt, er werde wiederkommen, um zu vollenden und nicht um zu zerstören. Der Hohepriester – so sagte er uns – ist 82 Jahre alt. Er sei gewähltes Mitglied des palästinensischen Parlaments, könne an den Sitzungen aber kaum teilnehmen, so sehr werde er auf der Fahrt zum Parlament behindert. In der letzten Zeit erst hätten die Militärs ihm etwas mehr Bewegungsspielraum gegeben. Während wir oben auf dem Berg saßen, kamen immer wieder Autos die Straße zu den Samaritern hochgefahren, die ganz offenbar auch den Checkpoint passieren konnten. Wir erhielten die Erklärung später durch Dr. Madschid Naser: In Nablus lebe man ganz ohne Alkohol, aber es gebe doch einen einzigen Ort, an dem man welchen besorgen könne – das sei hier auf diesem Berg, wo die Samariter wohnen, die hier die letzten beiden Jahrtausende überlebt hätten.

Der 82-jährige Hohepriester sah wunderbar aus, würdevoll und charismatisch, er redete in einer tiefen Bassstimme, die etwas herrlich Sonores hatte. So zum Beispiel, als Norbert Blüm wie immer seine Pfeife herausholte und fragte, ob er rauchen dürfe. Der Hohepriester murmelte zustimmend. Die Samariter selbst haben als kleines Volk zwischen Juden und Arabern überlebt, weil sie sehr streng ihren Ritualen folgten. Sie selbst rauchen und trinken nicht.

Wir fragten ihn, ob er auf die weltberühmte Gleichnisstelle über den barmherzigen Samariter stolz sei? Er meinte dazu, während wir im Hintergrund einen israelischen Soldaten poltern und schimpfen hörten, er sei weder stolz darauf noch das Gegenteil. Im Grunde schätze er am meisten die Stelle, wo Jesus mit der Samariterin zusammen gewesen sei. Daher schuldeten die Christen den Samaritern etwas. Es sei schließlich eine Samariterin gewesen, die Jesus Wasser gegeben habe. Der Hohepriester erinnerte sich noch sehr gut, wie die Israelis die Samariter 1967 und in den Folgejahren, als sie noch die Oberherrschaft in Nablus ausübten, eingeschätzt hätten. So wie die Zigeuner in vielen Ländern keinen guten Leumund hätten, so sei es mit den Samaritern in Israel: Sie lebten gottlos, habe man gesagt, und religionslos wie jene. Zu den Deutschen habe er ein besonderes Verhältnis. Er hatte uns zu Anfang gefragt, ob wir aus Stuttgart seien. Wir antworteten, nein, aus Köln. Zum Schluss erzählte er uns etwas – und wir begreifen, warum ihm Stuttgart ein Begriff war: Er fahre einen Mercedes, keinen anderen Wagen, und zwar deshalb, weil es ihm am meisten behage, einen deutschen Wagen zu fahren. Auch wenn der etwas teurer wäre.

Am Dienstag wurde berichtet, die Generalversammlung der Vereinten Nationen habe die Frage des Mauerbaus an den Internationalen Gerichtshof von Den Haag weitergegeben. Die Amerikaner seien dagegen gewesen, die Europäer hätten sich enthalten. Gegen Viertel nach sechs höre ich in meinem Hotelzimmer den Bericht des *Deutschlandfunk*-Korrespondenten aus New York, der den Delegierten aus Israel in der Generalversammlung im O-Ton zitierte: „This is a Jassir-Arafat-Fence. It was only Arafat, who built this fence ..."

Ich jedoch kann den Lesern in Deutschland sagen, dass wir in der Westbank eigentlich nur Angst und Verzweiflung beobachten. Angst bei den Palästinensern, Angst bei den Israelis. Angst bei den Israelis vor den Bomben, die in irgendeinem Lokal oder einem Bus oder einer Disco hochgehen könnten. Angst bei den Palästinensern vor dem israelischen Militär, das sich auch weiter alle Mühe gibt, durch Arroganz und Demütigung abschreckend zu wirken; Angst davor, dass es in dem israelischen Kabinett große Fürsprecher für ein Deportationsprogramm gibt, wie zum Beispiel den Brigadegeneral a. D. Effi Eitan, der dieses „Transferprogramm" entwickelt hat. 46 Prozent der Bevölkerung seien dafür, wurde uns erzählt.

Die Fahrt von Nablus nach Dschenin

Wir brachen an diesem Morgen des 9. Dezember 2003 vom Hotel Jasmin in Nablus nach Dschenin auf. Um 8.30 Uhr war Frühstück, wir waren – außer einer Dame von der UNO – die einzigen Ausländer bzw. Touristen, die hier übernachtet hatten. Wir fragen uns, wie so ein Hotel überleben kann, wenn es doch überhaupt keinen Tourismus mehr gibt. Ist das ein Leben auf Pump? Woher kommen die Gelder, um das alles zu erhalten? Wie viele unserer Freunde gingen wir, wenn keine Ausgangssperre herrschte, am frühen Abend ab und zu in ein gähnend leeres Restaurant zum Essen, damit der Wirt mal wieder etwas zu tun und zu verdienen hatte. Wir langten gern zu und waren fasziniert von Hummus, einem Kichererbsenmus, vermischt mit Sesampaste und Knoblauch, der mit Olivenöl und eventuell Petersilie, (scharfem) Paprikapulver und/oder Pinienkernen serviert wird.

Eine Stunde später waren wir reisefertig und fuhren los. Wir kamen problemlos durch den Checkpoint aus Nablus heraus und überraschenderweise auch ohne Hindernisse oder Aufenthalt am Checkpoint nach Dschenin hinein. Dort wurden wir vom Bürgermeister als große deutsche Delegation im Rathaus empfangen. Wir hatten uns vorgenommen, keine Gespräche auf hoher oder höchster Ebene zu führen, sondern nur mit der „Basis", damit unser Besuch nicht missbraucht würde. Aber den Termin beim Bürgermeister nahmen wir doch wahr. Wir hätten auch nicht ablehnen können, dafür war dieser kleine Empfang zu menschlich und großzügig, als Willkommen in der Stadt, die traurigerweise 2002 in die Schlagzeilen der Weltmedien gelangte.

Wenn Sie, Martin Buber, das hier sehen würden, wenn Sie sehen würden, wie die jungen Schnösel von israelischen Soldaten alte Frauen, die mit schwerem Gepäck beladen sind, herumkommandieren, Sie würden sich im Grabe umdrehen. An den Checkpoints wurde eine bedrohlich wirkende Menge von Zementblöcken aufgeschichtet. Wir hatten uns mit der Ambulanz bis zum ersten Platz vorgearbeitet. Ich hasse es, in einer Ambulanz zu fahren, also zu mogeln und Privilegien, die dem Roten Kreuz oder dem Roten Halbmond eingeräumt werden, zu missbrauchen. Ich muss es noch einmal sagen – ich hasse es! Aber ich konnte es jetzt auch nicht mehr verhindern. Als Touristen hätten wir sonst nicht mehr durch das Land reisen können. Aus reiner Fürsorge hat Israel es verboten, dass Touristen sich auf der Westbank und im Gaza-Streifen umsehen. Sie dürfen sich in den besetzten Gebieten nicht mehr aufhalten, weil sie sonst angeblich von den Arabern umgebracht würden.

Auch Faten Mukarker erzählte uns, dass sie gemogelt habe, als sie das letzte Mal über Tel Aviv ausreisen wollte. Das war im April 2004. Sie kam an dieses Haus in der Nähe von Hebron, wohin sich jeder Palästinenser wenden muss, der aus seinem eigenen Land heraus will. Man kann nur noch über die Allenby-Brücke und dann über den Flughafen Amman aus dieser eingeschlossenen Welt heraus. Tel Aviv ist – so sagte uns Faten – verboten. Es würden nur noch humanitäre Gründe gelten, um hineingelassen zu werden. Also erzählte sie dem jungen Soldaten, dessen Mutter sie hätte sein können: „Ich muss wegen einer Knieoperation nach Deutschland." Das sei kein humanitärer Grund, fauchte der Beamte, das heißt, der Soldat. Auf der Westbank gibt es Israelis nur als Soldaten. Oder als Spione. „Was ist denn ein humanitärer Grund?", wollte Faten von dem Soldaten wissen. „Herzinfarkt." „Das ist ja komisch, mit einem Herzinfarkt kann ich ja gar nicht mehr in ein Flugzeug hinein ..." So schwindelte sie, redete weiter von dieser Knieoperation, die irgendwie auch nur fingiert war. So wie wir jedes Mal bei der Ausreise nach Deutschland schwindeln müssen, weil man besser nicht zugibt, dass man bei den Palästinensern gewesen ist.

Dschenins Bürgermeister Walid A. Mwais ist ein schöner, typisch arabischer Mann. Ein hochrangiger Offizieller der Palästinenser: Schöne Reden, aber nichts dahinter. Er schilderte uns die Lage der durch das Massaker vom letzten Jahr bekannt gewordenen Stadt. Nach Dschenin durfte keine UNO-Untersuchungskommission kommen – auch Kofi Annan hatte das nicht geschafft.

Und auch wir mussten wieder einmal drei Dinge festhalten:

1. Wir stehen zum Existenzrecht Israels.

2. Wir sind gegen die Selbstmordattentate, die Scharons letzte Verbündete sind.

3. Wir halten sehr viel von zivilem Widerstand. Moral ist stärker als Waffen.

Norbert Blüm erzählte wieder von der Solidarnosc, die allein mit der Kraft ihrer großen moralischen Idee das gesamte Sowjetregime gestürzt habe. Er saß da in seiner ganzen Buddha-ähnlichen Einfachheit, aber immer mit diesem unbeugsamen Mut. Oft habe ich daran denken müssen, dass Sie, Martin Buber, an diesem einfach gebliebenen Menschen, Politiker und Schalk großen Gefallen gefunden hätten. Er verkündet, wo er geht und steht, den obengenannten Dreipunktekatalog. Norbert Blüm war jetzt wieder in seinem Element: Wir sollen eine Welt schaffen, in der niemals mehr die Enkel der Opas getötet und ermordet werden ... Sagte es und lächelte seinem Gegenüber zu, der auch ein Opa mit Enkeln war. Man weiß nicht, wie viele Menschen an dem Platz umgebracht und wie viele Häuser durch Bulldozer vernichtet worden waren, an den wir uns anschließend begaben. Sicher ist aber, dass hier der Kampf zweier intransigenter Kulturen stattfand. Wobei ich das Wort „Kulturen" gleich wieder zurücknehme. Es war ein barbarischer Kampf, der hier stattgefunden hatte. Ein Film, der darüber gedreht worden war, durfte bei ARTE nicht gezeigt werden. Die Tatsache, dass so viele französische Juden vor diesem Film Angst hatten, hatte seine Ausstrahlung verhindert.

Dschenin war der Ausdruck einer letzten, allerletzten sturen Ablehnung Israels, Teil der Weltgemeinschaft zu sein. Man konnte das verstehen, denn die Juden sind in Europa verraten worden, selbst die Siegermächte haben sich nicht mit Ruhm bekleckert: Sie hätten die Rampen von Auschwitz bombardieren können, aber sie haben es nicht getan.

Nablus-Hospital: 10. September 2003

In Nablus hatte es gegenüber unserem letzten Besuch vier Monate zuvor eine gravierende Verschlechterung gegeben. Am 10. September 2003 drangen israelische Soldaten, die auf dem Berg oberhalb von Nablus stationiert waren, in einem Gemüselieferwagen getarnt in den Vorhof des Regierungskrankenhauses Rafidia ein. Am Eingang der Notaufnahme befand sich, da nicht viel zu tun war, nur wenig Personal. Die Soldaten drangen mit hochmodernen Waffen, Schnellfeuergewehren mit Laserpointern, in das Krankenhaus ein und zwangen das Krankenhauspersonal, auf das sie die Laserpointer richteten, sich in einen Raum zu begeben. Während zwei Soldaten dort das Personal bewachten, machten sich die anderen Soldaten durch die Korridore des Krankenhauses auf den Weg zur Intensivstation. Dort lagen zwei junge Männer zwischen 20 und 25 Jahren, die einige Tage zuvor bei einer Verfolgung durch israelisches Militär verletzt worden waren. Einer von ihnen hatte eine mehrstündige Operation hinter sich. Der Schuss war von der rechten Seite her eingedrungen und hatte seine Leber, seine Bauchspeicheldrüse und die linke Niere verletzt. Er war seit drei Tagen an ein Beatmungsgerät angeschlossen. Der andere Patient hatte rechts einen Armschuss und dadurch eine Nervenverletzung erlitten und war auch seit fast zwei Tagen an ein Beatmungsgerät angeschlossen. In dieser Nacht, in der sich die beiden etwas stabilisiert hatten und erstmals ohne künstliche Beatmung auskamen, wurden sie entführt. Einem Angestellten des Krankenhauses gelang es während des Überfalls unbemerkt, den Krankenhausdirektor anzurufen und über den Vorfall zu informieren. Am Morgen danach war die Stimmung der Krankenhausmitarbeiter von Wut und Ohnmacht geprägt. Israels Armee ist leider zu einer kaltblütigen Unterdrückungsmaschinerie geworden.

"To survive, Israel must use torture ..."

Der Weg aus Israel heraus ist immer belastet durch die Sicherheitshysterie, die der Besucher, zumal der deutsche, durchaus gut verstehen kann, aber irgendwann wird es einem trotzdem zuviel. Auch weil man erkennt, wie unsinnig die Befragungen des Sicherheitsdienstes sind. Eigentlich geht es den Geheimdienst nichts an, was man dort gemacht hat. Aber da man natürlich schon weiß, worauf er Wert legt, fingiert man und kann ihn auch manchmal austricksen. Als ich in den 80er Jahren sehr oft in Israel war, gab mir einmal der Leiter des ökumenischen Studienganges P. Immanuel Jacobs in der Dormitio-Basilika des Benediktinerordens, wo sich immer Theologiestudenten aus aller Herren Länder aufhielten, eine hebräisch geschriebene Bestätigung: Ich hätte als Dozent bei diesem Studiengang eine Vorlesung über die „black Jews", die „Fallachas" aus Äthiopien, gehalten. Als ich das Papier vorzeigte, brauchte ich kaum noch den Koffer aufzumachen, so sonnenklar war mein Fall, so eindeutig einzuschätzen war ich plötzlich in den Augen des Schin Beth, des israelischen militärischen Abschirmdienstes. Klarer Fall von Chuzpe.

Dieses Mal kamen wir gut durch: man hatte uns angehalten, bevor wir in das Flughafengebäude hineingingen, und gebeten, bei einer Fortbildung der Sicherheitsagenten am Flughafen mitzuspielen. Wir, Winfried Seibert und Rupert Neudeck, sollten die Pässe tauschen, damit herausgefunden werden konnte, ob der Flughafenlehrling durchschaute, dass da jemand kam, der nicht den richtigen Pass hatte. Das taten wir mit Wonne und haben uns also für unser ganzes Leben diskreditiert: Wir waren zehn Minuten Mitarbeiter des Mossad. Winfried S. nahm meinen Pass und ging, ohne sich irgend etwas von meinen Daten einzuprägen, auf die Immigration zu. Nach einer Weile kam die junge Fortzubildende heraus. Sie hatte tatsächlich mitbekommen, dass an diesem Winfried Seibert etwas nicht ganz in Ordnung war, denn der wisse ja noch nicht mal sein Geburtsdatum ...

Ich las auf der Abflugebene des Flughafens in Tel Aviv, dort, wo das Aufatmen der westlichen Besucher nach Bewältigung aller geheimdienstlichen und anderen Kontrollen unüberhörbar ist, einen Brief. Der geniale Literaturwissenschaftler George Steiner hatte ihn der Zeitschrift *Azure* als Antwort auf einen dort im Sommer erschienenen Artikel mit dem Titel „George Steiners Jewish Problem" geschrieben. Man könnte, fällt mir ein, auch Ihnen, Martin Buber, einen solchen Aufsatz gewidmet haben, haben Sie sich doch gegen wesentliche Abweichungen vom Judentum und vom urzionistischen Gedankengut immer mit Klarheit und Entschiedenheit verwahrt. Um zu überleben, müsse Israel Folter und systematische Erniedrigung seiner Nachbarn und Feinde anwenden, so beginnt der Brief mit unerbittlicher Klarheit. Um zu überleben, würden Mauern und Todesgräben gebaut, würde ein ganzes Volk in Kollektivhaftung genommen und eingeschlossen. In den letzten zweitausend Jahren seien die Juden niemals in der Lage gewesen, andere Menschen foltern zu können. Das sei ihre unvergleichbare Auszeichnung und Mission. Israel habe alle Juden, wo auch immer sie jetzt leben, dieses Privilegs beraubt. Für ihn, stellte Steiner fest, falle jedes menschliche Wesen, das ein anderes foltere, von der Menschheit ab. Er fügte diesem kurzen Brief zwei Zitate an. Eines von Baal Schem Tov: „Die Wahrheit ist immer im Exil. Sie muß wandern." Das andere Zitat war von Chaim Weizmann: „Scatter us and we are the earth's fertilizer. Put us in a heap and we are dung" (Zerstreue uns über die Erde und wir sind Dünger. Kehre uns zusammen auf einen Haufen, dann sind wir Mist)*.

Das würden Sie, Martin Buber, nicht mitgetragen haben. Aber vielleicht würden Sie es heute, 2004, anders lesen, ganz anders als zu Ihrer Zeit unter der erdrückenden Last des Holocaust, den wir ja damals noch „vor die Tür gekehrt bekamen" und nicht wussten, wie wir ihn „verarbeiten" sollten - was für ein schreckliches Wort. Diese beiden Zitate, so George Steiner, seien Ausdruck des unsterblichen Genius des Judentums. Weder Mr. Sagiv (Autor des Artikels „George Steiners Jewish Problem") noch Mr. Scharon scheinen mir ein vergleichbarer Ausdruck dieses Judentums zu sein. Wir leben mit diesem und dem anderen Judentum.

* „Ideas for the Jewish Nation". In: *Azure*, Nr. 16 (Winter 2004), S. 3.

Das andere Israel: Dror Etkes

Wir hörten von Dror Etkes, dem Verantwortlichen der israelischen Organisation *Peace Now* für die Überwachung der illegalen Siedlungen, der wie ein Wirbelwind durch die besetzten Gebiete stürmt. Ihm kann ja nichts passieren. Selbst wenn sich die Warteschlangen über Kilometer erstrecken, er hat ein israelisches Kennzeichen am Auto, er hat eine israelische Identity Card, er hat sogar die richtige Religions- bzw. Volkszugehörigkeit, nämlich die jüdische. Ihm kann nichts passieren. Der 35-jährige Etkes rast immer mit seinem ungepanzerten Pick-up in das Westjordanland, um dort zu erkunden, was seine israelischen Mitbürger schon wieder an illegalen Siedlungen gebaut haben. Er hielt sich bedeckt. Wir hatten ihn schon mehrmals durch Checkpoints brausen sehen; er fotografierte, zeichnete, registrierte, kartographierte. „Es wird gebaut wie nie zuvor", berichtete er, während die Regierung von Ariel Scharon so tut, als würde sie einiges abreißen, was nicht genehmigt war. Illegal ist sowieso alles, was hier aufgebaut wird. „Es wird gebaut wie nie zuvor. Die Siedler erobern einen Hügel nach dem anderen!"

Etkes jagte eine noch nicht asphaltierte Straße entlang, die für 120 Mio. Dollar Jerusalem mit den südöstlich gelegenen Siedlungen Nokdim und Tekoa verbinden wird. Diese Straße wird für die 1 200 (!) Siedler den Vorteil haben, dass sie nur ihnen zu Verfügung stehen wird. Die Fahrtzeit nach Jerusalem reduziert sich mit dieser Straße auf nur zehn Minuten. Das Leben der Siedler wird nicht mehr von der Realität des Westjordanlandes oder Palästinas belastet. Sie müssen das gar nicht mehr wahrnehmen. So, wie ich mich genau erinnere, dass die weißen Afrikaander in Südafrika nicht im Entferntesten ahnten und auch gar nicht ahnen wollten, wie es den Schwarzen in den Homelands und den Squattercamps ging, durch die sie auf ihren – „for whites only" und exklusiv nur für sie asphaltierten – Straßen an die vornehme Küste zum teuren Urlaub fuhren. Die Juden Israels kommen mit den Palästinensern nicht mehr in Berührung, auch nicht mit deren Dörfern. Sie jagen über sie hinweg. An manchen Stellen sogar über Brücken. Die Siedler oben, die Palästinenser unten. Was sonst? *Peace Now* argwöhne, so erzählte Dror Etkes, dass diese Straße für 120 Mio. Dollar deshalb so schnell genehmigt wurde, weil der Verkehrsminister Avigdor Liebermann in Nokdim lebe und so schneller zur Kabinettssitzung kommen könne.

Dror Etkes besuchte Anfang Dezember die Siedlung Maale Rechavam, die aus zehn Containern besteht. Eine wilde Siedlung, die aber bei guten Beziehungen schnell legalisiert werden kann. Sie wurde nach dem von palästinensischen Terroristen erschossenen Tourismusminister Rechavam Zeevi benannt. Diese Siedlung, die seit zwei Jahren besteht, müsste, wenn es mit rechten Dingen zuginge, längst von der israelischen Polizei und Armee beseitigt worden sein. Der 24-jährige Izik ist der Führer der Siedlung, der sich mit einer Handfeuerwaffe am Gürtel und fünf wilden Hunden im Gelände bewegte. Izik hatte sich seinen Container für 4 000 Schekel, umgerechnet 800 Euro, gekauft. Dieser Außenposten habe schon, so erwähnte Dror Etkes, auf der Liste der Armee gestanden, um zwangsgeräumt zu werden. Aber passiert sei bis heute nichts. Eine Handy-Gesellschaft habe den zehn Siedlern ein Kompaktangebot gemacht. Das Dorf sei sowohl an das Strom- als auch an das Wassernetz angeschlossen worden. Izik habe sich sich mit Handschlag verabschiedet und einen seiner Hunde gerufen. „Dschihad" nannte er ihn, „Heiliger Krieg".

„Security is very important!" – Das Grundgesetz des Staates Israel

Alles das, was Sie, Martin Buber, im Zusammenleben der Menschen für unumgänglich gehalten hatten, auch und gerade der Menschen unterschiedlicher Herkunft und Couleur, alles das ist hier eingefroren, verboten, untersagt: wegen der Sicherheit.

„Security is very important!" sagte uns der Soldat der IDF am Checkpoint der Armee bei der Einfahrt nach Kalkilia. Und er sagte es so, wie Soldaten, die seit 36 Jahren Besatzungssoldaten sind, das sagen müssen und zu sagen pflegen. Wie alle Soldaten der Welt, die diesen Satz weder hinterfragen noch im Konjunktiv formulieren. Nein, der Satz ist ehern, er ist geradezu staatserhaltend: „Security is very important!" Ja, was ist auch dagegen einzuwenden? Natürlich ist Sicherheit „important". Natürlich sind die Versicherungen wichtig. Natürlich ist die Polizei wichtig, die mich nicht unter einer Laterne krakeelen lässt, wenn ich abends besoffen nach Hause komme. *Security is very important.* Merkwürdig, wie man anfängt, diesen Satz gleichzeitig hassen und lieben zu lernen. Man streichelt ihn und möchte ihn gleich wieder in die Ecke werfen. Warum? Weil dieser Satz voller Selbstgerechtigkeit ist, voll einseitiger, blasphemischer Selbstgerechtigkeit. Wir allein sind bedroht, obwohl ich die anderen mit allem, was ich mir an blitzenden neuen Waffen auf der Welt besorgen kann, in Schach halte. *Security is very important.* Und gemeint ist nur die „security" der Israelis, nicht die der Palästinenser. Und deshalb spricht man auch nicht mehr miteinander. All diejenigen, die nicht verseucht sind von dem staatserhaltenden Sicherheitsdenken, sind auf der Westbank oder im Gaza-Streifen willkommen. Zum Beispiel Amira Hass und Gideon Levy.

Wie schön war es, als mich im Flüchtlingslager von Dschenin ein Junge in dem Haus, wo wir zum Kaffee eingeladen waren, für Uri Avnery hielt: Wegen meines schlohweißen Bartes, der für ihn aussah wie der Bart von Uri Avnery. Nein, natürlich nahm er das gleich zurück. Aber wegen meines kurzen weißen Bartes hatte er sich an die Ähnlichkeit mit dem jüdischen Israeli erinnert. Positiv. Amira Hass hat immer wieder gesagt, was für ein grandioser Unsinn es sei, bei allen Israelis die Angst zu schüren, dass jeder Jude in den palästinensischen Gebieten umgebracht würde. Sofort und ohne Umschweife. Wir hörten, dass es hier im Flüchtlingslager von Dschenin ein Kindertheater gegeben habe, das von einer jüdischen Israelin geleitet worden sei: Jetzt ist dieses kleine Theater durch das Werk der israelischen Armee dem Erdboden gleichgemacht. Das ist das Drama von Israel und Palästina. Weil „Security very important" ist, kann das alles nicht mehr stattfinden. Beide Seiten sehen die Menschen der jeweils anderen Seite als Lügner und Diebe an, die im Zweifelsfall auch die Kinder der anderen Seite – pst! – verspeisen. Klar: „Security is very important."

Der „Gottesfinsternis", einem Ihrer mutigsten Bücher, haben Sie einen Prolog vorangestellt, der mit „Bericht von zwei Gesprächen" überschrieben ist. Sie erzählen, dass Sie in den 20er Jahren an drei aufeinanderfolgenden Abenden in der Volkshochschule der mitteldeutschen Industriestadt Jena über das Thema „Religion als Wirklichkeit" gesprochen hätten. Es sei um Ihre klare Überzeugung gegangen und die erlebte Erfahrung, dass Glaube nicht nur ein Gefühl in der Seele des Menschen sei, sondern sein Eintritt in die ganze Wirklichkeit. Es gab nach den Abendvorträgen – so berichteten Sie – immer eine große, heftige Auseinandersetzung. Dabei sei Ihnen aufgefallen, dass ein Großteil der Zuhörer Arbeiter waren, von denen aber keiner jemals etwas sagte. Zu Wort meldeten sich die flinken akademischen Mundwerksburschen, die Studenten. Am Schluss des dritten Abends sei ein Arbeiter auf Sie, Buber, zugekommen und habe Ihnen gesagt: „Wissen Sie, wir mögen dadrin nicht reden; aber wenn Sie sich morgen mit uns zusammensetzen wollen, könnten wir das Ganze miteinander besprechen." Sie, Martin Buber, waren immer ein begnadeter Hörer und Sprecher. Und es fielen Ihnen ja auch immer die Menschen auf, die ebenfalls eindrucksvoll hören – zuhören – können. Das sei, haben Sie damals geschrieben, selten geworden und am ehesten noch unter Arbeitern zu finden, „denen es ja nicht um die redende Person zu tun ist wie dem bürgerlichen Publikum, sondern um das, was sie zu sagen haben."

Zu diesem Menschen, Arbeiter, gehörte ein kurioses Gesicht: „Auf einem altflämischen Altarbild hat einer von den Hirten ein solches Gesicht. Die Hirten, die sich an der Krippe versammeln und anbeten. Am Ende unseres Gesprächs sagte mir jener Arbeiter: „Ich habe die Erfahrung gemacht, daß ich die Hypothese Gott nicht brauche, um mich in der Welt auszukennen." Ich will weiterzitieren, was Sie damals über den Arbeiter in der mitteldeutschen Kleinstadt geschrieben haben. Und dabei immer daran denken, dass die Israelis und die Palästinenser gegenwärtig solche Erfahrungen nicht mehr machen können. Sie mussten damals in

Jena die Sicherheit erschüttern, mit der dieser Arbeiter mit dem kuriosen Gesicht an eine Welt dachte, in der man sich auskennt. „Welche Welt? Die Sinnenwelt – war sie etwas anderes als das Ergebnis des Zusammentreffens unserer Sinne mit jenen unvorstellbaren Vorgängen, um deren Wesensbestimmung sich die Physik schon immer bemüht? Das Rot, das wir sehen, ist weder in den Dingen noch in unseren Seelen – erst durch das Aufeinandertreffen beider entsteht es und leuchtet so lange, wie ein rotempfindendes Auge und eine roterzeugende Schwingung sich einander gegenüberstehen. Wo bleibt die Welt? Die unbekannten Objekte auf der einen Seite, die scheinbar bekannten Subjekte auf der anderen Seite und beider vergängliche Begegnung – die Erscheinungen. Sind das nicht schon drei Welten?"

Als Buber seine Rede beendet hatte, herrschte in dem nun dämmerigen Raum langes Schweigen. Dann hob der Mann mit dem Hirtengesicht die schweren Lider, die die ganze Zeit über gesenkt geblieben waren, und sagte langsam und nachdrücklich: „Sie haben recht." Und was war Ihre Reaktion? Bestürzung. Was hatten Sie getan? Sie hatten den Mann jetzt zu dem Gott der Philosophen geführt. Aber er war noch lange nicht bei dem Gott Abrahams, Isaaks und Jakobs angelangt. Es dämmerte, es war spät – Sie mussten am nächsten Morgen abreisen. Sie konnten nicht dort bleiben, in die Fabrik eintreten, wo der Mann arbeitete, sein Kamerad werden, mit ihm leben, sein Vertrauen gewinnen, ihm helfen, gemeinsam mit Ihnen den Weg der Kreatur zu gehen, die die Schöpfung annimmt.

Wie, so möchte ich in Hebron schreien, wie würden Sie, Martin Buber, fertig werden mit einer Religion, die sich von den Menschen abwendet? Wie würde der Martin Buber mit Fanatikern der eigenen Religion umgehen, die mit der sie umgebenden Bevölkerung nichts zu tun haben wollen, sondern Unrat auf die anderen werfen und sich verbarrikadieren, um jeglichen Kontakt zu Andersdenkenden zu verhindern?

Ich kann mir nur vorstellen, dass Sie – wie Jesus im Tempel – den Stall ausmisten würden! Ich kann mir nicht vorstellen, dass Sie dabei ruhig bleiben würden.

Die Mauer bei Bethlehem

Die Mauer muss weg

So machten wir uns dann wieder auf den Weg und bereiteten uns auf eine Pressekonferenz im Bonner Presse- und Informationsamt der Bundesregierung kurz vor Weihnachten 2003 vor. Dort übergaben wir der Presse einen Text, der mir als Ausdruck unserer seit Jahren anhaltenden inneren Erregung immer noch ganz gut erscheint. Martin Buber, wie gern hätte ich Ihr leises Kopfnicken erhalten – für diese im Folgenden zitierten Gesichtspunkte, die gegenwärtig und zukünftig beachtet werden sollten:

1. Die palästinensischen Selbstmordattentate haben den Israelis das Leben zur Hölle gemacht. Sie bedeuten nicht nur das Ende aller Moral, denn es werden ohne irgendwelche Unterscheidung Kinder, Babys, Frauen, Schwangere, alte Menschen – schlicht: unschuldige Zivilisten – in die Luft gejagt und ermordet. Sie sind gleichzeitig ein politischer Fehler: Entsprechend dem Wort von Talleyrand zu Napoleon: „Sire, das war schlimmer als ein Verbrechen, das war ein Fehler!" – ist jedes Selbstmordattentat auch eine deutliche Unterstützung der Politik des israelischen Premierministers Ariel Scharon.
2. Die Mauer, fälschlicherweise „fence", Zaun, genannt, wird Israel und den Juden in Israel keine Sicherheit geben. Sie ist purer Landraub. Ganz im Gegensatz zu der propagandistischen Version, die Mauer stelle eine legale Grenzbefestigung des Staates Israel gegen Angreifer aus einem benachbarten Land dar, frisst sich die Mauer in palästinensisches Land. Sicherheit kann nicht der ausschließliche Grund sein.
3. Die sogenannten Siedlungen, teilweise richtige Städte für mehrere tausend „Siedler", wurden nicht auf israelischem, sondern auf palästinensischem Territorium gebaut. Diese Settlements sind schwer bewacht und mit Sicherheitsgürteln bzw. Straßen und Tunneln umgeben, die diese „Wehrdörfer" mit Tel Aviv und Jerusalem, also mit Israel, sauber und ordentlich verbinden. Für die Autofahrer gilt der in anderer Formulierung aus Südafrika bekannte Grundsatz: „For Israelis only." Diese

Der nördliche Zugang zu Bethlehem

Siedlungen werden zum Albtraum der israelischen Politik werden. Sie sind es vielleicht jetzt schon.
4. Der von diesen Städten und Dörfern zersiedelte und zerhackte Raum Westbank oder Westjordanland wird von Tag zu Tag unfähiger gemacht, ein Staat Palästina zu werden. Es fällt schwer, nicht gerade darin den Zweck der Übung zu sehen.
5. Das Ausmaß an Demütigung, das mittels Absperrung aller Orte in der Westbank, aber auch durch die oft entwürdigende Behandlung an den Checkpoints von Israel hervorgerufen wird, lässt Schlimmes befürchten. Demütigung ist immer die schlechteste Politik gewesen, nicht allein aus moralischen Gründen. Demütigung erzeugt die Unbedingtheit eines Widerstandes, der sich auch durch Jahrzehnte nicht von seinen Zielen abbringen lässt. Jedes Volk, das einmal in seiner Geschichte Opfer von Entwürdigung und Demütigung war, weiß das und ist stolz auf seinen Widerstand. Diese Politik Israels ist unklug und unmenschlich. Sie ist entweder blind für die Leiden der anderen oder setzt sich „um höherer Ziele" willen bewusst über die Regeln der Menschlichkeit und das Völkerrecht hinweg.
6. Sowohl Diplomaten als auch Politiker, unter anderem deutsche, gehen davon aus, dass die Westbank in einen funktionsfähigen Staat Palästina umgewandelt werden kann. Mit der voranschreitenden Zerstückelung des Landes und der täglich weitergehenden Landnahme lässt sich absehen, dass dieses Ziel nicht zu erreichen ist. Vor Ort weiß und sieht man das. Wer auf dem Dach der protestantischen Schule *Talitha Kumi* in Beit Dschala steht, kann es beobachten. Wer Frieden für die Region und Sicherheit auf beiden Seiten der Grenzen will, muss die Besetzung und Besiedlung beenden.
7. Wenn die Siedlungen geräumt würden, müssten die Siedler entschädigt werden. Dieses Geld müsste die internationale Staatengemeinschaft aufbringen können. Damit bekämen die zwei Staaten vielleicht Ruhe und Frieden.
8. Beide Seiten haben tiefsitzende, reale Ängste, die kein Vertrauen aufkommen lassen. Die Palästinenser werden von

Die Mauer bei Kalkilia

der Gewalt der Besatzung gedemütigt, die sie als Terror empfinden. Außerdem haben sie Angst vor einem Transferprogramm bezüglich der Deportation von Arabern, das Minister der real existierenden Regierung Scharon (zum Beispiel Effi Eitan) laut in Israel verkünden und das von 46 Prozent der israelischen Bevölkerung begrüßt wird. Die Juden wiederum haben Angst vor den terroristischen Anschlägen. Außerdem befürchten sie die Rückkehr der Palästinenser, welche die Existenz Israels in Frage stellen würde.

Wir sahen auf israelischen Autos Aufkleber folgenden Inhalts: „Wir – die Israelis. Sie – die Araber. Die Lösung: Deportiert die Araber!"

9. Es wird ohne eine internationale Garantie und auch ohne internationalen Grenzschutz durch Blauhelme keine Lösung geben. Israel muss seinen Widerstand gegen die internationale Staatengemeinschaft, ihre Regularien und das Völkerrecht aufgeben.

10. Selbstmordattentate und die Tötung Unbeteiligter sind nicht hinnehmbar. Das gilt auch für die Tötung mutmaßlicher Attentäter durch Israel, die vor keinem Gericht irgendwelcher Attentatspläne überführt worden sind. Keiner der beiden Seiten kümmert sich um das, was die andere Seite erleidet. Der Teufelskreis der Gewalt lässt sich durch immer weitere Gewalt nicht durchbrechen. Der Stärkere sollte nachgeben. Das ist – militärisch betrachtet – Israel.

Rupert Neudeck und Norbert Blüm betrachten den Mauerbau bei Ost-Jerusalem

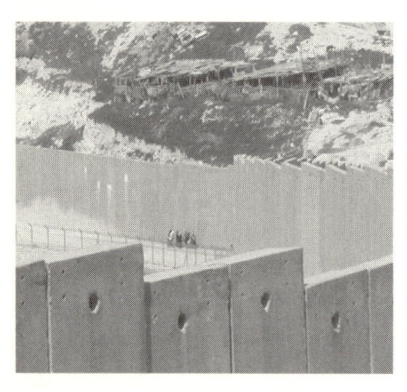

Erste 4 Bilder: Bethlehem Geburtskirche

Bethlehem Geburtskirche

Mauer bei Kalkilia

Bei Bethlehem

Abu Ghneim

Zaunbau östlich von Jerusalem

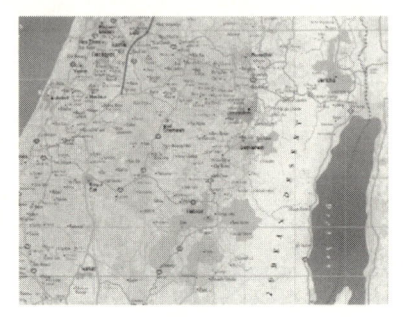

Karte von Palästina

Beit Dschala

Basar in Bethlehem

In Bethlehem

Hamas in Bethlehem

Krippenplatz in Bethlehem

In Bethlehem

Mauer bei Bethlehem

Weihnachtskirche in Bethlehem

Mauer bei Nablus; Müll nahe Bethlehem

Nördlicher Zutritt zu Bethlehem

Mauerbilder

Nördlicher Zugang zu Bethlehem   Bethlehem Peace Center

Trümmer der Polizeistation   „Preemptive Security"

Bei Bethlehem   „Preemptive Security"

Bethlehem   Bei Bethlehem

Hamas-Graffiti

Norbert Blüm

Kinder in Deheische

Mauer bei Gilo

Östlich von Jerusalem

Har Homa

Schuster in Bethlehem

Tunnel bei Gilo

Har Homa

Har Homa

Kindergarten von Har Homa

Norbert Blüm in Hebron

Im Basar von Hebron

Stacheldraht in Hebron

Siedlermüll in Hebron

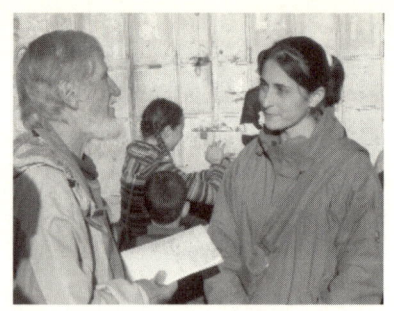

Rupert Neudeck mit Monica Leiva

In Jericho

Siedlermüll in Hebron

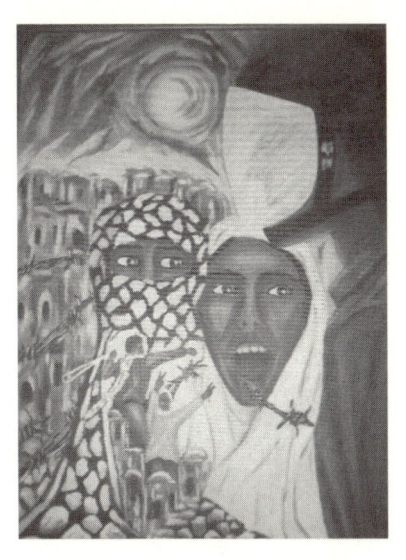

Rechts: In Dschenin

Bethlehem

Kalkilia

Kalkilia

Östlich von Jerusalem

Abu Dis

Bei Nablus

Östlich von Jerusalem

In Abu Dis

Abu Dis

links und oben: Kalkilia

Nablus

Nablus

Bei Jefet Schomroni

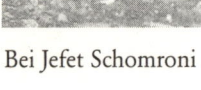

Die Pressekonferenz am 16. Dezember 2003

Anschließend will ich das Protokoll der Statements von uns, Norbert Blüm, Winfried Seibert und mir, auf unserer Pressekonferenz wiedergeben. Die Konferenz begann, nachdem Helmut Hohrmann, einer der ältesten *Deutschlandfunk*-Reporter in Bonn, die Konferenz in den Räumen des Presse- und Informationsamtes der Bundesregierung eröffnet und mir dann als Erstem das Wort gegeben hatte:

„Liebe Kolleginnen und Kollegen,
wir sind in Palästina und in Israel ohne jeden Auftrag irgendeiner gesellschaftlich relevanten Gruppe, einer Partei oder eines Mediums gewesen, ganz in eigenem Auftrag. Und das heißt auch, diese Reisen haben wir selbst bezahlt. Und die Ergebnisse binden auch nur uns drei: Norbert Blüm, Winfried Seibert und mich. Wir sind mehrmals in der letzten Zeit in der Gegend gewesen und beurteilen die Situation also nicht nur aufgrund unseres Besuches in der letzten Woche. Wir müssen Ihnen auch sagen, dass die Lage dort nicht so ist, dass wir mit großen humanitären Projektvorgaben und Anforderungen nach Deutschland zurückkehren.
Erstens: Das Problem für die Palästinenser in den besetzten Gebieten, die wir Palästina nennen, das Problem ist nicht Essen und Trinken, ist nicht die Tonnage dessen, was man an Nahrungsmitteln oder Medizin da hineinbringt. Das ist nicht das Problem der Menschen. Das Problem ist das der totalen Einschnürung. Man kann, wenn man dieser Tage durch das Land fährt – wobei der Ausdruck „fährt" mir schon im Munde stecken bleibt, denn man kann nicht durch das Land fahren ... Man kann es nicht als Tourist, auch nicht als Humanitärer, man kann es schon gar nicht als Bewohner des Landes. Statt dessen wird man an jeder Ecke des Landes, an jedem Checkpoint, an jeder Bergpiste und jeder Straße daran gehindert, sich frei oder auch nur annähernd frei zu bewegen. Um es an einem Beispiel aus dem berühmten Baby-Hospital in Bethlehem zu zeigen: Dort arbeitet die palästinensische Krankenschwester Lubna neben anderen einheimischen

Kräften. Lubna wohnt in Hebron. Nach Kartenlage müsste die Fahrt von Hebron nach Bethlehem in 20 bis 25 Minuten zu bewerkstelligen sein. Die Dauer der Fahrt Lubnas aus Hebron nach Bethlehem zum dortigen Kinderhospital ist aber heute unter den obwaltenden Bedingungen der Einschnürung und der totalen Zerhackung des Landes auf drei Stunden angewachsen; einige Kilometer muss sie zu Fuß gehen. Sie erreicht das Spital erschöpft. Für den Transport muss sie die Hälfte ihres Monatslohns ausgeben. Die Kollegen aus Ramallah werden wiederholt an einem der vielen Kontrollpunkte zurückgeschickt.

Der israelische Journalist Schlomo Lahat schreibt am 5. Januar: „Weil diese Frau an allen Checkpoints aus dem Taxi aussteigen, dann warten muss auf diesen berühmten Finger, der ihr die Möglichkeit gibt, zu den Checkpointsoldaten zu kommen, dann ihre ID zeigen, auf der anderen Seite wieder ein Taxi nehmen muss und so weiter. Alles das geschieht innerhalb des eigenen Landes. Aber ist das das eigene Land? Diese dramatische qualitative Verschlechterung der Möglichkeiten, sich zu bewegen oder auch nur zu atmen in einem Land – die kann man nicht mehr übersehen, man muss darüber berichten."

Zweitens sind wir alle drei der Meinung, dass es die Selbstmordattentate sind, die das Leben der Israelis zur Hölle gemacht haben. Durch die Abwesenheit jeglicher Moral bei diesen Attentaten, auch der Moral der russischen Anarchisten 1905 – oder was immer man aus der Geschichte heranführen kann – ist ein Zustand entstanden, in dem beide Seiten sich in einer totalen Verklammerung befinden. Denn wir können in Deutschland nicht nur über diese Angst auf der einen Seite, der Seite der Juden reden, wir müssen auch über die Angst und die Wut, den Zorn und die ständig gebremste Empörung der Palästinenser reden, die immer nur von der nächsten größeren Unverschämtheit der israelischen Regierung übertroffen wird.

Drittens kommt dazu, dass wir Zeugen eines zeitgeschichtlichen Ereignisses waren, von dem wir Deutschen in unserem Aberwitz und unserer Naivität geglaubt hatten, dass wir ähnliches nie wieder erleben würden. Nämlich dem Bau einer wahnwitzig gigantischen Mauer – die in diesem Fall um bestimmte Gebiete der Palästinenser herumgebaut wird. Wir hatten gedacht, unsere Mauer, die Ende 1989 zwischen den beiden Deutschlands gefallen war, sei die letzte der Menschheitsgeschichte gewesen – wenn man die Zypern-Mauer außen vor lässt.

Wir haben die neue Mauer gesehen, sie ist zweimal so hoch wie die Berliner Mauer (acht Meter) es war und wird alle 300 Meter durch einen noch höheren besetzten Wachturm unterbrochen. Verschiedene Sicherheits- und Stacheldrahtstreifen verbreitern die Mauer nach beiden Seiten. Es ist eine gewaltige Mauer.

Jetzt kommt – viertens – das Entscheidende. Wir konnten mit bloßem Auge die Evidenz erkennen, dass diese Mauer nicht dazu da ist und dazu gebaut wird, Sicherheit zu gewähren. Sicherheit könnte ja nur für die Bürger Israels produziert werden, wenn dieses eine Mauer wäre, die an der völkerrechtlich verbindlichen Grenze zwischen Israel und Palästina gebaut würde. Das ist nicht der Fall. Diese Mauer stellt eindeutig einen Landraub dar. Diese Mauer versucht, dem israelischen Territorium verschiedene Siedlungen einzuverleiben, die in Palästina illegal gebaut wurden.

Abschließend will ich sagen: Wir waren entsetzt, und ich muss es auch noch einmal im Vergleich zu unseren früheren Israel-Erfahrungen sagen, wir waren entsetzt darüber, weil wir uns auch der Konsequenzen klar wurden: Mit welchem Ausmaß an Arroganz und Demütigung diese Bevölkerung Tag und Nacht zu leben hat. Wie viel Demütigung und Beleidigung es für junge Leute in Palästina bedeutet, wenn sie aufwachsen unter den Bedingungen von Ausgangssperren, die in den letzten eineinhalb Jahren an ganzen 190 Tagen verhängt wurden und aufgrund dessen die eigenen Kinder nicht in die Schule gehen konnten. Das ständige Sich-kontrollieren-Lassen, das demütige Bitten darum, dass man durch diesen Checkpoint, durch sein eigenes Land gehen darf – das wird in den Köpfen der Menschen Dinge anrichten, die wir uns lieber nicht vorstellen wollen.

Wir wollen heute der deutschen Öffentlichkeit sagen: Diese Mauer erfüllt den Zweck, der uns von der israelischen Regierung genannt wird, nicht. Diese Mauer kann nur den Graben zwischen zwei Bevölkerungen so sehr vertiefen, dass man gar nicht weiß, wie beide jemals in der Geschichte noch einmal Nachbarländer und Nachbarvölker sein können. Denn das kann man sich in dieser Welt nicht aussuchen. Auf Dauer werden diese beiden Völker Nachbarvölker sein müssen. Sie sind verdammt dazu, Nachbarvölker zu sein, was man eigentlich nur sein kann, wenn man einigermaßen verträglich miteinander lebt. Der entscheidende Plot unserer Pressekonferenz liegt darin, dass wir eine Karte mitgebracht haben, auf der Rechtsanwalt Seibert noch einmal präsentieren wird, was ich mit dem Wort der Zerhackung meine."

Rechtsanwalt Winfried Seibert:

„Seit 1994 war ich immer wieder in Israel und Palästina. Wir haben auf beiden Seiten Freunde, auf der israelischen und der palästinensischen Seite. Aus diesem beiderseitigen Erleben von Angst und Leid habe ich erkannt, dass jede Seite sich nur für ihr eigenes Leiden interessiert, nur noch das eigene Leiden wahrnimmt, sich damit den Blick verschließt für das Wahrnehmen des Leiden des jeweils anderen. Auf beiden Seiten existiert eine psychische Blockade, die aus eigener Kraft allein nicht aufzuheben ist.

Rupert Neudeck hat über die Betonmauer berichtet, die auf dieser Karte rot eingezeichnet ist und nun schon acht Meter Höhe erreicht hat. Ihr weiterer Verlauf ist blau dargestellt, was bedeutet, dass sie entweder bereits gebaut wird oder der Bau geplant ist, und deren weiterer Verlauf nach Süden ähnlich sein wird wie im Nordwesten. Wobei der Verlauf im Osten vermutlich von der Annahmebereitschaft durch die internationale Öffentlichkeit abhängig sein wird – diese Mauer soll parallel zum Jordantal gebaut werden; dann haben wir nicht nur eine, die geteilte, Westbank, sondern wir haben dann viele kleine Einheiten, nicht ganz zu Unrecht von manchen „Bantustans" genannt. Diese Vorstellung von einem „Bantustan" habe ich einmal auf die uns bekannten Verhältnisse im Rheinland übertragen. Man stelle sich vor, die grüne Linie verlaufe westlich von Bergheim, die blaue Linie sei der Rhein. Und das, was Sie eben als rote Linie, also als

Mauer, gesehen haben und was tief in Palästinenserland hineinschneidet, das sehen sie hier weiß-rot schraffiert. Wenn uns jemand erklärt, er brauche diese Mauer, um sich hinter der grünen Linie zu schützen, dann weiß ich, dass das gelogen ist. Es geht bei dieser Mauer vielleicht auch um Sicherheit, um Sicherheit als Vorwand für Landnahme. Dass das völkerrechtlich illegal ist, muss man nicht diskutieren. Dass das für die betroffenen Menschen nicht hinnehmbar ist, ist auch jedermann verständlich.

Wie sie auf dieser Karte sehen können, ist Kalkilia durch die Mauer eingeschlossen; ein einziger Checkpoint hat die Macht, diesen Ort mit 40 000 Menschen zu öffnen oder abzusperren. Als wir vorige Woche vor Kalkilia standen, war dieser Checkpoint geschlossen. Die Bauern müssen über die Mauer klettern, um auf ihre Felder zu kommen. An den Checkpoints werden selbst Notfälle, die in Ambulanzwagen kommen, nicht bevorzugt behandelt. Wir haben von einem Schüler von *Talitha Kumi* in Beit Dschala, gehört, der durch einen Granatsplitter vergleichsweise harmlos am Arm verletzt wurde; er wurde in einen Krankenwagen gesetzt, dann aber an einem Checkpoint so lange festgehalten, bis man den Arm nicht mehr retten konnte. Er hat zwar überlebt, aber seinen rechten Arm verloren, ein Junge von 12 Jahren.

All dies sind Eindrücke, die mich aus drei Gründen belasten.

Erstens belasten sie mich mit Blick darauf, wie man mit den Menschen in Palästina umgeht, wie man glaubt, eine verantwortbare Politik zu betreiben, indem man Menschen jenseits aller Vernunft einfach festhält, demütigt, beleidigt*. Sie haben sicher von dem Buch des ehemaligen israelischen Soldaten Liran Ron-Furer, „Checkpoint Syndrome", gehört** . Er beschreibt, mit welchem Vergnügen und Aufwand man die Quälereien im Gaza-Streifen gesteigert hat, um die Palästinenser am Checkpoint in unwürdiger Weise zu schikanieren. Es kommt hinzu, dass jeder Checkpoint für einen Palästinenser ein großes Hindernis ist, da er dort fünf bis sechs Stunden einfach festsitzt. Die Schwester unse-

---

* S. Nirgad, Lia: Winter in Qualandia. Neu-Isenburg 2005.
** 2003 auf Hebräisch bei Gevanim erschienen.

res Freundes in der Westbank wollte nach Ramallah, um dort ihr Visum nach Deutschland abzuholen, doch musste sie unverrichteter Dinge nach fünf Stunden Wartezeit wieder umkehren, weil der Tag schon vorbei war. Und es kann mir keiner sagen, dass das nicht beabsichtigt gewesen wäre.

Das Leiden der Bevölkerung ist der eine Aspekt. Doch der andere Aspekt ist, dass damit natürlich auch jedes Wirtschaftsleben zerstört wird. Wenn ich meinen Transport von A nach B nicht pünktlich abliefern kann, weil zwischen A und B zwölf Checkpoints sind, wenn ich also nicht weiß, ob ich von A nach B anstatt einer halben Stunde sieben Stunden brauche, dann kann ich mein Unternehmen gleich sein lassen.

Zweitens belastet mich aber auch folgender Aspekt: Die Gesellschaft Israels, die mir in den ersten Jahren meiner Kontakte mit den Menschen dort bewundernswert und z.T. sogar sehr liebenswert vorgekommen ist, diese Gesellschaft gibt es nicht mehr. Die israelische Gesellschaft ist meinem Eindruck nach zerstört; und sie wird noch weiter zerstört werden, weil nach meinem Eindruck diese Gesellschaft, die mit dem gewaltigen moralischen Anspruch angetreten war, im Land ihrer Väter Fuß zu fassen, mit der Rolle der Besatzungs- und Imperialmacht überfordert ist. Zum Glück, aber auch zum psychologischen Nachteil für die Menschen. Und wenn Sie sich ansehen, wie sehr sich die israelische Gesellschaft bis zum bedeutendsten israelischen Buchhändler hinein weigert, Tatsachen anzuerkennen, dieses Buch des Soldaten Furer überhaupt zur Kenntnis zu nehmen, dann sage ich mir: Sie haben Angst, die Verhältnisse so wahrzunehmen, wie sie sind.

Der dritte Aspekt, der mich als Deutschen betrifft, ist die unsägliche Feigheit der deutschen Politik bei diesen Themen. Es hilft keinem, denn Drückebergerei gilt nicht. Die Vergangenheit wird uns ewig belasten, das ist richtig so und wird auch so bleiben. Aber die Vergangenheit kann nicht bedeuten, dass aus schwarz plötzlich weiß wird. Ich habe daraus gelernt: Wo immer auf dieser Welt Menschenrechte verletzt werden, muss ich hingucken und aufschreien. Unsere Politik aber bewertet immer noch die Verletzungen der einen Seite höher als die der anderen und macht den Versuch, diese Verletzungen zu teilen, wir aber müssen dann sagen: Menschenrechte kann man schlecht teilen. Wenn Völkerrecht verletzt wird, werden die Menschenrechte auf beiden Seiten verletzt. Ich muss das sagen dürfen.

Wie will ich denn das Problem, dass Antisemitismus wieder hoffähig wird, bekämpfen, wenn ich nicht sagen kann: da ist in Israel auch etwas nicht in Ordnung."

Neudeck:

„Wir hatten den Eindruck, dass das Gebilde, durch das wir gefahren sind, aufgrund des Zerhacktseins durch die Checkpoints gar nicht mehr die Fähigkeit zu einem Staat hat. Zerhackt durch Straßen und Autobahnen, die nur für Siedler da sind – solche Verhältnisse, auch das kann ich mir und Ihnen nicht ersparen zu sagen, habe ich vor der Befreiung durch Mandela nur im Apartheid-Staat Südafrika erlebt. Weiße Südafrikaner fuhren auf ihren Straßen bis zur schönen Urlaubsküste, ohne wahrzunehmen, wie es den Schwarzen rechts und links in ihren Bantustan-Dörfern ging ... Das gleiche ist auf unendlich kleinerem Raum jetzt zu beobachten. Die Siedlungen werden im Moment wie verrückt weiter gebaut. Trotz der Meldung in der Tagesschau, dass irgendwo zwei Container entfernt werden: der Zuständige der Peace-Now-Bewegung, Dror Etkes, der mit seinem israelischen Wagen durch das Land rast, hat noch einmal bestätigt, dass immer weiter gebaut werde.

Wie aus einem so zerhackten und zerfurchten Raum – mit Absperrungen von Siedlungsräumen hier und dort – noch einmal ein Staat werden soll, ist uns, die wir das Land vor kurzem gesehen haben, schleierhaft. Der Staat Palästina wird unmöglich gemacht, wenn nicht jetzt sofort ein Stoppschild aufgestellt wird, die Mauer nicht weitergebaut wird und überhaupt keine Siedlungen mehr weiter gebaut werden. Sonst wird es nicht mehr möglich sein, diesen Staat zu errichten."

Norbert Blüm:

„Wenn Maria und Josef dieses Jahr an Weihnachten von Nazareth nach Bethlehem gehen wollen, dann kommen sie 2003 nicht mehr in Bethlehem an. Im Unterschied zu vor 2000 Jahren. Sie werden am Checkpoint so lange aufgehalten, bis Weihnachten vorbei ist.

Wir haben nicht mit den politischen Autoritäten gesprochen, nur mit dem Bürgermeister von Dschenin. Das Leben der Palästinenser ist ein Leben der Schikane, der Demütigung und der Unterdrückung. Diese Erkenntnis findet man in keinem Kommuniqué. Ich habe die alte Frau gesehen, die sich nach ihrem Einkauf hochbepackt mit Lebensmitteltüten über einen Geröllhügel in ihr Dorf hinüberschleppte, weil die Straße gesperrt war. Wir waren vor Kalkilia, diesem Gefängnis mit Freigang. Neben mir stand ein Vater mit seinem dreijährigen Jungen, der nach Hause wollte, doch der Checkpoint war geschlossen. Neben uns, hundert Meter weiter, Menschen, die auf ihre Felder wollten – geschlossen! Sie durften weder auf ihre Äcker, noch zu ihren Arbeitsstellen.

In Hebron habe ich gesehen, wie die Leute mit dem kleinen Finger herbeigewinkt wurden, wie einem Palästinenser, der neben mir herging, der Pass abgenommen wurde. Eineinhalb Stunden haben wir gewartet. In Hebron habe ich gesehen, wie aus den schwer bewachten israelischen Wohnungen der Müll auf die unten gehenden Passanten gekippt wurde. Müllentsorgung auf die Köpfe der Palästinenser, die das nur verhindern, indem sie Drahtnetze über ihre Gassen gespannt haben.

Kann mir jemand sagen, was das mit Sicherheit zu tun haben soll?

Ich habe mir erzählen lassen von Schwangeren, die im Krankenwagen lagen und zur Entbindung wollten, und wo die Schwangere dann gestorben ist. Kann mir jemand sagen, was das mit der Sicherheit Israels zu tun haben soll? Das ist systematische Demütigung von Menschen, Schikane, für die ich keine Spur von Verständnis habe. Ich habe die Plakate von der kleinen Christine an den Häuserwänden gesehen, sie wurde vor ein paar Monaten, im weißen Peugeot neben ihrem Vater sitzend, von den israelischen Soldaten in die Luft gesprengt. Sie hatten leider diesen weißen Peugeot mit dem weißen Peugeot eines Terroristen verwechselt.

Damit es keine Missverständnisse gibt, will ich an dieser Stelle betonen: keine Spur von Verständnis für die Selbstmordattentäter. Ich kann mir keinen Gott vorstellen, der ein Wohlgefallen daran hat, dass sich Menschen in die Luft sprengen und Unschuldige mit in die Luft jagen. Und ich erwarte, auch von muslimischen Autoritäten, ein klares Bekenntnis, dass man auf diesem Weg nicht ins Paradies kommt. Salman Rushdie konnten sie ganz leicht mit einem Bann belegen, was ich damals abgelehnt habe. Ich höre bisher relativ offene Ablehnung, aber kein entschiedenes Wort gegen die Selbstmordattentate.

Auch ich will mich der Schlussfolgerung anschließen: Die Mauer muss weg! Die Siedlungspolitik Scharons steht nicht in Übereinstimmung mit dem Völkerrecht und den UN-Resolutionen.

In eigener Sache will ich noch hinzufügen: Ich habe vor Monaten einen Hilferuf aus Bethlehem weitergegeben und dabei den Ausdruck „Vernichtungskrieg" verwendet. Das hat große Entrüstung ausgelöst. Ich ziehe den Begriff zurück. Er hat Missverständnisse und Verwechslungen mit nazistischem Sprachgebrauch ausgelöst. Ich ziehe den Begriff also zurück und ersetze ihn durch „eine verbrecherische Politik Scharons".

Und ich will auch hinzufügen: Ich habe immer zu den großen Bewunderern Israels gehört. Für mich ist Israel nicht ein Staat wie jeder andere. Mit Israel war eine moralische Idee verbunden. Dieses über die Welt versprengte, gequälte, ermordete Volk sucht und findet eine Heimat. Und schafft einen demokratischen Staat, schafft eine Kibbutz-Bewegung, die mit ihren hohen moralischen Ansprüchen gesellschaftsverändernd war. Diesen Staat werde ich immer verteidigen. Die Politik von Scharon werde ich aber ebenso entschieden bekämpfen. Ich tue dies auch angesichts unserer Geschichte. Doch ich kann auch dazu beitragen, dass nirgendwo auf der Welt gequält, schikaniert, gefoltert wird. Damit können sich alle Menschen solidarisieren.

Deutsche Reaktionen

Am 19. Dezember 2003 – drei Tage nach der Pressekonferenz – schrieb uns Reinhard Schlagintweit, der sein ganzes Leben im Dienst des Auswärtigen Amtes der Bundesrepublik Deutschland stand und genau einschätzen kann, wie es um die Beziehungen der Deutschen zu dem Staat Israel steht, einen Brief, den ich hier zitieren möchte:

„Für mich war in der Pressekonferenz der wichtigste Satz, dass es einen palästinensischen Staat schon nach heutigen Gegebenheiten gar nicht mehr geben kann. Ich verstehe Joschka Fischers verzweifelten Trotz-Optimismus – wenn man zum Handeln und Reden verurteilt ist, muss man ein wenig Hoffnung ausstrahlen. Das bringt ein Element der Betriebsblindheit mit sich. Sonst müsste man zurücktreten, ausscheiden oder sich versetzen lassen. Vielleicht ist es ein Zufall, vielleicht nicht, dass dies für mich die entscheidende Erkenntnis nach Oslo war – ein halbes Jahr nach meiner Pensionierung. Ich fand es schlicht unsinnig, die gewählten Vertreter der Westbank, die den unvermeidlicherweise zähen Friedensprozess von Madrid trugen, einfach wegzuschieben und den politisch und besonders finanziell bankrotten Arafat wiederzubeleben. Arafat stimmte, um wieder zu Pfründen zu kommen, der absurden Lösung zu, den Marktflecken von Jericho und das unregierbare Gaza, das die Israelis schon lange loswerden wollen, zum Kern eines palästinensischen Staates zu machen. Ich habe nie geglaubt, dass das läuft, und man sah schon ganz schnell, dass der Joker, der alle ungelösten Fragen auf die Reihe bringen sollte, nämlich ‚Vertrauen', überhaupt nichts wert war. Alle Regierungen, rechte wie linke, setzen die Siedlungspolitik fort und hätten dies auch ohne die Intifada getan. Aber es ist eine Sache, empört zu sein, eine andere, in die Geschichtsbücher zu schauen und zu sehen, wie in der bisherigen menschlichen, auch westlichen, Geschichte solche Fragen gelöst wurden, vor allem dort, wo ein verfolgtes Volk das Gefühl hatte, dass es zwischen Sein und Nichtsein keine bequemen Zwischenaufenthalte gibt. Vieles davon ist gar nicht so lange her. Diese Einsicht zügelt meine moralische Besserwisserei."

Auch möchte ich den Brief zitieren, den ich in der „ZEIT" vom 23. 12. 2003 las, der meine Seelenlage und meinen Berufsweg und parallel dazu meine und unsere Haltung zu Israel besonders genau wiedergibt. Geschrieben hat ihn Lothar Miekley aus Münster. Fast jedes seiner Worte trifft auch für mich und meine Lebenszeit in der Bundesrepublik zu.

„Ich kann nur für mich sprechen, aber ich bin in einer Zeit (Jahrgang 62) und in einem Land groß geworden, wo die Israelis für ihren gloriosen Sieg im „Sechstagekrieg" bewundert wurden. Golda Meir war die große, gütige Führerin eines Zitrusfrüchte anbauenden Volkes mit einer im ganzen Raum einmaligen demokratischen Staatsform. Der heldenhafte, einäugige Haudegen Mosche Dajan verteidigte dieses zukunftsweisende Land und seine vom Schicksal des Vernichtungslagers gezeichnete Bevölkerung mit Chuzpe und Mut gegen ruchlose, weil in der Überzahl befindliche und zudem noch sowjetgesteuerte Araber. Ich las „Exodus", „Der SS-Staat", Kemelmans Rabbi-Stories und andere Bücher, lernte in der Schule die Begriffe Holocaust, Zyklon-B, Auschwitz, IG Farben und ihre Bedeutung kennen, aber keinen echten Nazi oder Juden.

Als der „Jom-Kippur-Krieg" 1973 ausbrach, den ich schon ganz bewusst miterlebte, habe ich mit den Israelis gezittert und die feigen Araber verflucht. Als dann Scharon über den Suezkanal setzte und die Ägypter einkesselte, war das eine wahre Heldentat der Israelis. Großmütig wurde den Arabern in einem Zelt in der Wüste der Frieden und das Leben gewährt. Israel war ein moderner, europäischer Staat mit der besonderen Aufgabe, den Juden in aller Welt einen sicheren Ort zu garantieren, inmitten einer vormodernen, irrationalen Feindeswelt.

Danach ging es mit der Bewunderung bergab. Die Larve Israel entpuppte sich nach und nach nicht als sozialer, demokratischer und gerechter Staat, sondern vielmehr als jüdischer Glaubensstaat für Fanatiker mit dem Ziel, möglichst viel Land zu erobern. Ein Staat, der mit der einheimischen Bevölkerung fast so umgeht wie die Nordamerikaner 100 Jahre zuvor mit ‚ihren' Indianern. Friedliebende Führer des eigenen Volkes werden ermordet. Friedensangebote mit Enteignungen und Burgenbau beantwortet. Der Staat, der das Andenken an die Opfer des Holocaust als seinen Daseinsgrund benennt, baut seine eigenen Ghettos und zieht seinen ‚Draht' durchs ganze Land.

Ich brauche daher keine ‚Tätervolk'-Klimmzüge, um zu sagen, dass ich gegen diese Politik bin. Für mich ist die Enttäuschung groß über eine verspielte Chance, einen vorbildlichen Staat für alte und neue Bewohner des Landes zwischen Golan, Jordan und Sinai zu errichten. Wer aber immer und überall ‚Antisemitismus' ruft, scheint einen Dialog nicht zulassen zu wollen."

Arundhati Roy: Die Politik der Macht

Und es geht weiter: Scharon hat den Plan, die Gebiete zu entvölkern, um dort die Israelis siedeln zu lassen, und das meint Juden. Nichtarabische Israelis, versteht sich. Wie kann Ariel Scharon noch der Freund der arabischen Israelis sein? Man kann die Frage der Gerechtigkeit für die Israelis und die für die Palästinenser auch ganz anders sehen. So wie zum Beispiel Arundhati Roy: Am 11. September 1922 proklamierte die britische Regierung das Mandat für Palästina, eine Fortsetzung der Balfour-Deklaration von 1917, die das britische Empire herausgegeben hatte, während seine Armee sich vor den Toren der Stadt Gaza konzentrierte. Die Balfour-Deklaration versprach europäischen Zionisten eine nationale Heimstätte für das jüdische Volk. Damals, so Arundhati Roy weiter, hatte das Empire, in dem die Sonne nicht unterging, die Freiheit, nationale Heimstätten an sich zu reißen und nach Belieben jedem zu vermachen. Zwei Jahre nach der Deklaration sagte der britische Außenminister Lord Arthur James Balfour – und es stockt mir das Blut in den Adern, wenn ich das lese: „Wir schlagen in Palästina nicht einmal vor, uns der Form halber anzuhören, was die gegenwärtigen Bewohner des Landes wünschen [...] Der Zionismus, ob richtig oder falsch, gut oder schlecht, ist in einer jahrhundertelangen Tradition, in gegenwärtigen Bedürfnissen und zukünftigen Hoffnungen von weit größerer Bedeutung als die Wünsche und Einwände der 700 000 Araber, die dieses Land jetzt bewohnen."

Und was antwortete der spätere Premierminister Winston Churchill?

„Ich bin nicht der Meinung, dass der Hund am Futtertrog das unwiderrufliche Recht auf den Futtertrog hat, auch wenn er dort schon sehr lange liegt. Ich räume auch nicht ein, dass den nordamerikanischen Indianern oder den Schwarzen in Australien großes Unrecht widerfahren ist. Ich räume nicht ein, dass diesen Menschen Unrecht widerfahren ist, weil eine stärkere Rasse, eine höherrangige, eine weltgewandtere Rasse an ihre Stelle getreten ist."

Nicht wahr oder doch nur ein bisschen wahr ist, dass diese Äußerungen Richtschnur waren für die Haltung und Politik des Staates Israel gegenüber den Palästinensern. Aber sie kamen zumindest dessen Bemühungen und Überzeugungen sehr entgegen, die – auch nach der furchtbaren Vertreibung aus dem Land, das einmal Heimat gewesen war – niemals hätten derart entgleiten dürfen. 1969 sagte die Premierministerin Golda Meir: „Es gibt gar keine Palästinenser." Und ihr Nachfolger, Levi Eschkol, meinte: „Wo sind Palästinenser? Als ich hier nach Palästina kam, da gab es hier 250 000 Nichtjuden, größtenteils Araber und Beduinen. Es war Wüste, mehr als unterentwickelt. Nichts."

Ganz gefährlich wird es für uns Deutsche anzuhören, was uns die große indische Autorin über die Verzweiflung der Palästinenser sagt: „Junge Palästinenser, die ihren Zorn nicht im Zaum halten können, verwandeln sich in menschliche Bomben und ziehen durch Israels Straßen und über öffentliche Plätze, wo sie sich in die Luft jagen, Menschen töten, das Alltagsleben mit Terror vergiften und das Misstrauen beider Gesellschaften und den wechselseitigen Hass aufeinander letztendlich noch verstärken. Jede Bombardierung zieht unbarmherzige Vergeltungsmaßnahmen und noch mehr Elend für die Palästinenser nach sich. Aber sich selbst in die Luft zu sprengen, ist ein Akt individueller Verzweiflung, keine revolutionäre Taktik. Die palästinensischen Angriffe terrorisieren israelische Zivilisten, und zugleich liefern sie der israelischen Regierung die Rechtfertigung für das tägliche Eindringen in palästinensisches Gebiet, die perfekte Ausrede für altmodischen Kolonialismus nach dem Vorbild des 19. Jahrhunderts."*

Martin Buber, wie haben Sie Ihre Zeit erlebt? Welcher Art waren Ihre Gefühle, Ihre Aspirationen, Ihre Hoffnungen, Ihre Erwartungen, als Sie sich nach dem allergrößten Einschnitt in der modernen Menschheitsgeschichte an das Leben, Forschen, Studieren und Lehren in Israel gemacht haben? Was haben Sie alles erwartet von diesem Staat, der auf so mehrfach gebrochene Weise zustande gekommen war? Haben Sie das Unrecht gespürt, das darin lag, dass Ihre jüdischen Mitbürger dort einen eigenen Judenstaat aufbauen wollten? Haben Sie sich gefragt, ob es gut ist, diesen jüdischen Staat zu bauen, der von vornherein mit seinen arabischen Mitbürgern nicht von gleich zu gleich umging? Und der damit ja auch ein Stück Ihrer eigenen Leidensgeschichte nicht mehr passiv erlitt, sondern der sie aktiv anderen zu erleiden aufoktroyierte?

Was würden Sie, habe ich mich in Hebron gefragt, was würden Sie sagen, wenn Sie erleben würden, was dort in Hebron von israelischen Soldaten angerichtet wurde? Wenn Sie sehen könnten, dass Unrat von den Wohnungen orthodoxer Juden auf die in den engen Gassen der Altstadt von Hebron herumspazierenden Palästinenser ausgeleert würde? Was wäre Ihre Reaktion, wenn sie vor den Checkpoints der israelischen Armee stehen würden, wo ein Soldat einfach dem palästinensischen Führer unserer Gruppe die ID wegnehmen und erst einmal prüfen lassen würde? Wenn Sie dort hören müssten, dass diese demütigende und beleidigende Prozedur manchmal Stunden dauert? Was würden Sie sagen, wenn Sie erleben müssten, dass diese winzige Gruppe Ihrer Landsleute, die von der israelischen Armee bewacht werden, im Gegeneinanderleben noch massiv bestärkt würde? Wie würden Sie reagieren, wenn Sie erfahren müssten, dass der jüdische Amokläufer – ein Massenmörder wie die meisten der Selbstmordattentäter – am 25. Februar 1994 in der Abraham-Moschee drei Magazine seiner MP leerschoss und damit ganz in der Nähe des Grabes des

---

* Roy, Arundhati: *Die Politik der Macht*. München 2002, S. 380ff.

Erzvaters aller Juden und Araber, Abraham, 29 betende Muslime hinrichtete? Wie würden Sie agieren, wenn Sie erfahren würden, dass dieser Selbstmörder noch heute von manchen ganz besonders geehrt würde?

Ich könnte mir vorstellen, dass Sie für die Verteidigung des Gemeinwesens alles hergegeben hätten. Aber Sie hätten natürlich auch alles getan, um die Gleichbehandlung der Juden und der arabischen Israelis zu gewährleisten.

Die Scham über meine Feigheit bleibt

Es ist wirklich so, dass ich den Freunden aus und in Israel immer wieder sagen muss, wie tief mich die Feigheit meiner Landsleute trifft! Immer wieder habe ich mich gefragt: Wie kann man einem solchen elementaren Impuls wie der Mitmenschlichkeit so wenig widerstehen, wie wir Deutschen das zur Nazizeit getan haben. Und wir haben alle die Schnauze gehalten. Sophie Scholl, deren bewunderungswürdige Courage und heldenhafte Unbedingtheit jetzt – Anfang 2005 – wieder in allen deutschen Kinos gezeigt wird, das kann uns schon den Kopf waschen. Wie armselig feige unsere Eltern und wir wieder sind. Die Gegenbeispiele wie Bonhoeffer, Delp, Stauffenberg, Moltke, Oster u. a. verletzen die Regel nur geringfügig.

Ich kann es nicht begreifen, es bleibt mir immer noch ein Wundmal, das nie vernarben wird in meiner Seele, die ewig unbeantwortbare Frage, wie das geschehen konnte. Und gerade weil ich dieses totale Unverständnis darüber bis heute mit mir herumschleppe, will ich am liebsten sofort jeden in mir aufkeimenden Versuch von Feigheit ausräumen und kappen, wann immer er auch auftaucht.

Ein Buch, das ich jüngst gelesen habe, handelt von der Familie des Dr. Max Schohl in Flörsheim bei Wiesbaden*. Dort gab es eine 50-köpfige jüdische Gemeinde, die eigentlich sehr beliebt war,

---

* Large, David Clay: *Einwanderung abgelehnt*. München 2004.

weil die Flörsheimer Juden, insbesondere die Familie des Fabrikanten Dr. Max Schohl, einerseits den deutsch-preußischen Patriotismus und andererseits das Eiserne Kreuz für Tapferkeit gegen den Feind im Ersten Weltkrieg in sich vereinigten. Darüber hinaus war in dieser Familie ein soziales Engagement zu Hause, das im Aufbau von Suppenküchen für die Ärmsten der Armen in der Zeit des Währungsverfalls, der Inflation und der grassierenden Arbeitslosigkeit gipfelte. Am Nachmittag des 10. Novembers 1938 aber kam es – schlimmer, als wir es von Luis Bunuels unvergesslichem Film „Viridiana" wissen – zu einem Übergriff, den der deutsche Offizier Max Schohl bis dahin für völlig undenkbar gehalten hatte. Um 20 Uhr hatte er seiner Familie gesagt, er gehe jetzt zu Bett. Er war felsenfest davon überzeugt, dass sein Haus nicht angetastet würde, obwohl er mitbekommen hatte, dass die Synagoge verwüstet worden war. Seine deutsche, nicht-jüdische Frau Liesel Schohl rannte die Treppe hinunter, um das obere Stockwerk zu schützen, wo die schwer kranke Großmutter lag. „Du hättest ja keinen Juden heiraten brauchen, du Drecksau!"

Die Vandalen, von denen Liesel Schohl vier Personen wiedererkannte, weil sie ehemals Gäste der Schohlschen Suppenküche gewesen waren, kamen mit Äxten, die durch ihre nagelneuen Schäfte auffielen. Zeichen dafür, wie wohl vorbereitet die spontanen Ausbrüche des antijüdischen Volkszorns gewesen sind. Hela Schohl, die damals 15jährige Tochter, rannte los, um die Polizei zu holen. Der natürliche Impuls eines Menschen, der in einer zivilisierten Gesellschaft aufwächst. Aber die Polizei war zu nichts bereit. Sie hatte Anweisung stillzuhalten. Das Bücherregal wurde umgestoßen, und die gesammelten Werke von Goethe und Schiller flogen auf den Fußboden. Das Gemälde im Flur, das Max Schohl in seiner Offiziersuniform zeigte, wurde aufgeschlitzt.

Das alles geschah im Gefolge des 7. Novembers 1938, an dem der 17-jährige Herschel Grynszpan ein Attentat auf den deutschen Attaché Ernst von Rath verübt hatte, der dann am Nachmittag des 9. Novembers 1938 starb. Falls es zu spontanen antijüdischen Aktionen komme, sollten diese nicht behindert werden, tönte es aus der Reichskanzlei. Der Reporter der „New York Times" in

Berlin beobachtete Plünderer, Vandalen, die einfach zu Weihnachtsgeschenken kommen wollten, wie sie ihm selbst sagten.

Am 10. November kam es um 11.30 Uhr zu einem Vandalenaufruhr gegen die Synagoge in Flörsheim. Der Synagogendiener Willewohl wurde aufgefordert, die Schlüssel herzugeben, was dieser verweigerte. „Einer der Vandalen kletterte auf das Dach der Synagoge, riss den sechszackigen Davidstern aus seiner Verankerung und warf ihn auf die Straße." Kurz darauf kam einer der SA-Vandalen mit einer Gruppe von Flörsheimer Kindern zur Synagoge. Er forderte den Synagogendiener auf, ihn in das Gebäude zu lassen, damit er den Kindern die Zerstörungen zeigen könne. Als Willewohl sich weigerte, schlug der Mann die Tür mit einer Axt ein und führte die Kinder ins Innere der Synagoge. Die Kinder führten die Zerstörung fort. Sie schlugen alles kaputt, was noch intakt war. Anschließend hängten sie sich Gebetsschals um und liefen damit johlend durch die Straßen. Willewohl war wie Hela Schohl der Meinung, er müsse die Polizei benachrichtigen, die aber erschien nicht. Auch nicht, als die sakralen Gegenstände, die man aus dem Gotteshaus herausgebracht hatte, auf dem jüdischen Totenwagen durch die Stadt gezogen und später am Mainufer verbrannt wurden. Was nicht verbrannt werden konnte, wurde einfach in den Fluss geworfen.

Sali Kahn, ein weiterer jüdischer Bürger von Flörsheim, Frontkämpfer wie Max Schohl, hatte das Transparent aufbewahrt, das Flörsheimer Bürger ihm zu Ehren bei seiner Rückkehr aus der Gefangenschaft über die Straße gespannt hatten: „Der Dank des Vaterlandes ist Dir gewiss!" hieß es auf diesem Banner. Das holte er zusammen mit seinem alten Soldatenhelm aus dem Schrank. Er ging bei Anbruch der Nacht zum Main hinunter und warf die beiden Gegenstände ins Wasser.

Hela und ihre Schwester Käthe Schohl waren in ihrem Haus, und es bot sich ihnen ein Bild völliger Verwüstung. Vater Max Schohl, immer noch im tiefsten Inneren davon überzeugt, dass man sich bei ihm und seinem Haus geirrt hatte, wies Käthe an, zu der Nachbarsfamilie Hoffmann zu gehen und Milch für die Großmutter zu holen. Käthe hatte Angst, über die Straße zu gehen, sie kletterte über die Gartenmauer auf das Nachbargrundstück. Und jetzt kommt der Satz, den ich hasse und den ich nie aufhören werde zu hassen. Man gab der kleinen Käthe die Milch und sagte: „Wir schämen uns so!"

Das ist der Satz, der so gratis daherkommt und der mich nachträglich, der ich leider erst 1939 geboren wurde, stumm und wütend macht. Das ist der Grund, aus dem ich meine Kollegen, die linken Journalisten, die Pazifisten und Radikal-Verweigerer nur von ferne bewundern kann. Da ich weiß, dass diese Bestien in uns wohnen und schwelen, möchte ich mich immer darauf vorbereitet halten. In Situationen, in denen ganze Bevölkerungsteile diskriminiert, zusammengeschlagen, seelisch und physisch vernichtet werden, möchte ich mit der Knarre Widerstand leisten, mit Dynamit oder was auch immer. Ich werde hoffentlich nicht stillhalten. So, wie ich jetzt nicht stillhalte.

Ich will mich nicht nur schämen, ich will etwas tun!

Auch in diesem Flörsheim kam es zu grauenhaften Ereignissen. Zu einer gelenkten Volkswut, die nicht angefochten, nicht be- oder gar verhindert wurde. Es gab nur deutsche Mitbürger, die sich hinter ihren Gardinen schämten.

Route 181

Nichts beim Thema Palästina/Israel geht ohne den Namen Martin Buber. Auch in dem viereinhalbstündigen Film „Route 181. Fragmente einer Reise in Palästina-Israel" von dem Palästinenser Michel Khleifi und dem Israeli Eyal Sivan kommt es zu einer denkwürdigen Szene: Ein israelischer Soldat sitzt auf seinem Panzer und fängt an, über Kafkas „Schloss" zu sprechen. Sich den beiden Filmemachern nähernd, erwähnt er Maimonides. Er sei religiös. Deshalb interessiere er sich für die Technologie und die Philosophie. Martin Buber interessiere ihn. Da ist der Name wieder. Ihr Name in einem superlangen Roadmovie. Roadmovie, eine wunderbare Beschreibung für diesen Film. Der Film wird nämlich ganz aus dem Auto und mit einer dürftigen Drehgenehmigung gedreht, immer werden Befugnisse überschritten. Aber da zwei hebräisch sprechende Filmemacher ihn machen und der eine der beiden auch noch israelischer Jude ist, gelingt ihnen ein zum Zerbersten dichter und eindringlicher Film. Immer werden die Soldaten an den Checkpoints gezeigt. Immer sagen die Soldaten: „Kamera aus!", sofort und unmittelbar. Und wird trotzdem weiter gedreht.

Der Film zeigt alles, was man über das verrückte und völlig aus dem Ruder gelaufene Verhältnis der beiden Völker wissen muss. Aus mehreren sehr selbstbewusst dargelegten Meinungen von Israelis geht hervor: Es genügt ihnen, drei Kriege gewonnen zu haben. Wir haben eben gewonnen, „they have lost, we were the winner." Als ob das ausreichen würde, aber ganz offenbar hat sich diese Überzeugung in den Köpfen manifestiert. Wir sind die Gewinner, sie sind die Verlierer. Völkerrecht und ähnliches – Blödsinn, alles Unsinn. Wichtig ist nur: „Wir haben gewonnen." Und, es klingt das alte Argument der Kolonialherren an: Seht her, was wären die Kolonialisierten ohne uns? Ich will es Ihnen verraten, sagt fast jeder: Nichts wären sie. Das ist es, was die Kolonialisierten wissen müssen. Nichts sind sie. Es erinnert mich an den Taxichauffeur in Lissabon 1987, der fast einen Herzinfarkt bekam, als er erfuhr, dass wir nach Maputo, der Hauptstadt von Mosambik, fliegen würden. Was wir denn da jetzt machen wollten, bei denen, die gerade sein Land kaputtmachten? Er wurde wütend. Er wollte uns nicht weiterfahren, er schaute uns an, fuhr plötzlich so, als ob er uns wirklich hinauskomplimentieren wollte, so stark war seine Abneigung gegen uns, die wir tatsächlich in dieses vermaledeite Land des Verrats fliegen wollten.

Und es überrascht, dass diese völlig unerträgliche Lage unter der Besatzung von Seiten der Holocaust-Opfer und ihrer Nachfolger einfach nicht mehr richtig eingeschätzt wird. Die Gesellschaft Israels hat auf eine kaum noch begreifbare Weise ihre Verbindung zur eigenen Unterdrückung und Diskriminierung abgeschnitten und besinnt sich nicht mehr darauf, was in der eigenen Geschichte erlitten und erduldet wurde. Das ist der härteste Brocken, den uns die israelische Gesellschaft hinwirft. Sie betreibt Repression, dass es nur so kracht. Sie vergeht sich in Orgien von Rache. Und wir dürfen uns nicht einmal darüber empören. Ich schreibe das hier aber empört. Denn es geht ja nicht um uns. Ich würde gern etwas „Normales" zu einer so unbarmherzigen Situation sagen können. Ich kann und ich darf es aber nicht. Wir sind Opfer einer heimlichen, uns aufgezwungenen Verschwörung. Über Attentate und Selbstmordattentate muss man sich andauernd empören. Das werde ich auch weiter tun. Allerdings werde ich auch immer die andauernde Demütigung und den Würdeverlust der Palästinenser durch die Besatzung kritisieren.

Über die Zerstörung vieler Häuser, ja ganzer Orte, sollen wir uns möglichst nicht empören. Es gibt in der deutschen Gesellschaft eine heimliche Verpflichtung: Wir sollen uns immer, lautstark und ohne Unterlass, über die Selbstmordattentate empören, und wenn das nicht reicht, auch über die schlimmen und furchtbaren Schulbücher, die vielen Kriege, die die arabischen Nachbarn geführt hätten, um die Juden ins Meer zu werfen. Das alles ist auch notwendig. Aber die Empörungsverpflichtung wird uns vergällt, wenn sie einhergeht mit einer Empörungsverweigerung, die uns auferlegt wird, wenn es um Maßnahmen der israelischen Armee, des israelischen Geheimdienstes und der israelischen Regierung geht. Das hat mit der unsittlichen Zumutung zu tun, der wir – in einer uns moralisch sehr betreffenden Situation – immer wieder ausgesetzt werden: Wir sollten es mit der Wiedergutmachung gegenüber den Juden in der ganzen Welt am besten so halten, dass wir Deutschen uns immer und überall zugunsten der Politik des Staates Israel aussprechen. Davon, so bin ich überzeugt, müssen wir uns angesichts der Verpflichtung der Deutschen verabschieden, denn diese kann nicht darin bestehen, die unrechte und den Völkerrechtsnormen widersprechende Politik des Staates Israel zu unterstützen. Im Gegenteil!

Genau das ist der Zwiespalt derer, die es wirklich gut mit Israel meinen. Die auch nie vergessen können, welche Katastrophe – deren Verursacher wir Deutschen waren – „unser" Israel und die Juden der Welt erlitten haben. Aber wir müssen uns jetzt umdrehen, dürfen nicht mehr nur auf „unser" Israel starren. Wir müssen zur Kenntnis nehmen, dass der Staat Israel nicht nur durch unseren Holocaust, sondern auch durch die Vertreibung der Palästinenser zustande kam.

Der Film befreit, er tut mir geradezu körperlich wohl, denn er zeigt die Wahrheit. Er kommentiert eigentlich nichts, aber er zeigt ungestellte Szenen. Es ist ein Dokumentarfilm, wie ich noch nie einen gesehen habe: Eine so unprätentiöse Art von unsauberem und unperfektem Filmen – das einfache Vorbeifahren und Beobachten –, die diese beiden Autoren betreiben, ist bisher nie da gewesen. Und warum halten es die Zuschauer am Fronleichnamstag des Jahres 2004 in der Kinemathek der Brotfabrik von Bonn-Beul aus, sich vier ganze Stunden diese Bruchstücke des Lebens in Palästina/Israel anzusehen? Weil es eine Offenbarung ist, einmal etwas mitzuerleben, das abseits des offiziösen Diskurses steht. „Auf unserem Weg", sagen die Filmemacher, „haben wir alle Leute zufällig getroffen, wir haben nichts vorausgeplant. Der Film zeigt, wie unsere Fahrt verlaufen ist."

Der ethnisch sehr gesäuberte Süden liegt im Schatten von Gaza, über das man dort nicht spricht. Es gibt kaum noch Palästinenser. Daher äußern sich die Menschen mit einem gewissen Gefühl von Freiheit – weil man unter sich ist. Es gibt so etwas wie Redefreiheit, dennoch ist die Stimmung kämpferisch angesichts des Gaza-Streifens, der Schuldgefühle weckt und vorwiegend nur noch Flüchtlinge „von irgendwoher" beherbergt. Der Gaza-Streifen gleicht, was das Zusammengepresstsein der Bevölkerung angeht, einem Super-Hongkong. Die Vorstellung eines freien menschenleeren Landes geht durch diesen Film ganz verloren.

Die Filmemacher werden gefragt, warum es in ihrem Film so viel Hoffnung gebe. „Wenn man die Mechanismen versteht und die Art und Weise, wie sie funktionieren, kann man sich lösen, einen neuen Weg finden. Zum Beispiel war es für Juden immer möglich, in Palästina zu leben. Vielleicht nur nicht unter den Kreuzfahrern. Ansonsten konnten Juden sich immer in Jerusalem niederlassen und dort leben."

Eine der dramatischsten Szenen des Films findet im Immigrationszentrum statt. Dort sind Äthiopier angekommen, „black

Jews", "Fallachas", mit denen ein richtiger Zirkus veranstaltet wird. Der Staat Israel buhlt ja um Juden. Deshalb freut er sich, wenn irgendwo auf der Welt Juden oder solche, die sich dafür halten, in das *Erez Israel* zurückkehren wollen. Jüngst hätte Ariel Scharon am liebsten alle 600 000 Juden aus Frankreich aufgenommen, um das demographische Ungleichgewicht zugunsten der Palästinenser auszugleichen. Dann hätte er sich die ganze Westbank aneignen können.

Einige der sephardischen Juden, die im Film interviewt werden, wollen gern wieder nach Marokko und Tunesien zurückkehren. Sie sind aufgrund einer kollektiven Hysterie gegangen, aber jetzt würden sie gern zurückkehren in das Land, in dem sie geboren wurden. Also, verbotene Worte, verbotene Sätze, verbotene Statements. Immer wieder verbiete ich mir selbst den Mund: nein, das darfst du nicht sagen, das musst du denken, aber das sollst du nicht sagen.

Was folgt daraus? Kann man diesen Zustand, darf man ihn aufrechterhalten? Nie darf ich so reden wie Amira Hass in der *Ha'aretz* schreibt, nie so, wie Uri Avnery in der israelischen Öffentlichkeit redet. Es geht doch darum, dass sowohl die Israelis als auch die Palästinenser Anspruch auf einen eigenen Staat haben.

Doch zurück zu dem Film, der da an uns vorbeirast: Wunderbar, von den beiden Filmemachern das zu hören, was zu dem Filmerlebnis eins zu eins passt: „Wir hatten vor allem das Gefühl, dass die Leute reden mussten. Wir haben Leute getroffen, die nie gesprochen haben. Wir haben zugehört. Wenn die marokkanische Frau am Ende sagt: ‚Das habe ich nicht mal meinen Kindern erzählt!', dann muss ich mich fragen: Was ist passiert? Warum hat diese Frau mit uns gesprochen? Vielleicht waren wir eine Art Mediatoren. Darum nenne ich den Film eine Art kollektive Psychoanalyse. Deshalb ist der Film eine Viereinhalb-Stunden-Sitzung. Wenn hier Psychologen sind, wissen sie, wovon ich rede." Selten habe ich die fast physische Kraft eines Satzes so körperlich gespürt: „Die Wahrheit wird euch freimachen!"

„Ich bin ein Palästinenser!"

Einen Tag später erlebte ich mit, wie Wilhelm Goller in Beit Dschala seinen Abschied von der Leitung der Schule *Talitha Kumi* nahm. Am 11. Juni 2004 wurde er von den Eltern, Lehrern und Schülern verabschiedet. Und er hielt eine Rede, die in folgendem Bekenntnis gipfelte: In den neun Jahren, sagte Goller, in denen er dort Schulleiter gewesen sei, habe sich viel ereignet. In *Talitha*, in Beit Dschala und der Bethlehem-Region. Aber auch im Land Palästina. Wörtlich meinte er: „Innerhalb des Schulwerks der Evangelischen Kirche habe ich zwei Bischöfen und drei Schulräten gedient." Und: Er vergisst nicht zu erwähnen, dass zwischen 1995 und 2000 sowohl die Orte Beit Dschala und Bethlehem als auch Beit Sahur richtig „wohlanständige", reiche Orte geworden waren. „Leider hat sich nicht alles zum Guten gewendet. Und ich habe Ereignisse miterleben müssen, die mich an Bilder aus meiner Kindheit und Jugendzeit erinnert haben." Goller erzähle daraufhin vom 17. Juni 1953, an dem er als 13-Jähriger Panzer gesehen habe, die in Berlin auf Arbeiter zugefahren seien. Und am 13. August 1961 habe er als 21-Jähriger auf dem Fernsehschirm beobachten können, wie die Mauer in Berlin errichtet worden sei. Historische Vergleiche hinken immer. Aber ein Bild vermisste der große Schulleiter in Beit Dschala: Kaum war 1961 die Berliner Mauer errichtet, da besuchte der US-Präsident Berlin und sprach zu der Bevölkerung. Ein Satz war es, der damals weltweite Berühmtheit erlangte: „Ich bin ein Berliner!"

Goller zum Schluss seiner Rede: „Der vergleichbare Besuch eines Staatsmannes in Palästina ist bisher ausgeblieben. Lassen Sie mich daher in aller Bescheidenheit von meiner Seite aus sagen: ‚Ich bin ein Palästinenser! – Ana Filastini!' Und ich bin sicher, meine Frau Gabriele und unsere Töchter stimmen mit ein und rufen: ‚Wir sind Palästinenser!' Palästinenser, die sich sehnen nach einem Leben in Gerechtigkeit und Freiheit in einem demokratischen Staat."

„Lan Ansakum Abadan"*, sagte Goller ganz am Ende. Ich sage

* Arabisch für: Ich werde euch niemals vergessen.

das auch in der Hoffnung, dass dieses Buch von dem Mitgefühl beiden Völkern gegenüber begleitet wird. Und dass nicht ein Volk meint, es habe ein Monopol auf Zuwendung. Nein, das Wohl beider Völker ist uns durch die Geschichte unseres deutschen Volkes aufgetragen. Wir sollen sie hüten und hegen, wir sollen sie beide nicht vergessen. Wir sollen auch einschreiten, wenn wir beobachten, dass einem der Völker durch das andere großes Unrecht geschieht.

Das alles hat mir fast den Kopf verdreht. Es ist immer wieder die Erfahrung, die auch Tausende von Tagebuchschreibern machen: Man fühlt sich durch eine Darstellung in einem Film oder auch nur durch eine Beschreibung, in diesem Fall die der Rede von Wilhelm Goller, so beflügelt und berauscht, dass man sich trunken fühlt. Man denkt: Das ist die Lösung. Es müssen nur alle erfahren. Das sind ja alles vernünftige Menschen, und wenn das all die vernünftigen Menschen erfahren, dann ist es endlich gut.

Sie, Martin Buber, wären sicher realistischer geblieben. Die Mystik und die Realität, das sind eben doch zwei verschiedene Bereiche. Und Sie, der Mystiker Martin Buber, der Sie von Meister Ekkehard und Jakob Böhme fasziniert waren, verstanden es sehr gut, die mystischen Erlebnisse nicht mit der Realität zu vermischen.

Mein Mitgefühl gehört euch und ihnen

Dennoch: Auch die zu lesenden papierenen Erfahrungen sind nicht alle nur vergebens, denn wir müssen ja irgendwie mit der Kommunikation leben. Am Tag der Fußball-Europameisterschaft, genau am 15. Juni, rief mich Ralph Giordano an. „Wo bist du?" hörte ich plötzlich aus diesem wunderbar kleinen Telefon, dem man den Namen „Handy" gegeben hat. Ich sagte nur: „In dem schönen kleinen rheinischen Örtchen Troisdorf." Während ich herausging auf den Balkon unseres kleinen Häuschens, erzählte er mir, dass er zum ersten Mal ohne Zweck und ohne große Arbeitsaufträge losgefahren sei, nach Irland, und es gefalle ihm dort ganz ausgezeichnet. Er sei mit dem Auto dorthin gefahren, drei ganze Tage. Habe sich dafür ein neues Auto gekauft. Und es tue ihm sehr gut. Jetzt sei er 30 km von der nordirischen Grenze entfernt.

„Ralph, hast Du denn den Martin Buber mitgenommen, wie ich dir gesagt habe?" fragte ich Giordano. Er bejahte. Und ich ermahnte ihn gleich, den Artikel von Mahatma Gandhi zu lesen: „Zur Lage der Juden in Deutschland und Palästina", den dieser 1938 geschrieben hatte. „Mein Mitgefühl gehört durchaus den Juden", schrieb er. So ist das auch bei mir, lieber Ralph. Mein Mitgefühl gehört immer auch euch und dir. Aber eben auch den anderen, den Palästinensern, den Arabern. Warum auch nicht?

Denn ich empfinde auch ein Mitgefühl gegenüber Müttern und Kindern auf dem total überfüllten Gaza-Streifen. Und ich habe kein Mitgefühl für die Militärs. Ralph, wir sollten unsere Freundschaft nie durch irgendeine Meinungsverschiedenheit gefährden. Ich weiß ja, dass Du all das, was Du meinst, ganz tief in Deinem Herzen auf einem ganz ehrlichen und menschenfreundlichen Grund bereitest hast. Ich gehe hinunter. Das Fußballspiel beginnt.

Sensation! Christiansen in der „Bild am Sonntag": „Es ist ein Leben im Ghetto."

Ich erfuhr von dem Artikel Sabine Christiansens in der *Bild am Sonntag* über ihre Reise in die palästinensischen Gebiete Ende Mai/ Anfang Juni 2004. Sie hatte auch den Gaza-Streifen besucht. „Du kannst doch als UNICEF-Botschafterin etwas dafür tun, dass die Träume wahr werden, oder?" So fragten die Kinder und die Mütter, so fragte sie die 11-jährige Rana, die ihr von ihren nächtlichen Träumen erzählte: „Ich sehe einen Garten, in dem die Vögel zwitschern und viele Blumen blühen. Meine Mutter sehe ich lachen, und mein Bruder fährt ein neues Fahrrad." Sabine Christiansen schrieb, seit Beginn der israelischen Militäroffensive im Gaza-Streifen, dem Palästinenser-Gebiet ganz im Süden

Israels, seien etwa 100 Palästinenser getötet worden. Vor einem Abzug aus Gaza wolle die israelische Regierung Nachschubwege und Basen von palästinensischen Terroristen zerstören.

Die Tötung von Zivilisten und Kindern hat aber damit wenig zu tun.

„Sie zerstören mit ihren Panzern und Kampfhubschraubern unsere Häuser, die Krankenhäuser sind voll mit Verwundeten", sagte ihr Dr. Emad Scha'at von der Autonomiebehörde. Sensationell, was die als politisch neutral eingestufte Moderatorin einer der wichtigsten politischen Talk-Shows im Deutschen Fernsehen alles beschreibt. Der Bürgerrechtler Dr. Mamduh Aker äußerte Christiansen gegenüber das, was wir alle sehen, denken und sagen würden, wenn wir Mut und Zivilcourage hätten: „An diesen Checkpoints mit ihren Erniedrigungen für unser Volk rekrutiert die *Hamas* massenweise Selbstmordattentäter, auch und gerade unter Jugendlichen."

In Ost-Jerusalem konnte die deutsche Journalistin die Mauer hautnah erleben: „Ich stehe fassungslos an einer riesigen neun Meter hohen Betonmauer, die diese wundervolle Stadt nun kilometerlang teilen soll. Sie ist so grau wie jene, die früher Berlin teilte." Das Gefühl sei beklemmend gewesen. Dahinter ist Israel, davor stand ratlos der alte Barmann Dschamal. Er hat sein Caféhaus direkt vor dieser „Gefängnismauer". Jetzt könne er es schließen, denn keiner komme mehr an diesen tristen Ort.

Sabine Christiansen traut sich zu schreiben, Israel mauere – von der Weltöffentlichkeit fast unbemerkt – die Palästinenser ein. 621 Kilometer werde der antipalästinensische Schutzwall eines Tages lang sein, wenn er in zwei Jahren vollendet sei. Die israelische Regierung behaupte, so wolle man sich gegen die Selbstmordbomber schützen. Eine Familie rief Christiansen zu: „Wir sehen hier jeden Tag Besucher hochrangiger Organisationen, die entsetzt mit dem Kopf schütteln und dann weggehen. Aber niemand unternimmt etwas gegen diese Mauer, die Familien und Dörfer trennt, uns von Krankenhäusern und unseren Feldern abschneidet."

Sogar zu Arafat ging sie – gegen den Willen der israelischen Regierung – und berichtete darüber: „In seinem Hauptquartier in

Ramallah treffe ich den palästinensischen Präsidenten Jassir Arafat. Im Gespräch bezeichnet er die Situation in Gaza als eine einzige Katastrophe." Und sie zitiert Sätze Arafats, die ihr, wäre sie Journalistin in Israel, schon einen negativen Eintrag in die Personalakte und die Einbestellung ins zuständige Ministerium einbringen würden: „Es ist ein Leben im Ghetto – wo ist der Weg da heraus?" Als Sabine Christiansen ihn fragte, ob er sich vorstellen könne, jetzt wieder nach Gaza zurückzugehen, antwortete er: „Würden Sie dieses Gefängnis gegen ein anderes eintauschen?"

Ein neuer Dreyfuß?
Michael Wolffsohn klagt an

Wenige Tage später, am 25. Juni 2004, las ich auf einem Billigflug nach Berlin-Schönefeld die *Frankfurter Allgemeine Zeitung*. Ein Hinweis auf der Titelseite kündigte einen langen Artikel in der Mitte des Blattes an. Als ich die entsprechende Seite aufschlug, sah ich die auffallend große Überschrift, die Emile Zola 1898 in der Pariser Tageszeitung Aurore verwendet hatte, um die Rehabilitation des unschuldig verurteilten Oberst Dreyfuß zu fordern. Dieser Artikel erschien unter der weltbekannten Überschrift „J'accuse" – „Ich klage an". Wenn sich Michael Wolffsohn, beamteter Professor für Neuere Geschichte an der Bundeswehrhochschule München, ohne Fragezeichen auf diesen Satz beruft, stellt er sich in eine Reihe mit dem französischen Oberst, der zu Unrecht des Hochverrats angeklagt wurde und auf einer Insel im Atlantik im Gefängnis saß.

Der Historiker hatte in einer Fernseh-Talkshow etwas zur Rechtfertigung von Folter bei Verhören von mutmaßlichen und überführten Tätern gesagt. Darauf folgte eine Debatte, die aber schnell abgewürgt wurde, weil deutsche Juden immer etwas weniger hart angepackt werden als andere Menschen. Hätte zum Beispiel jemand wie Günter Grass oder Hans Magnus Enzensberger Folter rechtfertigt, hätte sich grenzenlose Verachtung über sie ergossen. Mit seinem Artikel wollte der Professor sagen: Wir Juden haben es heute besser als zu Zeiten von Theodor Herzl. Dem neuen Deutschland sei dafür Dank. Aber – und das war bislang einzigartig in der bundesdeutschen Geschichte: Angehörige der Bundesregierung geben einen ihrer Bürger, zumal einen jüdischen, regelrecht zum Abschuss frei. Einen jüdischen Bürger, der 1970, im Anschluss an seinen freiwilligen Wehrdienst in Israel, aus dem Judenstaat nach Deutschland zurückgekehrt war.

Dann begann die ganze Suada des beleidigten Historikers und Bürgers, der doch alles sagen kann, dem doch eine Ausnahmeregelung zugute kommen sollte, ist er doch von Israel nach Deutschland ausgewandert, wofür ihm die Deutschen ewig dankbar zu sein haben. Dieser „jüdische Rückwanderer", zudem deutscher Beamter, der sich mehrfach und öffentlich als deutsch-jüdischer Patriot bezeichnet hatte, dürfe sich doch sicher auf die Fürsorgepflicht des Bundesverteidigungsministers verlassen? Also verlangte er ganz unvermittelt und sans gene, der Verteidigungsminister müsse sich hinter ihn stellen, ob er nun die Verbrennung von Hexen, die Anwendung von Folter oder in extremen Situationen auch die Todesstrafe wieder einzuführen fordere. Denn er genieße General-Pardon und von vornherein Amnestie. Ist er doch ein „deutsch-jüdischer Patriot" ... Doch der Verteidigungsminister habe sich nicht hinter ihn gestellt, als er zur Erpressung von Geständnissen bei potenziellen Kriminellen und Terroristen die Anwendung der Folter verlangt habe. Skandal!

„Braune und islamistische Terroristen fühlten sich von echten deutschen Demokraten ermutigt. Das habe er nicht ahnen können, erklärte mir Bundesverteidigungsminister Struck in unserem Gespräch, zu dem er mich eingeladen und nicht, wie von ihm und den Medien verbreitet, ‚einbestellt' hatte. Er hätte es wissen müssen, entgegnete ich, weil er als Politiker seine Gesellschaft kennen und steuern müsse." Doch Struck wiegelte ab, auch er erhalte Morddrohungen. Der Artikel enthielt darüber hinaus eine lange Passage zu dem amtierenden Bundesaußenminister, den Michael Wolffsohn immer Joseph Fischer nennt, die ich hier noch einmal wiedergeben möchte:

„Dass sich Bundesaußenminister Joseph Fischer wie sonst kaum jemand in Deutschland für Israel engagiert, weiß ich, schätze ich, schätzen wir Juden. Trotzdem darf, ja muss man darauf hinweisen, dass jemand, der vor rund dreißig Jahren auf einen am Boden liegenden Polizisten brutal einschlug, heute als Personifizierung von Recht, Moral und polizeilich staatlicher Bekämpfung rechtsextremistischer und anderer Gewalttäter nicht sonderlich überzeugend ist. Weshalb? Weil die Botschaft an die gegenwärtigen Nazis lautet: heute Gewalttäter, morgen und übermorgen Bundesminister. Gerade als deutscher Jude darf man auch erwähnen und, wie ich, herausfinden, dass derselbe Joseph Fischer 1969 bei der PLO in Algier Jassir Arafats Vernichtungsaufruf gegen Israel bejubelt hatte und nun, gut und schön, Wiedergutmachung leistet. Unter grünen Vorzeichen kopiert Joseph Fischer den einst braunen Staatssekretär der Adenauer-Ära, Hans Globke: projüdische und proisraelische Politik als Wiedergutmachung des vorangegangenen Kontrastprogramms." Und – Wolffsohn fügte hinzu: „Man hatte also gute Gründe, gegen mich als Ruhestörer, jüdisch oder nicht (wenngleich vor allem jüdisch motiviert), vorzugehen und meinen Kopf zu fordern, meine beamtete Professur einzufordern, also meine und meiner Familie Existenzgrundlage zu zerstören."

Für jemanden wie mich, der ich in dieser Gesellschaft lebe und auch schon auf heftigste Weise Gegenstand der Medien gewesen bin, eine unglaublich kindische und törichte Bemerkung. Wolffsohn hat überhaupt nichts dieser Art erlebt. Er regte sich lediglich darüber auf, dass ihm als jüdisch-deutschem Patrioten nicht ungeteilte Zustimmung zukam. Die FAZ druckte billigend diesen Text mit den massiven Angriffen auf die Bundesregierung, hauptsächlich auf den Außenminister (der sich klugerweise überhaupt nicht dazu geäußert hat) und auf den Bundesverteidigungsminister. Die *Welt* brachte einen Tag später, am 26.6.2004, ein Interview mit Wolffsohn und billigt dessen Grundthese: ‚Deutsche mal herhören, jetzt wird mein Foltergebrauchs-Vorschlag diskutiert. Und zwar dalli, dalli.'

Empörungsverpflichtung und Empörungsverbot

Ich flog an einem Donnerstag nach Tel Aviv. Es gab viel Aufregung wegen meinem neuen provisorischen Pass, den dort noch niemand gesehen hatte. Es dauerte, ehe ich durchkam. Das ist kein freies Land mehr, die Atmosphäre des freien Israels, die mich in den achtziger Jahren so fasziniert hat, gibt es nicht mehr. In diesen Tagen begegnete ich Gideon Levy, der neben Amira Hass der würdigste Nachfolger von Karl Kraus und Egon Erwin Kisch ist und hier als Journalist für *Ha'aretz* arbeitet. Wir hatten gehört, dass ein Bulldozer der israelischen Armee beim willkürlichen Zerstören eines Hauses einen Rollstuhlfahrer umgebracht hatte, der nicht schnell genug aus seinem Haus hatte herauskommen können. Jetzt erfahre ich von Levy, dass das nicht – wie kolportiert – palästinensische Propaganda war, sondern die Wahrheit.

„Was würde geschehen, wenn ein palästinensischer Terrorist am Eingang einer Wohnung in Israel eine Bombe explodieren ließe und so den Tod eines alten Mannes im Rollstuhl verursachen würde, der später unter den Trümmern seines Hauses gefunden würde?" fragte Levy. „Das Land wäre zutiefst geschockt. Jeder würde über die scheußliche Grausamkeit des Aktes reden und über den, der ihn ausgeführt hat. Der Schock wäre sogar noch größer, wenn bekannt würde, dass die Frau des Toten noch versucht habe, den Terroristen davon abzubringen, das Haus in die Luft zu sprengen, indem sie ihm gesagt habe, es seien noch Menschen darin. Aber umsonst. Die Boulevardpresse würde mit der üblichen, sofort ins Auge fallenden Schlagzeile aufmachen: ‚Mit Rollstuhl lebendig begraben!' Die Terroristen würde man als wilde Tiere brandmarken."

Eine solche Tat aber wurde am 12. Juli 2004 in Khan Junis von einem israelischen Militärbulldozer verübt, im Haus von Ibrahim Halfalla, einem 75-jährigen behinderten Mann. Er hinterließ seine sieben Kinder, als er von dem Bulldozer regelrecht ermordet wurde. Umm Basel, seine Frau, versuchte den Fahrer des schweren Gefährts noch durch Schreien anzuhalten, aber der beachtete sie gar nicht. Das israelische Militär bezeichnete die Mordtat als „ein Versehen, das nicht passieren sollte". Über den Vorfall wurde in der israelischen Presse nur beiläufig berichtet, in der größten Zeitung Israels, *Yedioth Ahronot*, wurde er noch nicht einmal erwähnt. Dagegen wurde die Schauergeschichte aus Frankreich – eine Frau wollte in der Metro einer antisemitischen Attacke zum Opfer gefallen sein, war aber überführt worden, diese Geschichte nur erfunden zu haben – schon am Morgen dick und fett in den Nachrichten gebracht. Dort – so schien es in Frankreich – war es ein Angriff auf unser Volk, meinte Levy. Aber was ist es, wenn die Armee-Bulldozer einen behinderten Palästinenser zu Tode bringen? Das sei eben keine Geschichte für die Presse. Genau wie die Tötung von Noha Makadama, einer im 9. Monat schwangeren Frau, die unter den Trümmern ihres Hauses begraben wurde. So geschah es kürzlich vor den Augen ihres Mannes und der Kinder im El-Bureidsch-Flüchtlingslager. Man möchte seinen Kopf in die Hände nehmen und verstecken. Man möchte schlafen, um so etwas nicht wahrzunehmen.

Aber Gideon Levy ist noch nicht zu Ende, wenn er die Heuchelei und die Doppelmoral im Denken seiner Landsleute attackiert: „Was würde geschehen", wollte er wissen, „wenn ein Palästinenser einen israelischen Universitätsdozenten und dessen Sohn vor den Augen seiner Frau und seines jüngsten Sohnes erschießen würde?" Keine rhetorische Frage, meinte Levy und gab selbst die Antwort: „Genau das geschah vor zehn Tagen im Fall von Dr. Salem Khaled in Nablus. Er, ein Mann des Friedens, rief den Soldaten noch vom Fenster aus zu, dass er die Haustür nicht öffnen könne, weil sie blockiert sei, und er nicht herauskommen könne. Ungeachtet dessen schossen ihn die Soldaten tot, anschließend auch den 16-jährigen Sohn, vor den Augen seiner Mutter und dem 11-jährigen Bruder. Wenn wir in eine solche Tat verwickelt sind und die Opfer Palästinenser sind, schauen wir lieber weg", sagte uns der Ha'aretz-Reporter. Die Journalisten hätten auch kein Interesse daran, weil sie auch nicht dorthin geschickt werden wollten.

Wenn ein deutscher Minister – sager wir Otto Schily – heute abend im Restaurant sagen würde: „Ich mag nicht, dass mich die langnasigen Juden im Restaurant bedienen." Ja, dann wäre zu Recht Europa im Aufruhr. Dieser Satz wäre sein letzter als Minister gewesen. 2001 jedoch sagte der frühere israelische Arbeitsminister Schlomo Benizri von der Schas-Partei: „Ich kann nicht verstehen, warum mich immer schlitzäugige Typen im Restaurant bedienen."*

Ramallah

Ich habe dieser Tage im Juli eine Nachricht von der jüdischen Israelin Dorothy Naor bekommen, die mich ganz sprachlos gemacht hat, so sensationell klang sie. Ich will diese Bitte deshalb genau so ungeschminkt hier wiedergeben, wie sie an mich gerichtet wurde. Dorothy Naor ist eine Eine-Frau-Organisation, wie es jetzt ganz viele gibt, die bei der total zersplitterten Lage der Friedens- und Widerstandsbewegung alle nebeneinanderher arbeiten anstatt miteinander. Die Friedens- und Widerstandsbewegung in Israel ist wahrscheinlich viel stärker, als es in den Institutionen und Organisationen den Anschein hat. Dorothy also, mit der ich einen ganzen unglaublich anstrengenden, aber wichtigen Tag auf der Westbank zwischen Salfit, Harres, Ariel und Mascha verbracht habe, hat mir geschrieben: „Die Dinge werden hier nicht besser. Wir brauchen dich [...] und jeden, der seine Regierungen überzeugen kann. Ich meine alle Menschen, die in Europa sind und die die Europäische Union davon überzeugen können, Wirtschaftssanktionen gegen Israel zu verhängen. Ich weiß nicht ob es möglich ist, Regierungen zu überzeugen, weil zu viele mit der Waffenindustrie, die Waffen oder einzelne Teile von und nach Israel kauft und verkauft, profitable Geschäfte machen. Aber diesem Weg der Anstrengung müssen wir folgen. Alles Gute, Dorothy."

Das hat sich bei mir so heftig in Kopf, Seele und Gemüt eingenistet, dass ich diese Sätze nicht mehr aus meinem Kopf heraus-

---

* Levy, Gideon: *Schrei, geliebtes Land*. Neu-Isenburg 2005.

bekomme. Gleichzeitig kann ich mich nicht von dem Gedanken befreien, dass auf der Westbank täglich weitere Selbstmordattentäter produziert werden. Durch wen? Durch den Staat Israel und durch einige aufgehetzte Organisationen der Palästinenser. Was geschah die ganze Zeit mit dem Dorf Dura al-Qar'? Als wir noch von einem palästinensischen Tourismusministerium sprechen konnten, also im April 2000, hat dieses das Tal von Dura al-Qar' zum Naturschutzgebiet erklärt. Damit sollte dieses wunderbare Dorf in einen Ort verwandelt werden, der Sekem in Ägypten gleichen sollte, der Landwirtschaftskooperative des Alternativen Nobelpreisträgers Abuleisch. Ein Ort, wo die traditionelle Landwirtschaft ohne Chemie, also biologisch-dynamisch betrieben werden sollte. Der Ort befand sich nach Oslo in der Zone C, also unter israelischer Zivil- und Sicherheitsverwaltung. Aber wir waren ja überzeugt davon gewesen, dass die Einteilung in A (palästinensische Kontrolle), B (israelisch-palästinensisches Gebiet) und C nur etwas Provisorisches wäre. Denn nach den nächsten Verhandlungen würde ja klar sein, dass das neue Palästina die Kontrolle über die Stadtzentren, die Ackerflächen und über die unerschlossenen Felder haben sollte. Der Ort Dura ist nur fünf Autominuten entfernt von den boomenden Städten Ramallah und Al-Bireh, in denen die Wohnungsbauprojekte immer ausufernder werden. Am westlichen Rand des Tales entspringen sieben Quellen. Amira Hass, die diesen Ort immer wieder besucht hat, fragte den alten Abu Muhammad Hamdan nach diesen Quellen. „Glauben Sie mir", antwortete er, „im Winter ist das Wasser warm, und im Sommer ist es so kalt, als käme es aus dem Kühlschrank." Abu Muhammad führte uns zu einer anderen Quelle, wohin man stillende Mütter schickte. „Sie trinken das Wasser, und glauben Sie mir, ihre Brüste füllen sich mit Milch." Deshalb heiße die Quelle eben auch Ain al-Dar, das „Haus der Quelle".

Wenn es nach den Plänen des Verteidigungsministeriums geht, wird das Dorf zerstört werden, denn die israelischen Behörden haben entgegen den laufenden Endstatusverhandlungen, die aber inzwischen beendet sind, beschlossen, eine Straße zu bauen, die

Ofra und Beth El verbinden und die Entfernung zwischen diesen beiden israelischen Siedlungen verkürzen soll. Am 10. April 2000 hatte der Haushaltsausschuss der Knesset das Geld bewilligt, und kurz darauf wurde auch schon angefangen zu bauen. Insgesamt hat man zehn Straßen bewilligt und dafür 114 Mio. Schekel bereitgestellt. Die Straße von Ofra nach Beth El wird allein 356 Mio. Schekel kosten. Die entsprechende Bekanntmachung an die Bevölkerung zählt alle Orte und Parzellen auf, die die Straße durchschneiden wird: Al-Bireh, Jifna, Dschelazun (das Flüchtlingslager), Dura al Qar', Ain Jabrud. Alle, die von den daraus resultierenden Enteignungen betroffen sind, sollen innerhalb einer zweimonatigen Frist Einspruch dagegen einlegen.

Besonders verzweifelt sind die Menschen in dem Flüchtlingslager Dschelazun. Die Menschen sind hier meist aus Beit Naballah gekommen, das östlich von Lydda liegt. Abu Suleiman erinnert sich an die Flucht 1948: „Die israelische Armee hatte das Dorf umstellt, ein Flugzeug bombardierte uns aus der Luft, und wir flohen." Alle sind empört. Jetzt müssen sie schon wieder weiterziehen, eine zweite oder dritte Vertreibung. Faiq Hamdan, 41 Jahre alt, ist ein ranghoher *Fatah*-Aktivist, der neun Jahre in israelischen Gefängnissen saß und jetzt für eine Organisation des palästinensischen Sicherheitsapparates arbeitet. Als *Fatah*-Mitglied, so berichtet er uns, hat er die letzten Jahre seit Oslo damit zugebracht, „der Jugend den Glauben an ein friedliches Miteinander mit Israel zu vermitteln. Und nun kommt eine israelische Straße und macht alle meine Bemühungen zunichte. Mit der Straße lehrt Israel sie, dass es nur an einem interessiert ist – an Gewalt!"

Hajo Meyer,
die andere jüdische Stimme in Europa

Meine Begegnung mit Ihnen, lieber Martin Buber, wurde noch einmal ergänzt: Durch das Kennenlernen eines Juden aus Fleisch und Blut, physisch real hier auf Erden anwesend. Wir haben uns mehrmals gesehen und gesprochen. Er heißt, reichlich deutsch, Hajo (Hans-Joachim) Meyer und ist auch von seiner Herkunft her ein Deutscher. Er hat – mir gefriert immer das Blut in den Adern, wenn ich das so sagen kann – Auschwitz erlebt und überlebt. Diese Begegnung ergänzte meine posthume mit Ihnen, Martin Buber, auf das Beste, ja auch auf das Schönste. Immer habe ich Sie, Buber, bei diesen Begegnungen auf uns herab lächeln gesehen, mit großer Güte, mit Sanftmut, auch mit Langmut, denn wir – Hajo Meyer und besonders ich – reden viel, und bei dem vielen, was wir reden, produzieren wir gewiss auch eine Menge Unsinn, den Sie, unser chassidischer Philosoph und Erzähler, manchmal lieber geißeln würden, lebten Sie noch hier bei uns auf Erden.

Wie kam es dazu, dass ich Hajo Meyer kennen lernte? Ich kann den Tag noch genau rekonstruieren, es war Karfreitag 2005. Ben Smoes, der milde und umsichtige Leiter des Friedens- und Versöhnungswerkes in Holland, hatte Norbert Blüm und mich – ja, auf Deutsch sagt man, auf eine so sympathische Weise und mit einer so zuvorkommenden Stimme – genervt, dass wir dem nicht ausweichen konnten. Also kam es zu mehreren Versuchen, uns zu verabreden. Am 25. März 2005 trafen wir uns schließlich um 11 Uhr in der Bonner Weberstraße. Ich war erst skeptisch, denn einen 81-Jährigen kann man ja nicht so einfach mal nach Bonn bringen. Aber es klappte. Und Hajo Meyer schaute uns mit den vergnügtesten und neugierigsten Augen an. Er hatte sein Buch „Das Ende des Judentums – Der Verfall der israelischen Gesellschaft"* mitgebracht und gab es dem – wie er ihn mit großer Geste apostrophierte – „Berufskollegen" Norbert Blüm unter großem Hallo in dem schönen, ruhigen und gut temperierten Haus der Blüms in

---

* Neu-Isenburg: Melzer Verlag, 2005

der Bonner Weberstrasse. Blüm sei ja auch früher einmal Schlosser gewesen. Das Haus der Blüms ist auch schon ein Ausdruck von Blüms Widerstand. Während alle nach Berlin gehen, bleibt er in Bonn. *„Etiamsi omnes – ego non"*, auch wenn alle (das machen), ich nicht. Er bleibt in Bonn am Rhein. Er bleibt auch Freund der Arbeiter und der kleinen Leute.

Das Gespräch ist mir in seinen Einzelheiten noch sehr gut in Erinnerung. Dieses Gespräch war mir nächst den Schriften und Artikeln, die Sie, lieber Martin Buber, geschrieben haben, ein Ereignis. Es war weitaus mehr als ein Gespräch, obwohl mein Gegenüber das nicht ahnen konnte. Es war Therapie und Erlösung, es war – nein, das richtige Wort ist: eine Befreiung. Das Gefühl, dass ich bei diesem Thema ständig feige werde und meine Feigheit ertrage, dieses Gefühl wurde in diesem Gespräch regelrecht (darf ich das so sagen?) ausgerottet. Mit Stumpf und Stil. Dafür bin ich, neben Martin Buber, Hajo Meyer sehr dankbar.

Während der Unterhaltung gab es einige Rückfälle in meine alte Haltung. So hatte ich mehrere Male das starke Gefühl und verspürte fast so etwas wie einen Zwang, Meyer zu sagen: „Nein, Herr Meyer, das dürfen Sie so nicht sehen!" Oder: „Aber nein, das ist völlig unerlaubt, das dürfen Sie so nicht sagen!" Immer wieder kam es mir so vor, als sei das, was Hajo Meyer sagte, etwas Verbotenes.

Er sagte mir immer wieder, wie gut er verstehen kann, wenn sich Palästinenser eingeschlossen und vorverurteilt fühlen, denn Ihnen, den Juden, sei das ja in Deutschland auch so gegangen. Ganz besonders hat mich fasziniert, dass da jemand ist, der nicht mit dieser Brille des von-vorneherein-die-eigene-Sicherheit-wie-einen-Besitz-ängstlich-vor-sich-hertragenden Juden herumläuft, sondern das, was andere Menschen äußern, einfach wahrnehmen und aufnehmen kann.

Ich machte auch ein Experiment, das ich bei deutschen Juden bisher nie gemacht hatte und mich auch nicht zu machen getraut hätte: Ich schicke ihm den Jahresbrief der Palästinenserin Sumaya Farhat-Naser, den diese einmal im Jahr an alle ihre Freunde in der ganzen Welt verschickt, was heute mit dem Internet ja viel einfacher geworden ist. „Seit Wochen nehme ich mir vor zu schreiben, doch wünschte ich mir ständig, es passiere etwas, worüber ich mit Freude berichten könnte", so begann der Brief, auf den die Freunde der Biologie-Professorin von Birzeit, Sumaya Farhat-Naser, immer wieder warten. Meist hatte sie schlechte Nachrichten, und immer sagte uns Sumaya, wie liebend gern sie einmal etwas ganz anderes berichten würde. „Das normale Leben muss anfangen und der gesellschaftliche Aufbau muss angegangen werden können. Wer Frieden will, muss Frieden ermöglichen. Zu viele Menschen sind geknickt und völlig entmutigt. Viele Jugendliche fühlen sich verloren, ohne Halt und ohne Orientierung. Sie sehen das Unrecht, spüren die Ungerechtigkeit und erkennen, wie ihnen Stück für Stück das Land weggenommen wird, ihre Perspektive für die Zukunft vernichtet wird, und sie verfallen in Ohnmacht und Gefühle der Wut und Verzweiflung."

Hajo Meyer war sofort bereit, sich auf die Erlebnisse der Frau, Ehefrau, Professorin und Mutter Farhat-Naser einzulassen. Anders als erwartet, sagte er sogar: Gerade als ein Überlebender von Auschwitz müsse er besonders betonen, wie gut er diese Frauen in Ramallah verstehen kann! Er vertritt genau die entgegengesetzte Haltung wie die überwiegende Mehrzahl der Juden. Er geht innerlich sofort auf diese gedemütigte Frau zu – und lässt ihr Genugtuung angedeihen. „So ist es uns doch damals in Deutschland auch ergangen", sagte er mir immer wieder. Wenn er ihre Geschichte lese, verstehe er, mit welchen Hindernissen alles verbunden sei.

Sumaya Farhar-Naser: „An der Beit-Igza-Schule gab es 350 Oberschülerinnen aus sechs Dörfern. Diese Dörfer liegen westlich von Jerusalem und waren über 35 Jahre völlig vernachlässigt worden. Es mangelt an Infrastruktur, Gesundheitsfürsorge und Wirtschaftsstruktur. Die Straßen sind zerstört und dürfen nicht repariert werden. Diese Dörfer werden nun von einer Mauer umringt, sie werden buchstäblich eingemauert. Die Menschen fangen an, sich wie in einem Gefängnis zu fühlen. Sind sie doch getrennt von ihren Ländereien, die sie nicht mehr betreten und kultivieren dürfen." Sumaya Farhat-Naser machte der Schulleiterin den Vorschlag, in die Schule zu kommen und mit der Abiturklasse, 125 Oberschülerinnen, eine Fortbildung zu machen. Eine Genehmigung war dazu nötig, aber die bekamen sie sofort.

Der Weg zwischen Birzeit, wo die große palästinensische Universität liegt, und der Schule von Beit Igza dauerte früher 40 Minuten. „Heute brauche ich fast zwei Stunden, weil ich sechsmal das Taxi wechseln und jedes Mal einige hundert Meter laufen muss." Überall in Palästina dürfen Privatautos nur in der eigenen Stadt oder nur im eigenen Wohngebiet fahren, nicht mehr zwischen den Orten. „Doch jedes Mal, wenn ich es doch schaffe, einen Ort zu erreichen, fühle ich, wie sich meine Kraft erneuert, und empfinde große Freude, es geschafft zu haben."

Hajo Meyer hatte den Brief gelesen und rief mich voller Sympathie für die palästinensische Briefeschreiberin sofort an, obwohl er diese Frau Sumaya Farhat-Naser ja gar nicht kannte. Doch die beiden, die palästinensische Professorin und der pensionierte jüdische Wissenschaftler, würden sich sofort verstehen. Er las mir noch einmal vor, was die Biologieprofessorin geschrieben hatte: „Wir schaffen Friedenskultur, wir lernen gewaltfreie Kommunikation." Es sei fantastisch zu sehen, wie sehr diese Frauen sich freuen, die Themen, die ihnen am Herzen liegen, anzusprechen. „Sie wollen lernen, sie wollen sich entladen von den Sorgen und dem Kummer, den sie stets mit sich herumtragen. Sie brauchen eine respektvolle Behandlung, deshalb lernen wir, wie wir mit Beleidigungen und Verletzungen umgehen, wie wir unsere Konflikte lösen. Sie wollen ihre Zukunft in die eigenen Hände legen, deshalb lernen wir Selbstrespekt, Stärke und Mut, den Frieden mit sich selbst und anderen zu erzielen und wie wichtig es ist, einen Beruf zu erlernen."

Hajo Meyer ist jemand, der immer das Dialogische Prinzip des „Ich und Du" von Martin Buber praktiziert hat. Voller Bewunderung erfuhr ich von Hajo Meyer, dass er dieses rückhaltlose Begegnen und Wahrnehmen sogar bis ins KZ mitnahm. Selbst im KZ könne man lernen. „I have a degree from the University of Auschwitz" sagten einige, die nach Auschwitz in die USA ausgewandert waren.

Hajo Meyer berichtet uns: „Der Schein trügt oft. Es konnte geschehen, dass ein jüdischer Mithäftling vor Todesangst zum grausamen Kapo werden und seine Kameraden fast oder tatsächlich zu Tode prügeln konnte. Andererseits konnte ein SS-Mann einem Häftling aus Mitleid Butterbrote zuschieben und damit sein eigenes Leben aufs Spiel setzen. Einem solchen mir völlig unbekannten SS-Mann verdanke ich zum großen Teil mein psychisches Überleben." Auch auf persönlicher Ebene habe es Paradoxe gegeben. Rückblickend betrachte er es als Glücksfall, dass er so rasch bis zum Skelett abgemagert und dem Verhungern nahe gewesen war. Im Lagerjargon hieß so jemand „Muselmann". „Mein äußerst geschwächter Körper blendete die naturgemäß fast ausschließlich negativen emotionalen Erlebnisse weitgehend aus, wodurch meine Psyche verschont blieb. Es gab – auch das gehörte zum „degree from the University of Auschwitz" – Augenblicke des Trostes. Zu ihnen gehörte die Musik, zu der wir jeden Morgen durch das Tor aus dem Lager marschierten. Auch wenn es Marschmusik war, war sie gut komponiert und wurde von ausgezeichneten Musikern gespielt."

Es gibt noch etwas, was uns beiden, Ihnen, Martin Buber, wie mir nicht sonderlich gefällt, aber das wir akzeptieren müssen: Man kann auch aus tiefer Areligiosität Kraft schöpfen. Meyer ist auf dem religiösen Ohr nicht musikalisch, er ist kein Gläubiger. Die Überzeugung, dass es kein Leben nach dem Tod gibt, kann ein Ansporn sein, sein Los zu ertragen. Meyer: „Ich war fest davon überzeugt, dass alles, was ich bisher in meinem Leben hatte erdulden müssen, umsonst gewesen wäre, wenn ich sterben würde."

Ja, lieber Martin Buber, was soll ich diesem wunderbaren Menschen sagen? Der so sehr hier im Diesseits, jenseits von Gott, lebt. Sie hätten die richtigen Worte gefunden, um ihn zu überzeugen, dass auch er, Hajo Meyer ein anonym Glaubender ist. Buber: „Man findet Gott nicht, wenn man in der Welt bleibt, man findet Gott nicht, wenn man aus der Welt geht. Wer mit dem ganzen Wesen zu seinem Du ausgeht und alles Weltwesen ihm zuträgt, findet ihn, den man nicht suchen kann." Das ‚Du', so hatte Martin Buber uns gesagt, das Du begegnet uns von Gnaden

– durch Suchen wird es nicht gefunden. Das Du begegnet mir, und ich trete dann in unmittelbare Beziehung zu ihm. „So ist die Beziehung. Erwähltwerden und Erwählen. Passion und Aktion in einem. Wie denn eine Aktion des ganzen Wesens, als die Aufhebung aller Teillösungen und aller Handlungsempfindungen, der Passion ähnlich werden muß. Das Grundwort Ich-Du kann nur mit dem ganzen Wesen gesprochen werden."*

Unser Hajo Meyer hält sich lieber an Friedrich Nietzsche. „Leiden macht stark". Meyer meinte: „In dunklen Zeiten habe ich aus Nietzsches Zitat viel Trost geschöpft. Da die Wahrscheinlichkeit einer Beschädigung jedoch viel größer ist als die der Stärkung und Entwicklung des Leidenden, darf man dem Leiden nicht a priori eine heilsame oder läuternde Wirkung zuschreiben." Die Verdrängung spiele eine große Rolle. Meyer glaubt, dass sie wohl eine größere Rolle spiele als man gemeinhin annehme. In der Einstellung vieler Israelis zu den Palästinensern werde Verdrängung zu einer nicht mehr zu beherrschenden unbewussten Macht.

Wir müssen die Konsequenzen aus dem Holocaust und dieser deutschen Perversion ganz sicher anders ziehen als wir es bisher meinten. Wir dürfen nicht zulassen, dass jemand vergewaltigt oder gedemütigt wird. Und wenn er von einem Juden aus Israel gedemütigt oder erschossen wird, ist das ein ebenso großer Skandal, als wenn er von jemand anderem gedemütigt wird. Oder – noch schlimmer – verachtet wird. Denn Verachtung kann sich nicht ins Gegenteil verkehren. Hass aber kann sehr wohl in Liebe umschlagen.

Hajo Meyer geht in seinem Denken unmittelbar von seinen Erfahrungen und Erkenntnissen aus der furchtbaren Zeit rassistischer Brutalität aus und zählt deshalb den Staat Israel nicht zu der Liste der vorbildlichen Demokratien: „Der Staat Israel hat sich selbst in ein großes Ghetto eingemauert. Dieses ist seinerseits umgeben vom größten Gefängnis der Welt. In ihm sind Millionen Palästinenser eingeschlossen, die durch vier Jahrzehnte kontrapro-

---

* *Ich und Du*, 1985.

duktiver israelischer Politik wütend, verbittert und vor allem hoffnungslos geworden sind. Auch wenn die Palästinenser durch die verbrecherischen anarchistischen Terroranschläge auf unbewaffnete Bürger für den heutigen beiderseitigen Zustand der Hoffnungslosigkeit mitverantwortlich sind, so tragen die Israelis doch den weitaus größten Teil der Verantwortung. Sie haben ja ihren kontrollierbaren Staatsterrorismus immer wieder eingesetzt, um die Spirale der Gewalt sich unaufhaltbar weiter drehen zu lassen. Durch diese Situation kann ein vernünftiger Mensch kaum dem Staat Israel weiterhin dessen ursprünglich wichtige Rolle als sicherem Hafen für Juden in Not zubilligen. Kein an humanitäre Werte glaubender Jude kann noch mit Stolz auf dieses Land blicken, auf ein Land, das auch für ihn gedacht ist. Er kann sich nur schämen oder sich völlig abwenden."

Ich bin durch Martin Buber und Hajo Meyer wieder auf den rechten Weg gebracht worden. Beide haben sich in einer Weise sympathisierend für die Sache aller Völker und Menschen im Nahen Osten gezeigt, dass mir seit dieser Zeit klar geworden ist: Der Mauerbau, wie er gegenwärtig betrieben wird, ist ebenso wenig eine Lösung wie die Konstitution des Staates Israel als mono-ethnischer und mono-religiöser Staat. Das allgemeine Schuldgefühl, das die ganze westliche Welt nach dem Holocaust zu Recht beherrschte, machte es möglich, dass Ben-Gurion am 14. Mai 1948 die Proklamation des Staates Israel in einem Teil Palästinas verkünden konnte und dass diese Proklamation in weiten Teilen der Welt Anerkennung auslöste.

In einem Vortrag während der Leipziger Buchmesse im März 2005 hat sich Hajo Meyer die Frage noch einmal schwer gemacht, die ich dem alten Martin Buber erst nach meinem Tode werde stellen können. Die Frage nämlich, ob die Gründung des Staates Israel ein Segen für die Juden wie auch für die Welt war. Hajo Meyer scheint mir in seiner Antwort einen ähnlichen Weg zu gehen, wie ich es von den nachgelassenen Schriften des Martin Buber her erkennen kann: Die Antwort, sagte Hajo Meyer in Leipzig, werde für ihn nach nunmehr fast 60 Jahren immer schwieriger:

„Die Antwort fällt mir und anderen Juden darum so schwer, weil es sich erwiesen hat, dass Israel als Staat einen völlig anderen Weg gegangen ist, als sich dies die dem guten Judentum zugetanen Menschen erhofft hatten."

Für die kolonialistische Gesellschaft?

Für Hajo Meyer trat das, wie er sagt, spätestens am 11. Juni 1967 ganz deutlich zu Tage, als der israelische Generalstaatsanwalt Michael Ben-Yair schrieb: „Wir entschieden uns enthusiastisch dafür, eine kolonialistische Gesellschaft zu werden, die internationale Verträge ignoriert, Land enteignet und israelische Kolonisten in die besetzten Gebiete schickt. Wir engagieren uns bei Raubzügen und fühlen uns auch noch zu all diesen Handlungen berechtigt. Leidenschaftlich wünschen wir, diese besetzten Gebiete zu behalten. Zu diesem Zweck haben wir zwei Rechtssysteme entwickelt: eines – progressiv und liberal – in Israel; und das andere – grausam und ungerecht – in den besetzten Gebieten. Tatsächlich errichteten wir in ihnen, sobald wir sie eingenommen hatten, ein Apartheid-Regime."

Hajo Meyer hat Auschwitz überlebt. Er hat auch die schleichende rassische und xenophobisch-antisemitische Demütigung als Kind in Bielefeld erlebt. „Die Demütigungen, die ich als Junge erlebte" – schreibt Hajo Meyer an einer der ganz wenigen Stellen seines Buches, an denen er „ich" sagt, „wenn ich mit deutschen Behörden oder mit der SA, SS und der Gestapo in Berührung kam – ich spreche hier nur von den vielen Jahren vor Auschwitz – haben sich mir ins Gedächtnis eingebrannt. Daher trifft es mich jedes Mal tief, wenn ich sehe, wie palästinensische Bürger bei den Checkpoints erniedrigt und von moralisch entgleisten Unterdrückern, in der Uniform der israelischen Armee, misshandelt werden." Genau so wie andere jüdische Mitbürger in Holland (leider kaum in Deutschland!) den Holocaust heranziehen dürfen, um ihre Kritik an der Regierungspolitik zu verdeutlichen, die diskriminierende Maßnahmen gegen Asylbewerber propagiert, „warum darf ich dann nicht auch meine Erinnerungen an das Leid der Juden unter dem Nazi-Regime, noch bevor von Massenmord die Rede war, heranziehen, um deutlich zu machen, was die Palästinenser nun schon sechsunddreißig Jahre lang erdulden?"*

So etwas würde ich gern auch einmal von den Juden in Deutschland hören, die ja wahrscheinlich Ähnliches wie Hajo Meyer in ihrem Gedächtnis gespeichert haben. Doch von diesen Leuten, die ich oft und gern als meine Freunde angesprochen habe, erfahre ich nichts von der Betroffenheit und Trauer darüber, was andere Juden in der Westbank anrichten, was die israelische Armee täglich, nächtlich und stündlich an gewaltbereiten Menschen in Palästina produziert. Ich würde es so gern noch erleben: dass wir mit Ralph Giordano, Michael Wolffsohn, Paul Spiegel und Michel Friedmann gemeinsam traurig, todtraurig und manchmal auch erschüttert sind über das, was sich eine ganze Großstadtbevölkerung in Hebron seit Jahren gefallen lassen muss. Diesen Bewohnern wurden einfach 400 fanatische jüdische Siedler an verschiedenen Punkten der Innenstadt Hebrons ins Nest gesetzt. Diese Siedler werden von israelischen Soldaten bewacht, und so beschützt können sie Terror gegen eine ganze arabische Großstadt ausüben. Wann hat Ralph Giordano seine wunderbar tremolierende Cello-Proteststimme schon einmal erklingen lassen, um diesen religiösen Wahn zu verurteilen? In seinem Buch „Israel, um Himmels willen, Israel" finde ich kaum etwas darüber. Das, was auf der Westbank wirklich geschieht, ist in diesem Buch so gut wie nicht vorhanden.

Ehrlicherweise muss ich gestehen, dass ich vor 14 Jahren, als das Buch erschien, ihm noch voll applaudiert habe. Wie bei jedem Giordano-Buch habe ich damals auch dieses zum Anlass einer a-priori-Eloge genommen. Ich war damals so benebelt und blind, dass ich alles Jüdische, alles, was aus Israel kam, von vornherein in einem günstigen und sympathischen Licht gesehen habe. Ich entsinne mich noch, dass mein Kollege vom *Deutschlandfunk* Gode Japs zu mir in der Dienstagmorgen-Konferenz nach der Sendung

---

* *Das Ende des Judentums*, S. 130.

in der Reihe „Politische Bücher" (die Reihe lief immer am Montag) sagte: „Das Buch von Giordano ist aber ein ganz schlechtes Buch!" In der damals von Abraham Melzer herausgegebenen Zeitschrift SEMITTIMES hatte Uri Avnery Giordanos Buch ebenfalls verrissen. Und damals hatte ich dieses seltsame doppelte Gefühl: Einmal kann aus Schuldeingeständnis das Buch eines deutschen Juden gar kein schlechtes Buch sein. Und ein Buch von Ralph Giordano kann es schon gar nicht sein. Also war alles in mir dazu bereit, ein solches Buch nur und ausschließlich positiv zu beurteilen. Aber was war denn nun wirklich schlecht an dem Buch? Giordano tat so, als habe er in der Westbank gründlich recherchiert, dabei hatte er sich vieles natürlich nur erzählen lassen. So wie er mir heute noch begeistert erzählt, er habe in Beit Sahur ein Patenkind. Dieses Patenkind ist aber längst nicht mehr dort – oder Giordano hat jeden Kontakt dorthin verloren.

„Es macht mehr Spaß Täter statt Opfer zu sein"

Ja, gewiss: Felicia Langer wird nicht müde, hier eine alternative Stimme zu sein, aber es ging ihr so wie allen, den wenigen, die sich mit einer ganz anderen Einschätzung der Lage des Staates Israel und seiner Politik gegenüber den Palästinensern bemerkbar machten: Sie wurden marginalisiert*. Auf dem großen Markt der Bücher, der Zeitungen und der Agenturen sind sie nie zu wirklichen Personen und Agenten der Zeitgeschichte geworden. Bei Uri Avnery wurde uns immer gesagt: Dieser Mann spricht für eine ganz marginale Gruppe in der israelischen Öffentlichkeit. Sumaya Farhat-Naser und Faten Mukarker sind zwei weitere Beispiele. Zwei wunderbare Menschen, beide Frauen aus Palästina, beide doppelt gefährdet, denn sie gehören der christlichen Minderheit innerhalb der palästinensischen Gesellschaft an – eine Beziehung

---

* *Laßt uns wie Menschen leben! Schein und Wirklichkeit in Palästina.* Göttingen: Lamuv Verlag, 1999.

mit empfindlichem Gleichgewicht. Beide haben immer wieder versucht, auf ihr Anliegen öffentlich aufmerksam zu machen. Aber sie einmal in einer der großen Talkshows zu sehen ist ein Unterfangen, das an der Selbstzensur der Medien scheitert.

Faten Mukarker, eine überzeugende, leise und langsam sprechende und durch ihre innere Sicherheit darüber, was sie sagt, überlegene und gewinnende Frau, sollte einmal in die Talkshow von Johannes B. Kerner im ZDF eingeladen werden. Das sollte im September 2004 geschehen, in dieser Zeit war ich mit meiner Frau Christel ebenfalls bei diesem Urgestein der deutschen Talkshow zu Gast. Faten Mukarker sollte mit der deutsch-jüdischen Freundin und Schriftstellerin Angelika Schrobsdorff in diese Talkshow kommen, doch kurz davor bekam die Redaktion kalte Füße. Sie hatten Sorge, die Sendung könnte eskalieren und die deutsche politische Korrektheit angetastet werden. Angelika Schrobsdorff hatte in einer anderen Sendung auf *3sat* Folgendes gesagt: Sie könne, wenn sie nur alles zusammennimmt, was sie selbst über die Verhältnisse in den seit 39 Jahren besetzten Gebieten gesehen und erfahren hat, schnell dazu kommen, zu verstehen, dass junge Menschen aus purer und tiefster Verzweiflung ihrem Leben mit einer solchen sogenannten Märtyrertat ein Ende machen. Schon war sie aus dem Konsens darüber, was hinsichtlich Israel korrekt ist, ausgebrochen. Die Sendung mit Angelika Schrobsdorff und Faten Mukarker fand also im ZDF nicht statt. Beide Frauen traten dann schließlich am 5. Dezember in der Sonntagmorgen-Sendung „west-art" des WDR auf.

Das ist nur eines der vielen Beispiele, die mir in den letzten 25 Jahren begegnet sind. Zu Anfang meiner Zeit als politisch interessierter und aktiver Mensch war ich bei solchen Begebenheiten noch eher ohne Argwohn, erst später mischte sich ein leichtes Misstrauen dazu. Kritische Bücher über Israel und die Situation in Palästina können niemals besonders große Popularität und Erfolge erreichen. Die Zeitungsredaktionen genieren sich, wenn es zu viele derartiger kritischer Äußerungen gibt. Ich kenne einige von diesen Wanderpredigern, die landauf, landab hier einen Vortrag halten oder dort eine Studentengemeinde informieren. Das ist alles wichtig und weder zu unterschätzen noch gering zu achten. Aber es erreicht nicht die breite Öffentlichkeit in Deutschland.

Nein, es gibt keine Stimme, die auch nur ähnlich klingt, nicht zu reden gar von den Inhalten. Als ich im November 2004 in Warschau war, konnte ich auch von dem Publizisten Adam Michnik das Klagelied über die merkwürdigen Deutschen jüdischer Herkunft hören, die sich lieber in den Bauch beißen und selbst verstümmeln als irgendetwas Kritisches über Scharon sagen. Und zu allem Überfluss verfasste Henryk M. Broder noch das deutsche Vorwort zum Buch „Plädoyer für Israel – Warum die Anklagen gegen Israel aus Vorurteilen bestehen" von Alan Dershowitz*. Beim Lesen gerann mir doch fast das Blut in den Adern, selbst wenn ich berücksichtige, dass Broder immer der kalkulierende Zyniker und Agent provocateur war. Sei früher der Jude der Ausbeuter, Blutsauger und Kriegstreiber gewesen, so sei er heute der Täter, schrieb Broder in diesem Vorwort, um dann fortzufahren:

„Es stimmt: Israel ist heute mehr Täter als Opfer. Das ist auch gut und richtig so, nachdem es die Juden 2000 Jahre lang mit der Rolle des ewigen Opfers versucht und dabei nur schlechte Erfahrungen gemacht haben. Täter haben meistens eine längere Lebenserwartung als Opfer, und es macht eher Spaß, Täter statt Opfer zu sein. Dennoch und trotz der momentanen Überlegenheit des Judenstaates: Dass Israel nur eine Episode in der jüngeren Geschichte sein könnte, das wird inzwischen offen ausgesprochen." „Man stelle sich nur vor", meinte Broder weiter, „was passiert wäre, wenn Israel nur einen der Kriege verloren hätte, die es seit 1948 führen musste. Sehr förderlich wäre auch die Überlegung, was passieren würde, wenn die Araber in der Position der Stärke wären, in der sich Israel befindet."**

Hajo Meyer nahm diesen Text zum Anlass, den Zentralratvorsitzenden Paul Spiegel zu fragen, was er denn dazu sage. Von keinem in der Community, von niemandem im Zentralrat der Juden hat er, habe ich einen Aufschrei gehört, als er diesen Text

---

* Europa-Verlag, 2005.
** *Plädoyer*, S.7ff.

gesehen hat. Im Gegenteil, der Text wurde noch auf einer ganzen Seite der *Allgemeinen Jüdischen Zeitung* abgedruckt.

Es gibt nicht einmal Kritik an der erneuten Okkupation, die ja nie aufgehört hat, auch nach dem Oslo-Abkommen nicht, sondern die bis hin zu demütigender Ausgangssperre und anderen Schikanen, ausgefallenem Unterricht und weiteren Aktionen geführt hat. Das Schlimme für die überwiegende Mehrheit der jüdischen Bürger Israels, für die überwiegende Mehrheit der deutschen Mitbürger, für 99% der deutschen Bundestagsabgeordneten, ist: Sie haben das alles nicht einen einzigen Tag oder zwei Stunden selbst erlebt. Nicht der deutsche Botschafter in Israel, kein Minister: kein ehemaliger Außenminister Klaus Kinkel, kein noch amtierender Außenminister Joschka Fischer, kein ehemaliger Bundespräsident Johannes Rau und kein amtierender Bundespräsident Horst Köhler. Man muss nur einmal durch Teile der Westbank gefahren sein, um selbst zu sehen, dass dort kein Staat errichtet werden kann. Dieses Gebiet ist, mit allen Methoden, die wir noch aus dem ehemaligen Südafrika kennen, regelrecht untauglich gemacht worden, noch ein Staat zu werden. Das könnte jeder Abgeordnete des Europäischen Parlamentes und der nationalen Parlamente selbst erleben, wenn er sich auch nur einen einzigen Tag dort aufhielte. Große eingezäunte, von schützenden Mauern umgebende Straßen „for Israelis only" durchziehen in immer größerer Zahl das Gebiet der sogenannten Westbank. Die palästinensischen Gebiete veröden, während die israelischen Siedlungen (z.B. Ariel) durch allerlei Luxuseinrichtungen so vorzüglich angelegt sind, dass man sie sich nicht mehr wegdenken will. Während die arabischen Dörfer ringsherum kaum Trinkwasser haben und noch weniger Wasser zum Waschen und Reinigen, vergnügen sich die Siedler in Swimmingpools. Ganze Olivenhaine werden den Palästinensern außerdem abgeholzt für weitere Teile der Mauer, die sich wie der ehemalige Sperrgürtel zwischen Ost- und Westdeutschland durch das Land zieht.

Israel eine Bedrohung für den Weltfrieden?

Der deutsche Außenminister Joschka Fischer hat mit „Die Rückeroberung der Geschichte"* vor der Bundestagswahl noch einmal ein Buch geschrieben, in dem er die Vorstellung von der einzigen Demokratie im Nahen Osten bedient. Er kann es ja auch nicht anders wissen, denn er wurde nie in Israel geheimdienstlich und hochnotpeinlich beim Verlassen des Landes befragt. Eine merkwürdige Demokratie ist das … In der Ausdrucksweise bleibt Fischer feige: Er übernimmt die völlig unangemessene offizielle israelische Vokabel vom „Sicherheitszaun", den Israel um einige Palästinensergebiete gezogen habe. Das wäre so, wie wenn jemand sagen würde, er fährt mit dem Fahrrad irgendwohin, in Wirklichkeit aber setzt er sich in einen Mercedes Marke „Silberpfeil".

Die Wahrheit kommt nur in seltenen, unbeobachteten Momenten an den Tag. Über 60 Prozent der Deutschen sind der Meinung, Israel sei die größte Bedrohung für den Weltfrieden, über 50 Prozent sind überzeugt, Israel behandele die Palästinenser so wie die Nazis die Juden behandelt hätten. Der seiner Herkunft nach deutsche, heute holländische Jude Hajo Meyer, dem ich mehr Urteil zutraue als Henryk M. Broder, hat es genau beschrieben:

„Wenn man wirklich etwas genauer hinschaut", sagte Hajo Meyer, „dann kann man sehen, was den Palästinensern unter der Besatzung tagtäglich widerfährt, und das seit 38 Jahren:
- Würdeverlust und Demütigung, was besonders schlimm ist, wenn Kinder mitbekommen, wie dies ihren Eltern und Großeltern widerfährt;
- Sicherheitsverlust und Existenzangst;
- Verlust der Heimat infolge von Diebstahl oder durch Exil;
- innerhalb der Staatsgrenzen Israels: ein Leben als halber Bürger, als halber Paria;
- in Palästina: vollständige Paria-Existenz;
- Kollektivstrafen;
- Hunger und Armut."

* Köln: Kiepenheuer und Witsch, 2005.

Und dem fügt Hajo Meyer natürlich hinzu: „Aber nein, keine Gaskammern!"

Man kann einer Frage nicht ausweichen, vor der alle jüdischen Gemeinden in Deutschland, ob reformiert, konservativ oder orthodox, bisher ausweichen: „Wie kann eine Kultur, die solch hohe Werte umfasste wie die jüdische, zu einem Volk, dem israelischen, entarten – einschließlich aller Juden in der Welt, die sich wie die meisten deutschen Juden völlig kritiklos hinter Israel stellen – das schamlos eine derart unmenschliche Behandlung eines anderen Volkes zulässt."

Die Antwort, die Hajo Meyer auf diese sich und anderen gestellte Frage gibt, ist für mich nicht überzeugend. Aber sie ist anders als bei Broder nicht nur eine Provokation. Er meint, dass der millionenfache Mord, den die Juden durch den Holocaust erlebt haben, so groß und tiefsitzend sei, dass das jüdische Volk – soweit es überhaupt eines gebe – letztlich daran zugrunde gehen werde. Hajo Meyer paraphrasiert einen Aphorismus von La Rochefoucault: „Wenn das jüdische Volk jetzt am durch den Holocaust erlittenen Schaden zugrunde gehen wird, heißt das keineswegs, dass das jüdische Volk schwach wäre, sondern dass der Holocaust zu stark war."

Aber – der gute Freund Hajo Meyer sagt es natürlich so wie Martin Buber es sagen würde, der kein Talent zur Provokation hatte – es ist eine Äußerung zwischen dem Mir und dem Dir, zwischen dem Ich und dem Du. Der Holocaust wird von Rechtsextremen in Israel dazu missbraucht, unmenschliches Verhalten von Seiten jüdischer Siedler und israelischer Soldaten, das natürlich nicht zwangsläufig zum Tode führt, zu entschuldigen. Der entscheidende Schlüsselsatz heiße dann immer:

„Aber Gaskammern – die gibt es bei uns nicht."

Das stimmt natürlich. Was jedoch vergessen wird, so hält Hajo Meyer es seinen Gevattern vor, ist die Tatsache, dass man keine Gaskammern nötig hat, um zu töten und das Leben von Menschen auf vielfältige Art unerträglich zu machen. Auch die ehemalige israelische Erziehungsministerin Schulamit Aloni schrieb am 6. März 2003 in der *Ha'aretz*: „Wir haben keine

Gaskammern und Krematorien, aber es gibt nicht nur eine bestimmte Methode für den Genozid."*

Für Henryk M. Broder hat Hajo Meyer damit ein wichtiges Tabu der politischen Korrektheit in Deutschland gebrochen. Das Tabu, das uns sagt, dass wir die Nazi-Methoden und die Taten der heutigen Israelis nie miteinander vergleichen dürfen. Vor allem Elie Wiesel habe laut Meyer die Erhebung der Katastrophe in den Rang einer Religion, eines Mysterium tremendum, gefördert. Maurice Friedmann, ein enger Freund Wiesels, zitierte diesen: „Am Anfang war Auschwitz, dies ist der unvermeidliche Ausgangspunkt. – Für mich, als Jude dieser Generation, ist der Holocaust der Maßstab. Nichts darf mit dem Holocaust verglichen, aber alles muss zu ihm in Beziehung gesetzt werden." Und Maurice Friedmann selbst: „Der Holocaust ist ein einzigartiges, unvergleichliches Geschehen, das nie zuvor stattgefunden hat und auch nie mehr stattfinden wird.**

Hajo Meyer verweist auf den Generalstab der israelischen Armee. Am 26. und am 28. Januar 2002 erschienen in der *Ha'aretz* zwei Artikel: in ihnen wurde berichtet, dass die Frontoffiziere der israelischen Armee den Auftrag hatten, sich genau über die Taktiken zu erkundigen, die der SS-General Jürgen Stroop 1943 angewandt hatte, um in das Ghetto von Warschau einzudringen und den jüdischen Widerstand dort zu brechen. Dieses Studium sollte der Vorbereitung der israelischen Offiziere auf das massive Eindringen der Armee in dicht bewohnte palästinensische Gebiete dienen, wie z.B. Dschenin, das dann auch 2002 gestürmt wurde.***

Nach meinen Besuchen in Palästina gab mir Martin Buber die Genugtuung, dass es nicht alle in der Vergangenheit und Gegenwart Israels und des Judentums sind, die eine solche Politik der 37 Jahre anhaltenden Demütigung und Entwürdigung billigen würden. Hajo Meyer ist einer dieser anderen, der zwar nicht Martin

---

* *Ende des Judentums*, S. 72.
** *Ende des Judentums*, S. 259.
***Oren, Amir: „An den Toren von Yassergrad"; Samet, Gideon: „Ihr könnt nicht sagen: ‚Wir haben es nicht gewußt'".

Buber zitiert, aber dafür umso mehr Immanuel Kant und Hannah Arendt. Meyer: „Kein an humanitäre Werte glaubender Jude kann noch mit Stolz auf dieses Land blicken. Auf ein Land, das für ihn gedacht ist. Das Land hat sich abgeriegelt und die Menschen jenseits der Mauer durch bewusste Unterdrückung zu seinen Feinden gemacht. Aus paranoider Angst hat es genau das erreicht, wovor es sich fürchtete: umringt von Feinden zu sein; Feinden übrigens, deren Anzahl durch den natürlichen Geburtenzuwachs die Zahl der Juden im Gebiet auf Dauer weitaus übertreffen werden." Dieses Israel bedroht die Welt durch eine aggressive Außenpolitik, durch die Ankündigung der massenhaften Vertreibung der Palästinenser, durch die Bombardierung des iranischen Kernreaktors in Busher, was man den Adepten von George W. Bush wirklich auch zutraut.

Ich bleibe, im Gegensatz vielleicht zu Hajo Meyer, Optimist. Ich denke, dass sich der Staat und die Gesellschaft Israels aus eigener Kraft aus dem Schlamassel herausziehen wird. Das wird diese Gesellschaft aber nur tun, wenn ihr von der internationalen Gemeinschaft klare Grenzen gezogen werden: die Grenzen, die jedem Staat und Gemeinwesen in der Geschichte der Menschheit gesetzt sind. Indem die Europäische Gemeinschaft nicht einfach wieder ihre Zusagen macht, sondern erst klärt oder klären lässt, aus welchem Grund in den letzten Jahren alle möglichen teuren Infrastrukturen der Palästinenser zerstört worden sind. Ehe das nicht geklärt ist, würde ich als EU-Kommission keine Mittel zum Wiederaufbau zur Verfügung stellen.

Wie gehässig und gemein Kritik sein kann, musste Hajo Meyer erleben, als Henryk M. Broder auf seiner Homepage unter der anzüglichen und im Grunde äußerst beleidigenden Überschrift „HEIL HAJO! – Meyers koscherer Antisemitismus", zu dessen Buch folgende abschätzige, ja schon unanständig gemeine Bemerkungen machte:

„Kennt irgendjemand den bekannten Autor Hajo G. Meyer? Hat irgendjemand etwas von einer Massenbewegung ‚Eine andere jüdische Stimme' gehört? Es scheint sie aber beide zu geben, Hajo G. Meyer und die andere jüdische Stimme." So beginnt jemand, der Schläge und Beleidigungen austeilen will. Weiter Henryk M. Broder: „Beide sind in Holland weltberühmt, so wie der ‚Bessenjenever', der ‚Uitsmijter' und ‚Bitterballen'. Im Gegensatz zu diesen holländischen Delikatessen ist Hajo G. Meyer ekelig und ungenießbar und deswegen ist sein Buch über das ‚Ende des Judentums' im Melzer Verlag erschienen, der sich auf antisemitische und antizionistische Propaganda spezialisiert hat – entsprechend der Empfehlung des k.u.k. Satirikers Alexander Roda Roda: ‚Aus dem Antisemitismus könnte schon was werden, wenn sich nur die Juden seiner annehmen würden.' Denn koscherer Antisemitismus könnte schon was werden, ist genau das, wonach normale Antisemiten gerne greifen, wenn sie sicher gehen und dem Verdacht entkommen möchten, dass sie selber Antisemiten sind. Wenn es ein Jude sagt, dann muss es ja stimmen." Damit, so Henryk Broder, habe sich schon Erich Fried einen Namen gemacht, „Rafael Seligmann macht sich damit lächerlich und Hajo G. Meyer versucht es eben, so gut er's kann."

Und nachdem Broder den Klappentext des Buches von Hajo Meyer zitiert hatte, ließ er noch einmal seine Arroganz zur Höchstform auflaufen, immer mit einer kräftigen Prise Beleidigung garniert. „Ein kleines Licht möchte eine große Lampe werden. Mit der Interpunktion und dem Satzbau klappt es noch nicht ganz, aber angesichts der historischen Parallelen, die es aufzuzeigen gibt – Israel als Nachfolger von NS-Deutschland – kann man sich mit Bagatellen nicht aufhalten. Schließlich sollen die Juden ‚ethischer sein als alle anderen Völker', und da geht Hajo G. Meyer mit gutem Beispiel voran. Heil Hajo!" Das Buch, so erzählte Broder weiter, wurde im Rahmenprogramm der Leipziger Buchmesse vorgestellt. Wörtlich: „Halten wir es den Veranstaltern bis zum Beweis des Gegenteils zugute, dass sie weder den Autor noch den Inhalt des Buches kannten. Es hat ja auch niemand in Deutschland bis 1945 ‚Mein Kampf' gelesen. Obwohl da unter anderem auch das Ende des Judentums versprochen wurde."

Dies veröffentlichte Broder am zweiten Osterfeiertag in Tel Aviv auf seiner Website.

„Hoffnung ist nicht Optimismus"
Geschrieben wenige Tage nach dem Tod von Papst Johannes Paul II. (5.4.2005)

Es wird Zeit, hinzuschauen und sich den Blick nicht verbiegen zu lassen. So wie Martin Buber hingeschaut und alles das, was er gesehen hat, mit anderen debattiert hat. Er hat dazu die Bücher beiseite geschoben und liegen lassen, da er der Überzeugung war, nur das Gespräch, die direkte Berührung und das Anfassen einer Realität sei authentisch. Immer zwischen Ich und Du.

Die Realität der Westbank und des Gaza-Streifens kann auch deshalb in Israel selbst wie in der Außenwelt so leichtfertig diskutiert werden, weil sie kaum jemand kennt. Wir sind immer wieder stumm vor Schrecken, wenn wir sehen, wie dieses Territorium immer weiter von Zäunen, Mauern und Straßen „for Israelis only" durchfurcht wurde. Die unmittelbare Assoziation zu Hundekäfigen oder Zoogestängen bietet sich an, wenn man von einem Bauern erzählt bekommt, dass er zu seinem eigenen Stück Boden nur über einen Umweg von sechs Stunden gelangen kann. Dann weiß man, dass dieses Territorium, dieser immer weiter zerschnittene Boden der Westbank, so niemals mehr ein Staat werden kann. Wirklich tragisch wird es, wenn ich darüber hinaus höre, dass diese Siedlungen unter dem großen „Friedensfürsten" Premierminister Rabin eifrig weitergebaut wurden. Es gibt nur ein deutliches Wort, das dafür in Frage kommt: „Landraub".

Die Repräsentanten und Macher der Politik in Europa können diese Situation nur einschätzen, wenn sie diese zumindest für möglich halten. Das aber macht weder ein Abgeordneter des Europaparlaments noch ein Abgeordneter des Bundestages, auch kein Minister. Einzig der damalige britische Außenminister, Robin Cook, hat darauf bestanden, sich Har-Homa, diese letzte architektonische Schutzwehr, dieses Trutzburg-Ungetüm israelischer Siedler anzusehen. Es liegt genau gegenüber von Bethlehem und sollte den Palästinensern noch einmal deutlich zeigen, wer Herr im Hause Israel-Palästina ist. Schulleiter Wilhelm Goller in Beit Dschala hat uns mit leiser und sanfter Stimme immer wieder erzählt, welchen Schikanen selbst seine vor 151 Jahren gegründete evangelische Versöhnungsschule ausgesetzt war und ist. Durch die Sperrung der Hauptstraße, die zu einer neuen jüdischen Siedlung auf jetzt israelisch kontrolliertem Gebiet führt, wurden die 850 palästinensischen Schülerinnen und Schüler ihres Haupteinganges beraubt. Daher musste 2001 ein neuer Eingang an der – palästinensisch kontrollierten – Ostseite geschaffen werden. Darüber hinaus hatte Goller selbst beobachtet, dass israelische Soldaten gezielt die Wassertanks auf den Häusern der Palästinenser beschossen. Wasser ist nun einmal das kostbarste Gut, das die Palästinenser bei dem notorischen Wassermangel auf der Westbank haben. „Es ist", schrieb ich nach dem Besuch im April 2002 in der Züricher Zeitschrift *Orientierung*, „auch ein Rachefeldzug, den die IDF (Israel Defense Forces) führt. Sie zerstört große Teile der Infrastruktur auf der Westbank, sie ruiniert ganze Wohn- und Geschäftsstraßen und rasiert mit ihren F16-Kampfjets die Gebäude der palästinensischen Autonomiebehörde."*

Es gibt eine ganze Reihe von Israel/Palästina-Freunden, die sich von ihren ursprünglichen Ansichten abgewendet haben: Anfangs waren sie begeisterte Anhänger des Staates Israel, der sich in den 60er und 70er Jahren aufbaute. Ich will mich da auch einreihen: Wir alle haben diesem Staat und seinem Aufbau, besonders in den Kibbuzim, mit einer an Enthusiasmus grenzenden Bewunderung zugesehen. Wir hatten immer wieder gute bis beste Kontakte dort, ich wollte ganz Afrika mit den Methoden israelischer Landbewässerung, Wasseraufbereitung und anderen Techniken heilen. Wo auch immer ich in Afrika war, wurde mir deutlich: Wenn es hier israelische Techniker und Experten gäbe, oder Afrikaner, die in Israel zu Experten ausgebildet werden könnten, dann wäre schon alles in Ordnung. Abdulkarim Achmed Guleid wollte ich nach Israel bringen, den baumlangen Somali, den ich 1980 in Deutschland kennen gelernt hatte und der damals in München bei Siemens arbeitete. Ich war bestimmt alle drei Monate in Israel, bei meinem Freund, dem Prior der benediktinischen Dormitio-

---

* *Orientierung*, Nr. 66, 15. Mai 2002.

Basilika, P. Immanuel Jacobs, und ich genoss das lebendige und lebhafte Debattierleben der Israelis, die Toleranz unter den Fraktionen. Trotzdem warnte mich Immanuel damals schon: Die Toleranz und die Gleichheit aller vor dem Gesetz höre auf, wenn es um arabische Israelis gehe.

Das Kölner Ehepaar Seibert pflegte regelmäßig Kontakt zu einer Jeckes-Familie, die ursprünglich auch aus Köln kamen. Der Rechtsanwalt Seibert und seine Frau Gertrud vertraten die übliche Haltung des Deutschen, der nach dem Krieg nach Israel kommt und dort mit Begeisterung erlebt, mit wie viel Tatendrang, Entbehrung, Opferbereitschaft, Fantasie und Intelligenz ein Staat in einer halben Wüste aufgebaut wird. Der alte Jude sang immer noch den alten Harry-Osterwald-Karnevalsschlager „Ich will zu Foß nach Kölle jonn". Aber auf einer Reise mit der Bundeszentrale für politische Bildung veränderte sich das Verhältnis der Seiberts zu Israel. Sie kamen in die damals schon durch Siedlungen aufgespaltene Welt der Westbank und des Gaza-Streifens, und Ablehnung gegen die völlige Entrechtung und Demütigung einer ganzen Bevölkerung baute sich in ihnen auf.

Ich lernte auch die Professorin Juliane House kennen, die mir ebenfalls von ihren regelmäßigen Besuchen in Israel erzählte, vom Austausch der Professoren, an dem sie teilgenommen habe, bis sie einmal durch Zufall auf der Westbank gewesen sei. An diesem Tag sei sie „umgekippt". Es seien ihr die Augen aufgegangen. Mir persönlich gingen die Augen auf, als ich das erste Mal bei Dr. Madschid Naser in Beit Sahur war und dort auch bei seiner Familie leben durfte. Diese Gastfreundschaft habe ich jetzt über sechs Jahre nicht erwidern können.

An jedem Tag quäle ich mich, weil ich die Nachrichten, die mindestens einmal die Woche hier ankommen, kaum ertrage. Einmal kommen Meldungen und Artikel über eine Mail-Adresse der Menschenrechtskämpferin Rachel Giora in Tel Aviv, dann über einen Rundbrief von Dorothy Naor, der unbändig aktiven 70-jährigen Frau in Jerusalem, dann über die Newsletter von *Gusch Schalom*, dann über die Artikel, die die wunderbar aktive Übersetzerin Ellen Rohlfs immer wieder ins Deutsche übersetzt, die

Artikel von Uri Avnery und Gideon Levy* – und immer will ich mir sagen: Das ist nur die eine Seite. Die israelischen Gesprächspartner und die Diplomaten hier in Berlin mit Botschafter Shimon Stein an der Spitze sagen mir immer: „Die alternativen Stimmen sollet ihr Deutschen besser nicht wahrnehmen." Uri Avnery sei ein totaler Außenseiter, der von niemandem mehr ernst genommen würde. Und lange, sehr lange habe ich das gegen meine tiefste Überzeugung für wahr gehalten. Gegen meine Überzeugung! Hatte ich doch den wunderbaren Uri Avnery mit seinem klaren, offenen und freundlichen Blick zum ersten Mal in der Akademie von Trutzing getroffen und mit ihm eine halbe Nacht im Gespräch verbracht. Damals war ich von seiner Vernunft, seinen Erfahrungen, seinem Mut jenseits von radikalem Pharisäertum und politischer Proselytenmacherei so überzeugt, dass es mir schwer fiel, diese angebotene Einordnung Avnerys anzunehmen. Auch die jüdisch-deutschen Gesprächspartner, deren Publikationen und Gespräche ich immer geschätzt habe, bestätigten mir meinen Eindruck. Nur, an irgendeinem Punkt fällt dann das ganze Gebäude, das aus Vorurteilen und Halbwahrheiten besteht, in sich zusammen. Nein, Gott bewahre, nicht zum Schaden, sondern zum Nutzen Israels.

An dem Tag, an dem ich das Schlussstück meines posthumen Gespräches mit Martin Buber zu schreiben begann, gab es via Internet vier Artikel, ergänzt durch drei Nachrichten. Ein Jerusalemer Verwaltungsgericht hatte am 22. März 2005 den aus Erie in Pennsylvania stammenden Rabbiner Arik Ashermann für schuldig befunden. Ashermann hatte versucht, einen Bulldozer daran zu hindern, ein illegal in Jerusalem gebautes palästinensisches Haus zu zerstören. „Ashermann, der mit anderen Aktivisten angeklagt worden war, behauptet, dass Israel versucht, das Anwachsen der palästinensischen Gemeinde der Stadt durch Bürokratie zu verhindern, indem keine Baugenehmigungen mehr erteilt werden." Für ihn und seine Organisation *Rabbiner für Menschenrechte* ging es nur um die Menschen, die hier keine

---

* Auf Deutsch erschienen die Artikel von Levy unter dem Titel *Schrei, geliebtes Land* 2005 im Melzer Verlag.

Stimme haben, es ging um die Opfer der Hauszerstörung. „Und deshalb", sagte Ashermann, „werden wir direkt vom Gericht aus dort hingehen, um eines dieser Häuser wieder aufzubauen." Der Unterbau des Hauses, das im April 2003 zerstört wurde, steht noch – alte Schuhe und zerstörtes Spielzeug liegen herum. Am Dienstag, so hieß es weiter in dem Artikel, stellten Aktivisten eine symbolische Zementmischung für den Eckstein des neuen Hauses im Jerusalemer Stadtteil Issawija her. Achmed Mussa Daari, der das Haus für seine siebenköpfige Familie gebaut hatte und das zerstört worden war, sagte, er sei traurig über die Entscheidung des Gerichtes, „weil die Hilfe eines Mannes für einen anderen nicht illegal sein sollte."

Es gibt einen bewegenden Appell des Lateinischen Patriarchen von Jerusalem Michel Sabbah, des Bischofs der Anglikaner Riah Abu El-Assal, und des Bischofs der Evangelisch-Lutherischen Kirche in Jordanien und Palästina Munib Junan: „Palästinensische Christen sterben aus, um [anderswo] in Würde und Freiheit zu leben Im Vergleich zu vor zehn Jahren stellt unsere Gemeinschaft nur noch weniger als zwei Prozent der Bevölkerung dar und nimmt in alarmierendem Ausmaß weiter ab."

Weiterhin gibt es einen Artikel von unserem immer noch sehr aktiven Friedenskämpfer Uri Avnery über die quälende Frage, ob er mit seiner kleinen Gruppe an den Demonstrationen für den Plan der Regierung Ariel Scharons, den Gaza-Streifen zu evakuieren, teilnehmen soll oder nicht.

Am 25. März 2005 erschien in der Zeitung *Yediot Ahronot* ein Artikel von Tanya Reinhart mit dem aufregenden Titel „Die israelische Linke begeht Selbstmord": „Dass Scharon die Siedlungen tatsächlich auflösen wird, daran glauben in erster Linie die linken Parteien. Ein Versprechen abzugeben und es anschließend zu brechen – für Scharon kein Problem. Seit drei Jahren verspricht er den USA, zumindest jene Außenposten umgehend zu räumen, die während seiner Amtszeit als Premier entstanden. Aber was soll's? Er kann jederzeit eine neue Selbstverpflichtung vorschlagen, die die Umsetzung einer früheren hinauszögert. Warum sollte es mit der Gaza-„Abkopplung" anders sein?" Der Abzug aus Gaza ist nun zwar geschehen, doch hat sich dadurch nichts Grundlegendes geändert.

Immer wieder bewegt es mich: Wie kann ein Land, das so viel Vertreibung mitverursacht hat, weiter mit so gutem Gewissen leben? Über meine und unsere Mitschuld brauche ich nichts mehr zu sagen. Ich werde sie Zeit meines Lebens nicht loswerden. Ich habe aber aus der furchtbaren Schande meines Volkes und dem furchtbaren Kapitel, das für immer im Buch unserer Geschichte – in uns – bleiben wird, genau den einen Schluss gezogen:
Ich will nie mehr feige sein.

Ich will nicht mehr schweigen!

Ich will auch nicht mehr schweigen. Ich bin Gott sei Dank kein Diplomat geworden, denn dann hätte ich das öfter tun müssen, schon aus Gründen der Geheimhaltung und der stillen Diplomatie, die gerade in der Frage der Menschenrechte oft verlangt wird. Es gibt in der Geschichte Israels und Palästinas lange nach der Gründungsperiode und weit entfernt vom Holocaust so viel unterdrückte Schreie und Zornesausbrüche, die sich nie haben artikulieren können, dass es wichtig ist, sich eine Strategie zurechtzulegen. Dieses Buch ist mein ganz persönliches Zeugnis. Ich war in letzter Zeit immer wieder mit Wut, Zorn und manchmal Ekel vor mir selbst unterwegs, weil ich, zurückgekehrt nach Deutschland, einfach nichts sagen konnte.

Die Reflexe sind wie physikalische Gesetze, sie haben nichts mehr mit der besonderen Kontingenz menschlicher Geschichte und der Soziabilität der eigenen Gesellschaft zu tun. Sagt jemand etwas politisch Inkorrektes, so fällt er einem gesellschaftlich-medialen Scherbengericht anheim. Fügt er sich sofort und ohne jeden Widerstand, ist er vielleicht gerettet. Tut er das nicht, wird er an den Rand gestellt, geächtet und fast schon verfolgt. Kritik an der Politik des Staates Israels wird ganz schnell in die Ecke des Antisemitismus gestellt. Und aus dieser Ecke gibt es kein Entrinnen, nicht einmal mehr Reue, Buße und Umkehr. Ist man einmal in die Falle getappt und verurteilt, kommt man nicht mehr heraus. Norbert Blüm hatte mit einer vielleicht aus der Emotion heraus zu schnellen, aber echten Empörtheit von einem „Vernichtungskrieg" der israelischen Besatzerarmee gesprochen, längst nicht so offensiv und uneingeschüchtert wie Gideon Levy, doch hatte er dabei das falsche Wort benutzt. Und an diesem Wort scheiterten nun ganz Serien von Gesprächen, Sendungen und Talkshows. Er nahm das Wort schließlich zurück, weil es immer wieder dazu benutzt wurde, die Auseinandersetzung um die Sache selbst zu verhindern und somit unmöglich zu machen.

Amira Hass' Stimme wurde mir zum Fanal, aber auch zum Menetekel. Immer wenn ich vor Ort war, wusste ich es: Ich muss es in Deutschland laut, mit Posaunen und Fanfaren, sagen. Ich muss es klar sagen! Sie hatte bei der großen Operation in Dschenin und Ramallah die israelischen Soldaten gefragt, was sie sich denn dabei dächten, wenn sie einfach Wohn- und Schulraum von Palästinensern okkupierten. Und zum Gaza-Streifen schrieb sie in ihrem bewegenden, zum Zerbersten klaren Buch „Drinking the Sea at Gaza. Days and Nights in a Land under Siege" : „Jeder Bewohner von Gaza, gleich welcher Religion, welchen Geschlechts und Alters, wurde zum Verdächtigen, zu jemandem, den man der Begehung eines Terroraktes für fähig hielt. Aber wie jede andere Besatzungsmacht vor ihr hatte auch Israel immer noch nicht gelernt, dass Widerstand und Terror Antworten auf die Besatzung selbst und die Form von Terror sind, die der Fremdherrscher ausübt."* Inzwischen hat sich Israel zwar aus Gaza zurückgezogen; an den grundsätzlichen Problemen hat sich aber dadurch nichts geändert. Und das Entscheidende ist wohl, was Ihab Al-Aschqar, Hass' Freund, ihr entgegnet: „Der Ärger mit euch Israelis ist, dass ihr glaubt, ihr wäret aus anderem Holz gemacht als wir Palästinenser." Und als ob der berühmte Monolog des Shylock nur für Juden, nicht aber für Palästinenser gilt: „Tag für Tag sah ich mit eigenen Augen, wie meine Freunde ihre Spontaneität und ihre Impulse

---

* Auf Englisch: Metropolitan books 1999; Owl books 2000. Auf Deutsch: Gaza. Tage und Nächte in einem besetzten Land. München 2003.

verloren, ja selbst manchmal ihre Sehnsucht, irgend etwas zu tun oder irgendwohin zu gehen, einfach nur, weil sie Lust dazu haben."

Immer wieder habe ich mich dabei ertappt, wenn ich die menschenrechtswidrigen und unwürdigen Geheimdienstkontrollen am Flughafen von Tel Aviv hinter mich gebracht und noch viel Zeit bis zum Abflug hatte – weil man sich ja so extrem früh zum Flughafen begeben muss –, dass ich zu mir sagte: Dieses Mal werde ich – nach meiner Rückkehr in die Bundesrepublik Deutschland – aufschreien, ich werde so laut aufschreien, dass es jeder hören muss. Nichts passierte. Warum? Weil niemand mir den Schrei abnimmt? Nein, weil das Schreien allein eine vergebliche Aktion ist, die zu nichts führt.

Ich las kürzlich wieder, lieber Martin Buber, Ihnen sei der Besuch an der Universität in Jerusalem im Mai 1927 schwer gemacht worden, da Ihnen die *Hebräische Brigade* abverlangt habe, dass Sie Ihre Vorlesung bzw. Ihren Vortrag auf Hebräisch halten sollten. Ich kann nicht mehr rekonstruieren, wie Sie darauf reagiert haben. So gern würde ich Sie danach fragen, aber ich bin ganz sicher, dass Sie für so etwas Verständnis hatten. Denn für ein Volk, das zu großen Teilen aus der Zerstreuung wieder zusammenkommt und sich geschworen hat, einen Staat zu bilden, ist eine gemeinsame Sprache etwas sehr Wichtiges. Sie jedoch beherrschten diese Sprache noch nicht. Es war ähnlich wie bei Jean-Paul Sartre 1948, als dieser sich zum ersten Mal in das grauenhaft zerstörte Berlin zu einem Vortrag begab. Als es nach dem Vortrag zu einer Debatte mit den Zuhörern kam, wurden die Fragen des Publikums auf Deutsch gestellt. Sartre verstand diese zwar, musste aber aufgrund seiner unzureichenden Deutschkenntnisse auf Französisch antworten.

Ihr in meinen Augen schärfster Text, der Text über die Klagemauer, ist bis heute gültig. Unabhängig von den Leuten, die uns im Namen des goldenen Kalbes der Realpolitik den Kopf verdrehen wollen, ging es Ihnen darum, wie wir den unbedingten Willen weiter hochhalten und täglich, ja stündlich verstärken können, dass Juden und Araber – zusammenleben müssen, dass sie geradezu zum Zusammenleben verdammt sind! Genau dieser Wille war nicht da, er wurde in verschiedenen politischen Zirkeln sogar ausdrücklich ins Gegenteil verkehrt. Das hat Sie empört: „Es ist uns so ergangen", schrieben Sie zwei Jahre nach der oben erwähnten Vorlesung in Jerusalem, „dass wir in Palästina im wesentlichen nicht mit den Arabern, sondern neben den Arabern gelebt haben und leben. Die Folge davon, daß das Miteinander durch ein Nebeneinander ersetzt wurde, ist, daß aus diesem Neben von unseren ‚Feinden' ein Gegen gemacht worden ist."*

„Sie wissen", schrieben Sie in diesem Text, der mich nochmals dazu veranlasst, meine Flügel ganz weit über diesen beiden Ländern ausbreiten zu wollen, „daß die Klagemauer für mich einen Wert darstellt." Der verstorbene Papst – der in den Tagen nach seinem Tod am 4. April 2005 im Fernsehen immer wieder in ehrfürchtiger Verneigung vor der Klagemauer gezeigt wurde – hätte gut verstanden, wie Sie 1929 fortfuhren, Sie hätten aber in den letzten Monaten nicht nur „eine Entweihung der Klagemauer durch den arabischen Mob erlebt, sondern auch dadurch, dass sie von einem irregeleiteten Teil unserer eigenen Jugend zu einem Objekt nationalistischer Propaganda und Demonstration" gemacht worden sei. Und dazu sei die Klagemauer höchst ungeeignet. Diese Mauer sei eine Sache der Gläubigen, die an den Tempel glauben und um dessen Erneuerung beten. Aber, wenn um die Klagemauer eine Front gebildet werde, eine Front des Nationalismus, dann sei das eine „falsche und entheiligende Front."

Sie, Buber, sagten damals die bittere Wahrheit, die bis heute gilt: Dieser Karren ist verfahren. Aber es geht nicht darum, aufzugeben, zu kapitulieren. Es geht um Aktionen, die den Karren herausziehen könnten.

Wieder waren Sie da, um die Menschen aufzufordern, sich dialogisch zu begegnen. Mit den beiden Lagern meinten Sie damals nicht die Bevölkerung Palästinas und Israels, sondern den Islam und das Judentum. Das sei nicht Sache der Engländer, das sei ihre Sache, die der Juden und der Araber. Es sei zwar noch kein

---

* *Ein Land und zwei Völker*, S. 126ff.

Locarno, haben Sie damals gesagt, aber ein Schritt auf dem Weg zur Lösung. Heute ist dieser Schritt leider noch immer nicht so zu bewerten, dass er tatsächlich als getan gelten könnte. Für die Nachgeborenen muss ich erklären: Der Locarno-Pakt war einer dieser Hoffnungsschimmer am Firmament der Menschheit. Bei der Konferenz in Locarno 1925 kam es zwischen den europäischen Staaten zu einer Reihe grundsätzlicher Verträge zu einem Friedens- und Sicherheitssystem. Der Pakt wurde als ein großes Tor für den Frieden in Europa gewertet. Teilnehmer waren Vertreter aus England, Frankreich, Deutschland, Italien, Belgien, aber auch aus der Tschechei und Polen. Es kam damals zu dem einmaligen Zusammentreffen zweier großer Friedenspolitiker, wie man sie in Europa nicht oft antraf: Aristide Briand, Außenminister Frankreichs, und Gustav Stresemann, der damalige deutsche Außenminister. Heute würde man sagen: Unter diesen beiden Friedensbereitern stimmte die Chemie.

Das System Arafat

Das System Arafat ist erst mit dessen Tod zusammengebrochen. Am 5.11.2004 wurde er schwer krank nach Paris gebracht, wo er am 12. November 2004 im Armee-Krankenhaus starb. Das Bild, das der charmante Held und Führer seines Volkes tatsächlich hinterlassen hat, wird sich erst sehr viel später zeigen. Arafat hat sicher viele Fehler gemacht und Verbrechen zugelassen. Aber ich teile die Haltung von Hans-Jürgen Wischnewski, der mir kurz vor seinem Tod sagte: „Dieser Mann war nicht für alles verantwortlich. Er hatte nicht alles im Griff. Israel hat ihm und dem ganzen palästinensischen Volk aber auch wirklich keine einzige Chance gegeben."

Hans-Jürgen Wischnewski saß mit seinen aufgeschwemmten dicken Beinen in seinem Haus im Merrillweg in Köln. Das Interview war am 16. August 2003 wohl eines der letzten großen, die er in seiner Wohnung gegeben hat. Ich berichtete ihm von dem Mauerbau. Er entgegnete, dass dieser Mauerbau in seinen

Augen ein großer Rückschritt sei. „Überall auf der Welt, wo es Mauern gegeben hat, hat es keinen Frieden gegeben. Ob das in Berlin war oder an der sogenannten Zonengrenze. Oder auf Zypern, wo es der nördliche, türkisch-zypriotische Teil war, der abgeschottet wurde. Mauern schaffen immer nur Unfrieden."

Und Ben Wisch – wie er gerade von den Arabern so vertraulich genannte wurde – sagte: Wenn er die Entwicklung in der Vergangenheit rekapituliere, „dann waren die Palästinenser zuerst in Amman, da sind sie herausgeflogen. Dann sind sie nach Beirut gegangen, da sind sie herausgeflogen. Ich war während der Zeit der Besetzung des südlichen Libanon durch Israel in Beirut und habe einen Termin mit dem Verantwortlichen der Vereinten Nationen gesucht. Und dieser Termin war sehr schwierig zu finden, denn es war ihm vorgeschrieben, wann er mit dem Hubschrauber der UNO fliegen durfte. Das nämlich wurde vom israelischen Militär bestimmt. Dann sind die Palästinenser nach Tunis gegangen. Auch Tunesien ist von Israel bombardiert worden. Ich habe das noch in so freundlicher Erinnerung, denn ich habe damals eine Reise des Generalsekretärs der israelischen Arbeitspartei nach Tunis organisiert. Der war nämlich in Tunesien geboren. Dann ist er zu mir gekommen und hat mich gefragt, ob das denn ginge, dass er nach Tunis fliege. Ja, habe ich gemeint, das kriegen wir hin." Das war noch die Zeit der Hoffnungen vor und während Oslo. „Dieser Israel-Politiker ist damals bei allen seinen Nachbarn in Tunis gewesen und ist überall freundlich aufgenommen worden. Später hat sich die Situation leider von Stufe zu Stufe verschlechtert."

Das Furchtbare für Arafat war wohl, dass er sich auf einen sogenannten Friedensprozess einließ, der für die Palästinenser – wie auch Amira Hass in ihren Artikeln und Büchern immer wieder gesagt hat – wirtschaftlich und politisch ein Niedergang war. Israel übte als direkte Folge der Verträge eine wachsende Kontrolle über das Leben der Palästinenser aus und teilte das Territorium in kleine und voneinander abgeschirmte Enklaven auf. Und, last but not least, auch unter dem verehrten Rabin ging der Siedlungsbau hemmungslos weiter. Man kann zu den Palästinensern jetzt nicht einfach sagen, sie hätten den Prozess allein gestoppt oder brüchig gemacht. Wenn wir Deutschen eines Tages in der Lage sein werden, diesen Bereich unabhängig von unseren selbst verschuldeten Vorurteilsschablonen wahrzunehmen, dann erst werden wir zu einem gerechten Urteil kommen. Die Besatzung hörte eben nicht auf, es wurden nur kleine, symbolische Opportunitäts-Fenster eingerichtet.

Schon an die 400 000 Siedler auf illegalem Grund und Boden

Amira Hass ist über die letzten 12 Monate in Ihren Einschätzungen und dem, was sie mit ihren unbestechlichen Augen sieht, immer unerbittlicher geworden: In jedem Israeli ein Siedler, sagte sie am 6. Juli 2005. Zunächst stellte sie fest, wie heftig plötzlich die Siedler kritisiert werden, weil sie ihre Kinder zu Straßenblockaden schicken, Soldaten schlagen, Häuser besetzen usw. „So", sagte Amira Hass ihren israelischen Landsleuten, „worüber bitteschön wundert Ihr euch? Das Kind der Siedler und die Siedler selbst sind doch verdorben worden. Sie haben ja alles bekommen, was sie wollten."

Es begann damit, dass alle Regierungen die Siedler und das Siedlerwesen ja nicht nur tolerierten, sondern sogar noch förderten. Was macht eine Regierung, die sich illegales Verhalten zu eigen macht und damit eine verlogene, positivistische Scheinlegalität herstellt? Auf Dauer macht sie damit nicht nur einen Fehler, sie begeht ein Verbrechen, das sich rächen wird. Die israelische Regierung spürt nun die Vergeltung für dieses Verbrechen, die Saat hat sie selbst gesät. Und dieses Verhalten der Regierung erreichte ausgerechnet unter dem von uns unwissenden Deutschen bewunderten Jizhak Rabin 1994 seinen Höhepunkt. Anstatt die fundamentalistischen Siedler Hebrons nach der allgemeinen Abscheu über das von dem Arzt Baruch Goldstein begangenen Massaker in der Moschee von Hebron zu evakuieren, verhängte der Premierminister Israels eine Ausgangssperre über die Palästinenser Hebrons. So gab er grünes Licht für die ständigen kriminellen Akte ihrer Verfolgung und Vertreibung.

Seit 1967 waren es die verschiedenen Regierungen Israels, die die Kolonisierungspolitik – also die illegale Besetzung der durch die Siedler neu eroberten Gebiete – planten, billigten, genehmigten und mit Budgetmitteln finanzierten. Von der Annexion von ca. 70 Quadratkilometer der Westbank und deren Angliederung an Jerusalem bis zu den Nahal-Siedlungen, die schließlich zu Städten wurden. Messianische Siedler – so Amira Hass – zwangen die Regierungen Israels, den von ihnen ausgewählten Orten zuzustimmen, „und die Regierungen waren glücklich, dazu gezwungen zu werden. Der Unterschied bestand nur darin, dass die messianischen Siedler auch göttliche Ermächtigung für den kollektiven Appetit Israels an Besitz beanspruchten." Die Siedler seien das Ergebnis einer israelischen Politik, die sich wachsender Unterstützung der jüdisch-israelischen Öffentlichkeit erfreut habe, besonders seit nach 1977 Menachem Begin und Ariel Scharon die Siedlungen zu Massenunternehmungen machten. Nach Schätzung von Amira Hass leben schon 400 000 Israelis in den Westbank-Siedlungen plus Ost-Jerusalem. Sie haben hunderttausende Verwandte und Bekannte, die sie regelmäßig besuchen und für die die Siedlungen eine völlige staatliche Normalität darstellen. Sie wissen auch, dass sie sich Häuser in Gilo, Maale Adumin, Alon Svut und anderswo halten können, die sie sich in Israel nicht leisten könnten. Für sie ist dies eine Möglichkeit, sich mit der allmählichen Zerstörung des Wohlfahrtsstaates auseinander zu setzen.

Auch jene, die nicht beabsichtigen, in die Siedlungen umzuziehen, profitieren von deren Existenz. Denn mit den Siedlungen hat Israel die totale Kontrolle über die Wasservorräte und sichert die ungerechte Verteilung des Wassers im Verhältnis 7 : 1 zuungunsten der Palästinenser. „Wir Juden", so sagte Amira Hass, „können also mit dem Wasser aasen und es verschwenden, so als lebten wir in einem Land mit reichlich Wasser." Die größeren Schnellstraßen wurden und werden auf gestohlenem palästinensischen Land gebaut, wie die moderne Ringstraße rund um Jerusalem oder die Straße 443, eine zusätzliche Zufahrtsstraße nach Jerusalem – nur für Israelis. Diese Straße diene nicht nur den Siedlern, sondern vielen anderen, deren Mittelklassebewusstsein auf Komfort und Effizienz angewiesen ist.

Amira Hass schließt ihren Artikel: „Im Herz eines jeden Israeli lebt ein kleiner Siedler. Deshalb verfehlt die aktuelle Kritik den springenden Punkt. Die illegale und unmoralische Kolonisierungspolitik. Diese Politik profitiert letzten Endes von einer ständig wachsenden israelischen Öffentlichkeit. Die Frage nach der Zukunft der Region beunruhigt sie deshalb nicht."

Das Joch der Wahrheit

Immer wieder habe ich mir sagen müssen, der ich mich doch in den 80er Jahren oft mehrmals im Jahr von der Benediktiner-Abtei auf dem Zionsberg in Jerusalem relativ frei durch die Westbank bewegen und dorthin fahren konnte: Die Osloer Prozesse haben den Palästinensern das Leben viel schwerer gemacht. Die Kontrolle durch die Besatzungsmacht war total. Auch Henryk M. Broder, den ich damals oft in der Abtei bei unserem gemeinsamen Freund, dem Prior Immanuel Jacobs traf, war damals von der relativen Bewegungsfreiheit und der möglichen Vermittlung zwischen Palästinensern und Israelis überzeugt. Heute habe ich kaum noch Möglichkeiten, mich ihm verständlich zu machen, weil Broder extrem verbohrt in eine zynische Abwehrhaltung und intellektuelle Arroganz gegenüber allen verstrickt ist, die sich unterstehen, zu diesem Konflikt überhaupt etwas zu sagen oder zu schreiben.

Arafat hatte den Oslo-Prozess für sich und den Erhalt seiner Macht in Kauf genommen. Die Unterdrückung durch die unter Arafat stehende Polizei und die Geheimdienste ging so weit, dass Dissidenten, die zu Arafat in einem kritischen Verhältnis standen, einfach eingesperrt wurden. Zuerst waren Palästinenser mit großer Hoffnung zurückgekommen und hatten angefangen zu investieren – im Vorgriff auf einen wirklichen Staat, der aber dann nicht kam. Überall, wohin auch immer man geht, kann man diese Investitionsruinen sehen. Arafats System war wirklich das Regime eines Autokraten. Fast die Hälfte aller Staatsbediensteten gehörte entweder den verschiedenen Polizeieinheiten oder den miteinander konkurrierenden Geheimdiensten an. 1995 wurde er – das sagen auch seine Gegner – in freien Wahlen mit 88 Prozent zum Präsidenten der Autonomiebehörde gewählt.

In der Zeit nach Arafats Tod war für uns, die wir Besucher waren bei Dr. Madschid Naser in Beit Sahur und bei vielen anderen Menschen – immer wieder deutlich: Die Welt braucht Menschen wie Martin Buber und Daniel Barenboim. Mit dem einen – Daniel Barenboim – versuche ich seit zwei Jahren ein Gespräch zu führen, aber er ist wohl ein wahrhaftiger Globetrotter: Er ist nie in Berlin. Mit dem anderen, Martin Buber, der schon lange nicht mehr lebt, habe ich Kontakt, indem ich seine Bücher und Artikel immer wieder lese.

„Das Joch der Wahrheit auf uns zu nehmen …", haben Sie einmal geschrieben, in einem bewegenden Text, den ich an dem Tag wieder lese, an dem der große polnische Papst gestorben ist, ein Universaler, der die Versöhnung der Christen mit den Juden mit Meilenstiefeln vorangebracht hat und dem ich deshalb so viele andere Ärgerlichkeiten des mitteleuropäischen Kirchenlebens nicht mehr so übel nehmen kann. „Die Umstände sind viel schwerer geworden, die Handlungsbedingungen haben sich sehr verschlechtert, so dass wir einen Weg wählen müssen, der uns in seinen Zwischenphasen keine sichtbaren Erfolge verspricht." Ja, lieber Martin Buber, so ist es doch immer. Wir müssen natürlich Wirkung haben und das Antlitz der Erde verändern wollen. Aber, wie es einer unserer größten Theologen, Dietrich Bonhoeffer, gesagt hat, Erfolg ist keiner der Namen Gottes. „Aber", haben Sie mit Klarheit und Bestimmtheit geantwortet, „dies ist der richtige Weg. Man kann heute noch nicht sagen, was wir morgen tun müssen. Aber heute kann man bereits sagen, wonach wir unser Handeln ausrichten müssen, nämlich nach der Wahrheit und der Beachtung der ganzen jüdisch-arabischen Lebenswirklichkeit. Wenn das Gesagte die Wahrheit ist, so ist das auch die Wahrheit von heute und morgen, jetzt ist die Hauptsache, mit der listigen Art aufzuhören und das Joch der Wahrheit auf uns zu nehmen."

Das Joch der Wahrheit – das kommt uns wie eine süße Bürde vor.

Wir tragen es, manchmal allerdings wird es mir fast lästig. Möchte ich doch mit Freunden aus Israel und aus Palästina die Ereignisse in Afghanistan, in Kabul, die Arroganz der amerikanischen GI's in Kandahar und Bagram diskutieren. Möchte mich mit ihnen über die Lage nach der Tsunami-Katastrophe an den Küste von Aceh und Sumatra unterhalten. Möchte eine politische Front bilden, damit wir den oppositionellen Kämpfern in Zimbabwe beistehen, eventuell auch mit ein wenig Untergrund-Unterstützung für die kleinen Gruppen, die dort auf die Straße gehen können. Ich möchte die Geburtsklinik von Qara Bagh in Westafghanistan mit jüdischen *Physicians for Human Rights* besetzen, oder auch jetzt einen Arzt oder eine Ärztin für eine kleine, schmuddelige, aber so dringlich notwendige Klinik in Ca Mau im Süden Vietnams gewinnen. Ich möchte doch aus dieser meiner eigenen Inzucht herauskommen und mit diesem großartigen Volk alles Mögliche an Einsatz und Engagement in Sierra Leone und Kenia, in Zimbabwe und Haiti beraten. Nur könnte mit der unbedingten Widerstandsfähigkeit und dem internationalen Engagement von jüdischen Organisationen in Israel vieles einfacher und leichter werden. Aber das wird alles nur dann gehen, wenn Israel in der internationalen Weltgemeinschaft wieder ein Land unter anderen sein wird.

Bis dahin haben wir noch viel zu tun. Die neue, dickleibige Untersuchung „Es war einmal ein Palästina: Juden und Araber vor der Staatsgründung Israels" von Tom Segev* wäre uns allen zu empfehlen. Sie legt uns nochmals die verquere Gründungsgeschichte dar, die man auch dann diskutieren muss, wenn das Wasser auf die Mühlen von Israels Gegnern wäre. Zunächst mag das so sein. Aber das Verhältnis zu den Arabern und den Palästinensern war ja schon immer ungerecht. Israel darf doch nicht nur Brückenkopf eines merkwürdigen Europa oder eines säkularen antiarabischen Westens im Nahen Osten sein, sondern es sollte, wie es mir einmal im Gespräch der damalige Intendant des WDR, Freiherr von Sell, erklärte, eine Ordnungsmacht auch stellvertretend für die anderen sein.

* Berlin: Siedler-Verlag, 2005.

„Die häufige Behauptung, die Staatsgründung sei eine Folge des Holocaust gewesen, entbehrt jeder Grundlage, auch wenn natürlich der Schock, das Entsetzen und die Schuldgefühle, die viele empfanden, ein tiefes Mitgefühl für die Juden im Allgemeinen und die zionistische Bewegung im Besonderen erzeugten."* Dieses Mitgefühl half den Zionisten bei ihren Diplomatie wie bei Ihrer Propaganda. Die Araber wurden immer schon von den britischen Besatzungstruppen ungleich behandelt. Gegen die jüdischen Terroristen ging man nicht mit der gleichen Entschiedenheit wie gegen die Araber vor. Das war der Anfang der Ungerechtigkeit, die die Araber empfanden. Und bis heute gibt es auf Seiten Europas und des Westens nicht einmal annähernd diese Zuwendung zu den Arabern wie zu den jüdischen Israelis.

Die Demographie war von Anfang an die größte Sorge und Bedrückung der Zionisten und israelischen Juden. Es ist ähnlich wie mit den subventionierten Butterbergen der EU und der USA: Wohin mit den Weizen- und Butterbergen, wenn es keine neue Katastrophe gibt? So ähnlich ist es mit den Juden oder Jüdischstämmigen, die gern aus allen Ländern zur Einwanderung nach Israel aufgefordert werden. So hat Premierminister Scharon sich nicht gescheut, die 600 000 französischen Juden zur Emigration nach Israel einzuladen. Ähnlich vergeblich wurde das schon mit den Juden in Argentinien versucht, die aufgrund der plötzlich schwierig gewordenen Wirtschaftslage mit honigsüßer Stimme nach Israel gebeten wurden.

Erst nach dem Holocaust entdeckte die zionistische Bewegung – bisher auf die europäischen Juden fixiert – die Juden in den arabischen Ländern. Das Land brauchte Arbeiter, aber auch Kämpfer im Krieg gegen die Araber. In einem geheimen Bericht, den Tom Segev zitiert, kritisierte ein hochrangiger Beamter der *Jewish Agency* die Art, wie Juden aus den arabischen Ländern, insbesondere aus dem Jemen aufgenommen wurden. Untergebracht in Zeltlagern, lebten die Immigranten unter unzumutbaren Bedingungen. Es sei mit der Entstehung von Slums zu rechnen. Anfang 1945 startete

---

* *Es war einmal ein Palästina*, 2005.

die *Jewish Agency* den Bau von befestigten Durchgangslagern, in denen jede Wohneinheit 350 Pfund kostete – ein Zelt kostete 40 Pfund –, doch die Wohnungen waren nur für die Einwanderer aus Europa bestimmt. Diese Ungleichbehandlung, so Tom Segev, sei verantwortlich gewesen für die ethnische Kluft, die später die israelische Gesellschaft prägte und bis heute prägt.

Die Versuche, sich gegen die Okkupationsarmee der Briten zu wehren, trieben auf beiden Seiten Stil- und Bündnisblüten. Zur gleichen Zeit, da der Mufti Hadschi Amin al-Hussaini im Berliner Führerhauptquartier vergeblich um Unterstützung bat, erwog der Befehlshaber der jüdischen *Lechi*-Front, Avraham Stern, eine deutsch-jüdische Allianz mit dem Ziel, die britische Herrschaft in Palästina zu beenden. Ihn bewog der gleiche Grundsatz wie den Mufti: „Der Feind meines Feindes ist mein Freund".

Martin Buber, wie haben Sie diese Zeit und diese Jahre überlebt, in denen das Volk in Gefahr war, ganz vernichtet zu werden? Wobei mir als wirklicher „Trost" bleibt, dass mir sowohl nach 1994, beim Völkermord in Ruanda, als auch durch die Erkenntnisse aus den Geschichtsbüchern, die ich lese, immer wieder klar wird: Es gelingt den teuflischen Verführern und Verbrechern, den Massen- und Völkermördern eben doch nicht, oder nie, ein ganzes Volk umzubringen. Es konnte mit den Juden nicht geschehen, es konnte auch mit den Tutsis in Ruanda nicht geschehen. Ich will damit nicht die Trauer und die Erinnerung des jüdischen Volkes und einzelner Juden wie auch der Tutsis in Ruanda und Burundi in irgendeiner Weise antasten, aber mir kommt es geradezu wunderbar vor: dass Völkermord nicht gelingen kann, dass er ganz offenbar kein Versuch ist, der von Erfolg gekrönt werden kann.

Ja, es scheint alles so aussichtslos, jeder Anflug von Optimismus wird uns vergällt, weil irgendein mörderischer Fanatiker oder auch einer, dem alle Hoffnung durch Demütigung genommen wurde, sich jetzt auf den Weg machen und irgendwo eine Bombe platzieren kann – in einem Pizza-Restaurant oder in einem Bus. Dann sind wir wieder zurückgeworfen. Aber die Welt darf nicht mehr stehen bleiben.

„Wir müssen nicht verzweifeln, wenn wir uns gegen die Verführung durch die Lüge wehren und die Nichtigkeit ihrer Kraft erkennen, wenn wir uns nicht durch Erfolg, sondern durch Treue leiten lassen. Morgen werden wir vielleicht nur zwei Möglichkeiten haben: Wir können entweder unsere Fahne mit den Farben der Lüge bemalen und untergehen. Wie der elendste unter allen elenden Fahnenträgern." Ja, es gibt natürlich das Oder, wir halten uns daran fest, lieber Martin Buber, die expansive Kolonisation wird ein Ende haben, auch Scharon wird eines Tages nicht mehr sein, Israel wird einen wunderbaren Premier haben, der ganz anders im Nahen Osten Kontakte suchen wird. „Oder er wird das kleine Siegel der zwei Siegel Gottes in Obhut nehmen, die menschliche Wahrheit, und es in der Truhe des schweren Lebens bewahren, bis der Herrscher kommen wird, der es uns übergeben und zu neuem Tageslicht erheben wird."

Noch einmal Hajo Meyer

Wieder sitzen wir zusammen, Hajo Meyer und ich, an einem Abend in unserem heimeligen ‚Hauptquartier' der *Grünhelme* in der Kupferstraße 7 in Troisdorf-Spich und wissen nicht weiter. In unserer Gesellschaft, aber auch in der niederländischen, wagt niemand sich an eine solidarische Kritik Israels heran. Die Position Israels ist die der totalen Stärke. Die Amerikaner sind geschwächt. Sie haben den vordergründigen Sieg im Irak-Krieg verspielt und den Frieden verloren. Wie es an diesem Tag, dem 21. Juli 2005, der deutsche Schriftsteller Hans Magnus Enzensberger in der FAZ so eindrucksvoll sagte, gleichgültig, welche Position man zum letzten Golfkrieg einnehme, so stehe eines fest: „Dass die Sieger ihrem Sieg in keiner Weise gewachsen waren. Offenbar hat sich niemand ernsthaft Gedanken darüber gemacht, was mit dem Irak geschehen sollte, nachdem das dort herrschende Regime gestürzt war." Aber Israel trauen wir zu, einen nächtlichen Präventivangriff auf einen iranischen Atomreaktor zu unternehmen, wie seinerzeit den Angriff auf den irakischen in Osirak. Und wieder müssen wir uns klarmachen: Wir können in Deutschland die öffentliche Meinung nicht ändern, weil die Medien das Bild der Ungleichbehandlung weitertransportierten.

Was wäre mit einem nichtjüdischen Journalisten wie, sagen wir einmal, Peter Scholl-Latour oder Heribert Prantl oder vielleicht Andreas Cichowicz geschehen, wenn sie in der FAZ, SZ oder dem NDR geschrieben oder gesagt hätten: „Täter sein macht Spaß, denn Täter leben länger!" Man hätte sie sicherlich sofort fristlos entlassen und mit einem Bann belegt. Bei dem jüdischen Journalisten Henryk M. Broder erleben wir nur ein ganz großes Schweigen der gesamten deutschen Presse samt seines Arbeitgebers beim SPIEGEL.

Wo leben wir denn? Was könnten wir wirklich tun, dass diese beiden Völker wieder in Frieden leben – nebeneinander oder gar irgendwann auch wieder miteinander?

Wir besprechen auch die Klage, die der Verleger Abraham Melzer in seinem viel zu unjuristischen emotionalen Eifer gegen den gewieften Henryk M. Broder angestrengt hat:

Der Verleger will sich gegen die Apostrophierung in Broders Online-Tagebuch wehren: Er und Hajo Meyer seien „Kapazitäten für angewandte Judeophobie", Meyer ein „Berufsüberlebender", und beide würden den Leipzigern „den Hitler machen".

Wir bereden die Erfahrung, die Hajo Meyer, Überlebender des Holocaust, in Leipzig machen musste, als er dort am 11. Juli 2005 zu einem Vortrag im Rahmen der Ringvorlesung auf Initiative von Prof. Georg Meggle eingeladen war.

Vor vollem Saal hielt der blitzaktive und durch nichts zu ermüdende 81-jährige Dr. Hajo Meyer einen Vortrag über seine Sicht des Verhältnisses „Deutschland-Israel-Palästina".

Auf der Website „www.juedische.at" meldete sich kurz danach ein gewisser Ralf Schroeder und rezensierte den Vortrag wie folgt:

„Ein älterer Herr versucht, deutschen Studenten das Judentum zu erklären, und unterscheidet dabei zwischen zwei Arten.

Erstens: *das gute Judentum*.

Zweitens, das vorherrschende böse Judentum: grausam und fremdenfeindlich. Dieses böse Judentum, das den Holocaust zur Ersatzreligion mache, weise zudem Analogien zu Nazideutschland

auf. Man könne von einer jüdischen Wehrmacht und einer jüdischen SS sprechen. Zwar betreibe Israel noch keine Gaskammern, doch für einen Genozid gäbe es verschiedene Methoden."
Der das sage, sei weder ein Nazi noch ein deutscher Revanchist, stellt der Autor fest: „Hajo G. Meyer ist Holländer, ein guter Jude, der aus Auschwitz andere Lehren gezogen habe als viele andere."
Da man einem Juden wie Hajo Meyer nur schlecht Antisemitismus vorwerfen kann, was der Autor dieser Schmähartikels sehr wohl liebend gern getan hätte, bleibt nur, ihn gemeinsam mit dem Veranstalter an der Universität, zu verunglimpfen. „Als sich nach dem Vortrag einige wenige Kritiker zur Widerrede melden, werden sie von arabischen Muskelmännern angepöbelt, bedroht und fotografiert." Nach Auskunft von Hajo Meyer ist davon kein Wort wahr. Wahr sei vielmehr, dass der Autor des Schmähartikels sich zu Wort meldete und ein Ko-Referat begann. Erst nach zehn bis fünfzehn Minuten stoppte ihn der milde und ironische Professor Georg Meggle mit der Bitte, doch zu einer Frage zu kommen.

Martin Buber, gewiss hätten auch Sie die Entwicklung all der Staaten so spannend und faszinierend gefunden, die aus der Kältestarre des kommunistischen Kühlschranks in Osteuropa wieder auftauten. In der Tschechoslowakei kam ein wirklicher Schriftsteller – wie der Philosoph, der König wurde – an die Macht und wurde Staatspräsident. Vaclav Havel hatte lange Jahre im Gefängnis verbracht. Er wollte eine Politik in der Wahrheit realisieren. So einen Havel wünschte ich mir für Israel, so einen wünschte ich mir für Palästina. Vaclav Havel hat uns Hoffnung gegeben! Denn ohne Zuversicht und Hoffnung gibt es kein wirkliches Leben.

„Hoffnung ist eben nicht Optimismus. Es ist nicht die Überzeugung, dass etwas gut ausgeht, sondern die Gewissheit, dass etwas Sinn hat. Ohne Rücksicht darauf, wie es ausgeht."

Epilog

Beide Gesellschaften, Israel und Palästina, haben es sehr schwer, zu einer Lösung zu kommen.

Ich hasse es, wenn man sagt, die Lage sei viel zu komplex, man könne sie gar nicht verstehen im Gewirr labyrinthischer Fäden. Und für den Konflikt zwischen Israel und den Palästinensern trifft es auch nicht zu. Die Lage ist klar und einfach. Die beiden Völker brauchen ihren Raum zum Atmen und Leben. Aber seit nunmehr über dreißig Jahren leben die Palästinenser nur noch unter einem immer drakonischer werdenden Besatzungsregime.

Um das zu erkennen, muss man etwas über diese Besatzungspolitik wissen. Aber genau das sollen wir Deutschen besser nicht. Wer nämlich erfährt, was sich wirklich mit diesen Menschen abspielt, ist entsetzt und entgeistert. Es sind unglaublich anständige und aus dem Motiv der Humanität heraus handelnde Menschen, die dann zu dem in Deutschland immer noch unerlaubten Urteil kommen, dass Israel sich an den Palästinenser ‚versündigt'.

Die Selbstmordattentate sind grässlich, scheußlich und furchtbar. Sie mindern aber nicht das Urteil über Israels Politik.

Ellen Rohlfs – die Übersetzerin von Avnery – hat mir jüngst eine Nachricht zukommen lassen, in der genau diese unerlaubte Äußerung steht, die im öffentlichen Diskurs in Deutschland nicht zugelassen ist. Ich habe ja beschrieben, durch welche Gnade ich zu einem klaren Urteil kam.

Ellen Rohlfs schreibt mir:

„Lieber Rupert Neudeck,
ja, die Situation in Palästina ist eine Katastrophe. Für mich ist es ein schleichender Völkermord. Wenn man einem Volk das Land, das Wasser, die Olivenbäume wegnimmt oder zerstört, die Lebensgrundlage, die Häuser zerstört, keine Berufsmöglichkeit gibt, keine Bewegungsfreiheit, den Kontakt zur Außenwelt abschneidet, Demütigung, Entmenschlichung, Brutalität und Mord an der Tagesordnung sind, den Zugang zu Krankenhäusern

und Schulen verweigert – dann sind das für mich Konzentrationslager (ohne Gaskammern); allerdings werden Tränengasgranaten in Mengen gegen friedlich demonstrierende Menschen eingesetzt. Gegen demonstrierende Siedler wird keine Waffe eingesetzt – nur gegen Palästinenser –, das ist Rassismus pur."

Das haben immer wieder Freunde und Menschen erkannt, die nie etwas mit Antisemitismus oder Rechtsradikalismus oder überhaupt Rassismus zu tun hatten. Nein, es sind immer Menschen, die irgendwann auf ihren Reisen in Israel in die besetzten Gebiete Palästinas gekommen sind und die dann ihren Augen nicht getraut haben: Was, ‚ihr Israel' sollte dazu in der Lage sein?

Ich beneide die Führer Israels nicht. Sie haben sich selbst in eine solche Position manövriert, dass sie es wahnsinnig schwer haben werden, da wieder herauszukommen. Sie, lieber Martin Buber, forderten weitsichtig und visionär eine andere Art von Politik, eine im Sinne Vaclav Havels und Adam Michniks – eine Antipolitik. Oder, noch schöner in Ihrem Sinne formuliert, eine „Politik in der Wahrheit" (so hatte es Vaclav Havel in den dramatischen Tagen der Samtenen Revolution 1989 in Prag formuliert). Im September 1945 haben Sie es vorweggenommen, auf Ihre Art, die mir ganz politisch und gleichzeitig ganz weltfremd erscheint. Eine solche Politik braucht Führer und Ausführer, die Sie auch beschreiben. Wenn wir jetzt das Gewürge der israelischen Imperialpolitik erleben, dann deshalb, weil es diese visionären und weitsichtigen Politiker in Israel selten gegeben hat.

Sie – lieber Buber – gingen davon aus, dass „dem Jüdischen Volk noch ein großes Leben bevorsteht." Aber damit meinten Sie nicht: ein Leben als Okkupationsmacht, die es effektiver und rücksichtsloser fertig bringt, ein Volk zu besetzen und zu beherrschen als die Amerikaner im Irak.

„In Isolation ist das nicht zu erreichen", riefen Sie im September 1945 in der Zeitschrift *Beajot* aus*. Noch aktueller schrieben Sie – wie bezogen auf das Flickwerk der jetzigen Politik, die sich gar nicht Politik im Sinne der Sorge um das Gemeinwohl nennen dürfte: „In einer Isolation, bei der sich ringsherum Wellen von Hass und

---

* *Ein Land und zwei Völker*, S. 237f.

Verdächtigung auftürmen, ist dieses undenkbar." Dann fuhren Sie fort, und ich erkenne darin all unsere Sehnsüchte nach Frieden und Gerechtigkeit für unsere Weltgemeinschaft: „Um dem jüdischen Volk ein großes Leben zu verschaffen, ist ein großer Frieden vonnöten. Kein imaginärer, zwerghafter Frieden, der nichts anderes wäre denn ein ohnmächtiger Waffenstillstand, sondern ein großer Frieden mit den Nachbarn, der die gemeinsame (!) Entwicklung dieses Landstriches als Pionier des aufsteigenden Vorderasiens ermöglichte."

Man kann – haben Sie gesagt – unmöglich in einem Kartenhaus wohnen. Sie haben vor sechzig Jahren visionär die Lage im Blick gehabt. Die Tatsache, dass die Garde der machtlüsternen Politiker, von Ariel Scharon bis George W. Bush, keine Antenne für den großen Frieden und die große Zukunft hat, wird für sie heißen: Sie werden eine winzige Fußnote in den Geschichtsbüchern ausfüllen. Nicht mehr.

Jetzt, sagen Sie, lieber Martin Buber, ist die Zeit zum Handeln, und mit allen Fasern unseres politischen Herzens stimmen wir ihnen nicht nur zu, sondern würden uns sofort in die Reihe derer einreihen, die mitarbeiten. Gerade jetzt, gerade weil die Lage auf dem politischen Kampfschauplatz schwieriger denn je ist, sollte man am Horizont der Zeit die Stunden sehen, die uns mit harter Hand auf den harten Boden der Realität stellen. Man hat damals Ihren Zeitgenossen, man wird heute uns und Ihren Landsleuten die Frage stellen: „Was habt ihr für euren Teil zum stillen Aufstieg Vorderasiens anzubieten?"

Sie kennen Amira Hass, nein, zu Ihren Lebzeiten gab es diese tapfere Journalistin noch nicht, aber gewiss wissen Sie von ihr. Sie hat wieder beschrieben, welch schreiendes Unrecht diesen 3,5 Millionen Palästinensern geschieht.

Alles ist auch bei Erscheinen dieses Buches auf Gewalt ausgelegt. Selbst ohne Panzer und Kampfhubschrauberbeschuss sei die israelische Präsenz in der Westbank und im Gazastreifen brutal, meint Hass. Diese Besatzung sei seit 1967, seit 38 Jahren, brutal und es ist kein Ende in Sicht, trotz Räumung des – winzigen – Gaza-Streifens im August 2005.

Brutal „sind die Befehle, die palästinensisches Land für

‚öffentliche Zwecke', d.h. nur für Juden enteignen." Brutal, fährt Amira Hass in diesem zum Zerbersten klarsichtigen Artikel fort, der „Ich" (Israel) und „Du" (Palästinenser) in einen stummen Dialog bringt, brutal „ist die Art und Weise, wie Israel das Wasser zuteilt: so viel Wasser wie sie [die Siedler] wollen für die Siedlungen neben den Dörfern [der Palästinenser], die nicht mal an die Wasserleitung angeschlossen sind." Brutal „sind die Besatzungsanwälte, die ‚Staatsland' als Land definieren, das Palästinenser nicht ... [kultivieren] dürfen und zivile Verwaltungsinspektoren, die jeden neuen ‚unerlaubten' Weinstock und Olivenbaum dort entdecken."

Brutal, so führt Amira Hass ihre Litanei der Wahrheit weiter aus, sei „der Shin-Bet-Offizier, der jemandem, der dringend eine Reiseerlaubnis benötigt, freundlich mitteilt, ‚Hilf uns und wir werden dir helfen!' und der dann diese Person mit einer Aufgabe [zur Kollaboration] versieht."

Brutal seinen die Planierraupen, die Mauern und Zäune „rund um die palästinensischen Dörfer und Städte ziehen und sie mit Siedlungen und Sicherheitsstraßen umgeben."

Brutal sei „das bürokratische System, das Warteschlangen von Menschen schafft, die stunden- oder tagelang auf einen zivilen Verwaltungsangestellten warten müssen." Brutal sei „das israelische Verbot, das in der Westbank oder im Gazastreifen Geborene daran hindert, zu ihren Häusern zurückzukehren, wenn sie zufällig 1967 gerade außerhalb des Landes waren." Brutal sei „das Konzept, dass das ‚Göttliche Versprechen' eine Lizenz ist, um ein Diskriminierungsregime, das auf Ethnizität beruht, zu errichten."*

Israel-Palästina: dieser geopolitische Raum ist der auf der Welt am kontinuierlichsten mit Berichterstattung abgedeckte Raum. Ich lese gerade, sehr verspätet, das Kriegstagebuch von Uri Avnery, das im Original schon 1949 auf Hebräisch in Israel erschien. Das zweite Buch „Die Kehrseite der Medaille", wurde 1950 in Tel Aviv veröffentlicht. Ich lese die beiden Bücher, die auf Deutsch unter dem Titel „In den Feldern der Philister" jetzt

---

* Aus: *ZNet Deutschland*, 25.7.2005.

in einem Band vereinigt sind*, also 55 Jahre zu spät. Aber sie bedeuten mir sehr viel.

In dem ersten Buch des wunderbaren Gerechtigkeitspolitikers und Kämpfers Uri Avnery wird einerseits über den „israelischen Unabhängigkeitskrieg" von 1948/49 so ehrlich, aufrichtig und glaubwürdig erzählt, wie ich das nur von Erich Maria Remarques „Im Westen nichts Neues" kenne. Es ist ein Buch über einen Kampf um gerechte Ziele, die aber im zweiten Buch schon wieder ein- und überholt werden von Avnerys Kritik, der nie aufgehört hat, für ein Miteinander oder zumindest friedliches Nebeneinander der beiden Völker zu werben. Im Kapitel „Und die Beute Deiner Feinde genießen" (5. Mose 20,14) schildert der Autor eine Plünderaktion der Israelis in einem Dorf zwischen Ramleh und Lydda. Auf einem der gefundenen Ausweise steht:

„Name: Attalla Abdallah Abu Salem
Wohnort: al-Chudad
Beruf: Arbeiter
Rasse: Araber."

Daran hakt sich die menschenfreundliche Fantasie dieses lebenslangen Kämpfers für Gerechtigkeit fest:
„Unsinn. Es gibt keine arabische Rasse. So wie es auch keine jüdische Rasse gibt. Du bist eine levantinische Mischung. Dein Ur-Urahn war ein kanaanitischer Bauer. Seine Töchter wurden von den israelitischen Invasoren entführt und ihre Urenkel dienten den Königen David und Salomo." Und Avnery kommt aus dem Weiterspinnen gar nicht mehr heraus, das erinnert mich an diese wunderbare Stelle in Carl Zuckmayers „Des Teufels General", in dem von dem jüdischen Gewürzhändler in der Ahnenreihe eines deutschen Offiziers die Rede ist.

Später, so Avnery weiter, wären die griechischen Soldaten und die Römer gekommen. Und auch die hätten in den Adern des sogenannten Arabers Spuren hinterlassen. Und als „Chaled in der

---

* Diederichs Verlag, 2005.
** Der Schlacht Saladins gegen die Kreuzritter.

Schlacht am Jarmuk siegte**, kamen die Araber, gaben deinen Vorfahren ihre Religion und ihre Sprache."

Seitdem sei dieser Mann eben Araber. Und gebieterisch stellt er sich den Befehlen: Und wenn der Mann Araber ist, müssen wir [Israelis] ihn verfolgen. „Wenn es sein muss, auch töten." Das sei ein Naturgesetz.

Waren deine und meine Vorfahren Geschwister? Vielleicht gehörten sie zur selben israelitischen Familie? Vielleicht waren meine Urahnen gar keine Israeliten.

Vielleicht stammten sie aus Tyros oder aus Karat-Chadat und nahmen die jüdische Religion erst nach dem Sieg der Römer an.

„All das ist jetzt nicht wichtig. Hauptsache ist, dass du ein Araber bist und ich ein Israeli, und dass wir uns so bald wie möglich gegenseitig umbringen müssen. Das ist eine einfache Logik und alles andere ist Quatsch."*

„Mir", sagt Uri Avnery weiter in seinen Träumereien, „wäre es auch recht, wenn mein Sohn eines Tages deine Tochter heiraten würde".

Es ist ein Buch, das dem großen alten Pädagogen und Menschenfreund Martin Buber gefallen würde. Der nickt auch schon dazu. Doch plötzlich zuckt es in Avnery auf. Er hört im Radio in diesen geschichtsbesoffenen Tagen des Jahres 1949 eine Stimme: „Ihr seid die wenigen Auserwählten, mit deren Blut der neue Staat erbaut werden wird."

Da zuckt es in ihm auf, und es zuckt bis heute, so vermute ich. Staat, fragt er sich: „Was für ein Staat? Welche Form wird er haben? Wie wird er regiert werden? Wird es ein Regime der Unterdrückung oder der Gerechtigkeit sein?"**

Diese Frage hat sich Uri Avnery – wir dürfen das nicht vergessen – schon vor mehr als 55 Jahren gestellt. Konnte er damals ahnen, wie sehr sich der Staat, der mit seinem Blut errichtet wurde, von der Gerechtigkeit entfernen und ein Unterdrücker werden wird? Wohl kaum!

---

* *In den Feldern der Philister*, S. 320f.
** *In den Feldern der Philister*, S. 307.

Nachwort

Von Abraham Melzer

Als ich das Manuskript von Rupert Neudeck las, wusste ich sofort, dass ich es verlegen werde. Endlich meldete sich jemand, zumal ein prominenter und durch die Medien bekannter Autor, der den Mut hat, gegen die „political correctness" in unserem Land seine Stimme zu erheben: „Ich will nie mehr feige sein", schreibt er und eigentlich schreit es aus ihm heraus.

Was mich in Deutschland erschreckt und zornig macht, ist ein Ungeist, der nicht nur salonfähig geworden ist, sondern den öffentlichen Diskurs dominiert. Wenn ein ehemaliger Bundespräsident Johannes Rau 2004 anlässlich der Berliner KSZE-Konferenz gegen Antisemitismus sagt, dass man Israel zwar wegen seiner Politik kritisieren dürfe, aber, fragt er rhetorisch, naiv, unschuldig: „Muss es denn öffentlich sein?"

Jawohl, Herr Rau, es muss unbedingt öffentlich sein und ich will jeden unterstützen, der sich der fanatischen, blinden und unbegreiflich einseitigen Parteinahme für Israel entzieht. Für mich ist jeder „schuldig", der die Rechte und Würde der Palästinenser ignoriert und das mit den „besonderen Beziehungen" zu Israel rechtfertigt. Gegenüber diesen falschen Freunden möchte ich mein Israel verteidigen. Mein Israel hat es verdient, sachlich und ehrlich kritisiert zu werden, und wer Israels Freund ist, aber auch Freund der Palästinenser, sollte es tun, so wie Rupert Neudeck es in diesem Buch tut. Man spürt zwar auf jeder Seite seine Verzweiflung und seinen Zorn, aber auch seine Liebe zu den Menschen in Israel und Palästina und seine trotz aller Trauer noch vorhandene Hoffnung.

Es ist in diesem Land inzwischen unerträglich und eigentlich skandalös, dass man von diesen selbsternannten Protectores Judaicae in plumper, diffamierender und oft schon fast existenzbedrohender Art und Weise angepöbelt wird bei dem Versuch mundtot gemacht zu werden, nur weil man eine andere Meinung zum Geschehen im Nahen Osten hat.

Der wirkliche Skandal ist jedoch das Verhalten der politischen

Kaste und der Medien, die das Thema Israel und Nahost-Konflikt mit sträflicher Leichtfertigkeit behandeln und zulassen, dass es immer wieder mit Antizionismus und Antisemitismus in Verbindung gebracht wird. Skandalös ist die Tatsache, dass fanatische Israelfreunde jeder relevanten und sachlichen Diskussion aus dem Weg gehen und Israelkritik und Antisemitismus dummdreist gleichsetzen, ohne sich die Mühe zu machen auf sachliche Argumente einzugehen.

Bei einer Debatte über Antisemitismus in Berlin brachten es diese Freunde fertig, den bekannten jüdischen Publizisten Alfred Grosser des Antisemitismus zu bezichtigen, weil er es gewagt hatte zu behaupten: „Es gehe nicht nur um die Politik Israels, es gehe auch um Verbrechen." Eigentlich sprach er damit aus, was auch viele Israelis, selbst führende Vertreter des Establishments, inzwischen offen aussprechen und diskutieren (siehe dazu im Anhang die Beiträge von Avraham Burg und Jossi Sarid).

In Berlin, im Beisein vieler Bundestagsabgeordneter, hochrangiger Beamter aus dem Innen- und Außenministerium sowie namhafter Wissenschaftler, wurde Befremden geäußert, dass Grossers Position „ernsthaft und relevant in diesem Hause diskutiert" würde. So kann nur sprechen, wer Angst vor der Wahrheit hat. Israel kann sich seine Freunde nicht aussuchen. Wir können uns das Recht der freien Rede auch nicht von solchen Claqueuren Israels nehmen lassen. Grossers Argumentation, die man humanistisch und demokratisch nennen könnte, war für die deutschen Parlamentarier und Experten in Sachen „Antisemitismus" unerträglich, peinlich und sogar unanständig, obwohl Grosser sein Recht auf Kritik ausdrücklich mit seiner jüdischen Identität begründete. Da ist dann schnell – auch das ist ein Mangel an Argumentation in der Sache – von „jüdischem Selbsthass" die Rede. Kritiker werden flächendeckend mit dem Antisemitismusvorwurf zum Schweigen gebracht. Der eigentliche Skandal aber sind nicht diese Claqueure und falschen Freunde Israels, sondern die deutschen Medien, die diesen Stimmen ein Forum bieten und durch ihre Einseitigkeit auf ein Stück Freiheit der Meinungsäußerung verzichten, das gerade für die Freiheit der Presse unabdingbar ist. Feigheit allerorten.

Wie verunsichert das israelische Establishment ist, haben wir gesehen und gehört, als anlässlich einer Feier im israelischen Parlament – der Knesset – zu Ehren von Daniel Barenboim, die israelische Erziehungs- und Kulturministerin nach der Rede Barenboims geradezu explodierte; der aber hatte nichts anderes gemacht, als aus der israelischen „Magna Charta", der von den Gründungsvätern Israels unterschriebenen Unabhängigkeitserklärung, Passagen vorzulesen, in denen „allen seinen Bürgern ohne Ansehen der Unterschiede ihres Glaubens, ihrer Rasse oder ihres Geschlechts die gleichen sozialen und politischen Rechte" versprochen wurden. Barenboim hatte es nur gewagt, an dieses Versprechen zu erinnern, was aber offensichtlich schon zu viel war. Neudeck schreibt darüber ausführlich in seinem Buch.

Ich bin froh, dass Rupert Neudeck keine Angst hat, in diesem Buch Ross und Reiter zu nennen und den Skandal immer wieder auf den Punkt zu bringen. Wie kommt es, dass es in der politischen Kultur der Bundesrepublik eine geradezu totalitär verfestigte Ideologie zum Thema Israel und Antisemitismus gibt? Ist das die „besondere Verantwortung gegenüber Israel und den Juden", von der Joschka Fischer immer wieder spricht und die ihm am Ende auch einen Dr. h.c. eingebracht hat? Die Juden als Opfer der Deutschen. Wo bleibt dann die besondere Verantwortung gegenüber den Palästinensern? Den Palästinensern als Opfer der Opfer und insofern auch Opfer der Deutschen.

Dieses Buch soll über das Problem der Kritik ein wenig aufklären und allen Menschen Mut machen, sich sachlich, ehrlich und mutig in die Debatte einzumischen. Israel geht uns alle an, denn im Nahost-Konflikt ist auch die Sicherheit Europas, also unser aller Sicherheit, bedroht. Es muss endlich in Deutschland möglich sein, die israelische Politik zu kritisieren, ohne Antisemit zu sein – oder muss man den wirklich unbedingt ein Antisemit sein, wenn man Israel kritisieren will?

Alles sträubt sich in mir angesichts dieser rassistischen Verallgemeinerung, als seien nicht nur „die Israelis", sondern auch gleich „alle Juden" unmittelbar mit dem israelischen Staat und dessen

Politik zu identifizieren. Warum will man mit aller Gewalt diejenigen Juden ignorieren, die laut rufen: „Not in my name!"?

Und last not least: Es soll keiner später sagen, er habe nicht gewusst, was in Israel geschieht. Wer es wissen will, hat genügend Möglichkeiten sich zu informieren, wer es nicht tut, will es nicht wissen.

Anhang

Die Mauer bei Nablus

Ein Brief an meine palästinensischen Freunde*

Avraham Burg, 2003

Nach der Veröffentlichung (August 2003) des Artikels zum Zusammenbruch der israelischen Gesellschaft in The Jerusalem Times vom 10. Oktober 2003 über die Situation in Israel heute wurde Avraham Burg gefragt: "Was sagst du deinen arabischen Freunden?" Hier ist die Antwort.

Mein Lebenslauf ist kein Geheimnis. Meine Mutter wurde 1921 in Hebron in eine Familie geboren, die seit sieben Generationen in Hebron lebte. Ich gehöre zur achten Generation. Die tiefe Verbindung zur Stadt der Patriarchen wurde im Sommer 1929 grausam unterbrochen, als Aufständische mit dem Lied "Tötet die Juden!" die Hälfte meiner Familie ermordet haben. Die andere Hälfte, mein Großvater, Onkel, Tanten und meine Mutter wurden von ihren arabischen Vermietern gerettet. Seitdem ist unsere Familie geteilt. Die eine Hälfte wird nie wieder Arabern trauen. Die andere Hälfte wird niemals aufhören, nach Nachbarn zu suchen, die den Frieden suchen.

Ich habe das Recht der Rückkehr in die Geburtsstadt meiner Mutter und aus der wir vertrieben wurden. Ich werde dieses Recht niemals aufgeben – aber ich habe nicht die Absicht, dieses Recht in Anspruch zu nehmen, denn zusätzlich zu meinen Besitzrechten habe ich die Verpflichtung, Leben zu schaffen, das frei ist von endlosem Sterben und unendlichem Konflikt. Das Recht auf Leben meiner Kinder und der Kinder in Hebron hat Vorrang vor dem Recht, auf dem Altar von Land und Haus einander zu opfern.

Letzten Monat veröffentlichte ich einen Artikel in Israels meist verbreiteter Zeitung. Er endete mit folgendem Gedanken: „Was wir brauchen, ist kein politischer Ersatz für die Sharon-Regierung, sondern eine Vision der Hoffnung, eine Alternative zur Zerstö-

---

* SEMITTIMES 2004, S. 15-20.

rung des Zionismus und seinen Werten durch Taube, Stumme und Gleichgültige."

Seitdem bin ich immer wieder gefragt worden: Was sagst du deinen arabischen Freunden? Und da wir gegenseitig das Spiegelbild von einander sind, als ich meine eigene nationale Realität angriff, fühle ich mich gezwungen, auch euch zu sagen, was ich über das denke, was bei euch geschieht.

Ich bin nicht nur verärgert, ich koche vor Zorn. Ich sehe, wie meine Träume und die Träume meiner jüdischen und arabischen Freunde in den Leidenschaften des Extremismus aufgehen. Es ist eine Leidenschaft, die uns im Nahen Osten schon immer bewegte, eine Leidenschaft, von der ich dachte, die Zeit und der Frieden würden sie wegfegen. Nun aber erlebe ich, wie sie alles verschlingt, Häuser, Menschen und Träume. Ich bin zornig über euch und dass ihr zu vielen eurer religiösen Führer erlaubt, Gottes heiligem Wort einen so schrecklichen Sinn zu geben. Ich habe mir aber geschworen: Der Zorn soll nicht mein Ratgeber werden. Aus Rache darf keine Politik werden. Ich will kein Hasser werden. Deshalb will ich weiter (an Gott) glauben – nicht naiv, ich will glauben und beten und wachsam sein.

Und das ist mein Glaube: Jedes zukünftige Abkommen wird auf den Prinzipien des territorialen Kompromisses gegründet sein. Wie sieht dieser Kompromiss aus? Territorialer Kompromiss ist nicht nur eine reine Staatsangelegenheit. Es ist eine geistige Entscheidung von Menschen, die sich entschieden haben, trotz jahrelanger Feindschaft und tiefen Hass- und Rachegefühlen einander anzunehmen. Solch ein Kompromiss findet zunächst innerhalb einer Nation und mit sich selbst statt. Mein tiefster Glaube sagt mir, dass das ganze Land Israel mir/uns gehört. So steht es in der Bibel. Das lehrte meine Mutter aus Hebron mich und ihren Enkeln. Und ich weiß, dass der Traum von Groß-Palästina in jeder palästinensischen Familie vom Großvater auf die Enkel weitergegeben wird. Deshalb ist der erste Kompromiss einer zwischen mir und meinem Traum. Ich mache einen Kompromiss mit meinem Traum, nach Hebron zurückzukehren, damit ich frei in einem neuen Israel leben kann. Und mein palästinensischer Bruder muss seinen Traum der Rückkehr nach Jaffa aufgeben, um ein rechtschaffenes und würdiges Leben in Nablus zu führen. Nur diejenigen, die fähig sind, einen Kompromiss mit ihren Träumen einzugehen, können zusammensitzen, um einen Kompromiss zugunsten ihrer Völker zu schließen.

Bis jetzt habt ihr für all die Fehler der arabischen Regierungen als ewige Entschuldigung herhalten müssen. Die Flüchtlinge im Libanon und in Syrien hat man sich selbst überlassen – und nicht etwa wegen uns. Während der letzten 50 Jahre hat Israel eine immense Anzahl von Flüchtlingen aus aller Welt aufgenommen, ohne auf sie zu gewartet zu haben. Die meisten arabischen Staaten haben keinen Finger für die palästinensischen Flüchtlinge gerührt. Viele fanden es nützlich, eure Wut und Demütigung zu erhalten. Sie wissen, dass in dem Augenblick, in dem die palästinensische Unabhängigkeit erklärt wird, sich das Gesicht der arabischen und muslimischen Welt so ändern wird, dass es nicht wiederzuerkennen ist.

Ein führender palästinensischer Wissenschaftler sagte einmal zu mir, dass, während die Palästinenser sich auf fast jeder Ebene gegen Israel stellen, es ein Gebiet gibt, auf dem die Palästinenser die Israelis nachahmen wollen: das ist unsere Demokratie. Ich weiß, dass 35 Jahre Besatzung ihren Zoll von euch – und von uns – gefordert haben. Aber diese schlimmen Jahre haben etwas Gutes hervorgebracht – die reale Möglichkeit einer ersten arabischen Demokratie.

Die demokratischen Kräfte von beiden, von Israelis und Palästinensern, sehen sich einer unheiligen Allianz von korrupten Autokraten und intriganten Theokraten gegenüber, die alles tun, damit das Licht der Demokratie seine Strahlen der Hoffnung nicht ausbreitet. Demokratien sind reicher, freier, und was noch wichtiger ist, sie sind auf Hoffnung und nicht auf Furcht gegründet. Und was sie am meisten fürchten, ist eine palästinensische Gesellschaft ohne Furcht.

Dies ist die wahre Entscheidung, der ihr gegenübersteht. Bis jetzt seid ihr von allen nur ausgebeutet worden – von den arabischen Staaten, den islamischen Extremisten, von Israel und seinen korrupten Führern. Jetzt habt ihr die Möglichkeit, das palästinensische Schicksal in eure eigenen Hände zu nehmen. Der Übergang von Unterdrückung zu nationaler Freiheit ist nicht einfach.

Da die Welt für mich nicht sicher ist, solange sie nicht für euch sicher ist, möchte ich die historische Erfahrung meines Volkes mit euch teilen. Während zweitausend Jahren des Exils waren wir schwach, und wir handelten nach den Regeln der Schwachen. Und die Welt, besonders die christliche Welt, liebte unser Schwäche. Unsere Schwäche war ein Symbol ihrer Stärke, unsere Niederlage war ihr Sieg. Aber in einem bestimmten historischen Moment erhob sich die zionistische Bewegung, die Bewegung der jüdischen nationalen Wiedergeburt, und nahm das Schicksal unseres Volkes in ihre Hände. Eine tapfere und rechtschaffene Führung brachte dieses geknechtete Volk zu fast unvorstellbaren Leistungen. In einem historischen Moment entschieden wir uns, das Schwach-Sein aufzugeben, und so veränderte sich das Wesen des Dialogs mit der Völkerfamilie vollkommen.

Bis jetzt habt ihr euer Image der Schwäche sanktioniert, obwohl ihr hättet stark sein können. Doch dieser Weg führt euch nirgendwo hin. Stellt euch vor, alles wäre getan worden: Israel hätte die Gebiete verlassen, es gäbe keine Siedlungen mehr und ein international anerkannter palästinensischer Staat wäre entstanden, mit Ost-Jerusalem als seiner Hauptstadt. Wie würdet ihr euch verhalten? Welchen Charakter hätte der Staat? Welchen Part würdet ihr in der Symphonie der Staaten spielen?

So wie es im Augenblick aussieht, geht ihr auf ein gewaltiges Scheitern zu. Ein palästinensischer Staat, der jüngste Staat der Welt, aber rückläufig in seinen Werten und unfähig, die große Mission eures Volkes zu erfüllen.

Ich höre die Freudenschreie, wenn ein Selbstmordattentäter seine hässliche Aufgabe erfüllt hat. Ich sehe, wie das Glück, teils verdeckt, teils offen, sich durch die Verzweiflung Bahn bricht, wenn es einem Märtyrer gelang, sein gebrochenes Selbst zum Himmel zu erheben, aber eine grausame Spur von israelischen Waisen und Witwen hinter sich lässt. Ich kenne eure Behauptung, dass ihr keine Helikopter oder Kampfflugzeuge habt und darum

Selbstmordattentäter als eure strategische Waffe einsetzen müsst. Das ist eure Überzeugung. Und meine Überzeugung ist es: die Selbstmordattentäter opfern sich selbst und mich als Opfer für einen falschen Gott. Der wahre Gott hasst das Töten. Selbstmordattentäter hinterlassen nichts als Wunden und Narben. Niemand in aller Welt, nicht einmal die größten Befürworter der palästinensischen Sache, akzeptieren diese Waffe des Selbstmordes. Es ist die Waffe eines Monsters, nicht die eines Freiheitskämpfers. Und solange ihr diese und ihre Befürworter nicht aus eurer Mitte ausspuckt, werdet ihr keinen Partner auf meiner Seite haben, mich nicht und keinen sonst.

Und was kommt danach? Was geschieht, wenn wir gegangen sind und all die großen Debatten über das Wesen eures Staates auftauchen: religiös oder modern, islamisch oder säkular? Wie sollen diese Debatten gelöst werden? Ich wette schon jetzt, dann wird es Selbstmordattentäter geben. *Hamas* wird versuchen, diese nationalen Entscheidungen mit den ihr vertrauten Mitteln zu treffen.

Was ist für Israel gut? Den Traum von Groß-Israel aufzugeben, die Siedlungen aufzulösen, die [besetzten] Gebiete zu verlassen und in Frieden neben einem palästinensischen Staat zu leben; die Korruption zu bekämpfen und alle seine Energien nach innen, in die israelische Gesellschaft, zu richten. Und was ist gut für euch? Dasselbe. Die Fantasie, uns von hier wegzutreiben, aufzugeben; auch den Gedanken, in die Dörfer zurückzukehren, die zumeist nicht mehr existieren; die Korruption, die euch von innen her zerstört, zu bekämpfen und alle eure Talente und Ressourcen darauf zu konzentrieren, eine beispielhafte arabische Gesellschaft, ein palästinensisches Modell, aufzubauen, das die arabische Welt revolutionieren wird; das der Region eine muslimische Demokratie bringen und euer Volk in eine lebendige Brücke zwischen Ost und West verwandeln wird.

Es gibt die Geschichte von dem Weisen, der jede Frage beantworten konnte. Einer seiner Schüler wollte ihn herausfordern. Der Schüler fing einen Schmetterling und hielt ihn in seiner verschlossenen Hand. Er kam zu dem Weisen und fragte: „Was ist in meiner Hand – ein lebendiger Schmetterling oder ein toter?" Er dachte, wenn er sagt, ein lebendiger, werde ich ihn zu Tode drücken. Wenn er meint, es sei ein toter, will ich meine Hand öffnen und lasse den Schmetterling der Welt beweisen, wie der Weise versagt hat. Aber der Weise schaute ihm in die Augen und sagte: „Es liegt alles in deiner Hand."

Eine Zukunft des Lebens oder des Todes, Kinder mit Hoffnung oder Verzweiflung, ein palästinensischer Staat, der respektiert oder verachtet wird – das alles liegt in euren Händen.

Avraham Burg war von 1999 bis 2003 Knesset-Sprecher, er war Präsident der Jewish Agency for Israel. Zur Zeit ist er Knessetmitglied der Arbeitspartei. Dieser Artikel wurde zuerst am 17.9.2003 in der arabischen Ostjerusalemer Tageszeitung Al Quds veröffentlicht und von J.J Goldberg für Forward aus dem Hebräischen übersetzt.

Aus dem Englischen von Ellen Rohlfs, überarbeitet von Heike Simon.

Eine gescheiterte israelische Gesellschaft bricht zusammen, während ihre Führer schweigen*

Avraham Burg

Die zionistische Revolution hat immer auf zwei Pfeilern geruht: einem gerechten Weg und einer ethischen Führung. Keiner von beiden ist noch funktionsfähig. Die heutige israelische Nation stützt sich auf ein Gerüst von Korruption und auf Fundamente der Unterdrückung und Ungerechtigkeit. Daher steht das Ende schon vor unserer Tür. Es ist sehr gut möglich, dass unsere Generation die letzte zionistische sein wird. Es mag hier weiterhin einen jüdischen Staat geben, aber er wird anders sein, fremd und hässlich.

Noch ist Zeit, den Kurs zu ändern, aber nicht mehr lange. Was nötig ist, wäre eine neue Vision von einer gerechten Gesellschaft und der politische Wille, sie zu verwirklichen. Auch ist dies nicht nur eine interne israelische Angelegenheit. Die Diasporajuden, für die Israel eine tragende Säule ihrer Identität ist, müssen aufmerksam sein und ihre Stimme erheben. Wenn die Säule einstürzt, werden die oberen Stockwerke herunterstürzen.

Die Opposition existiert nicht, und die Koalition mit Arik Sharon als ihrem Führer beansprucht das Recht zu schweigen. In einer Nation von Plappermäulern ist plötzlich jeder stumm geworden, weil er nichts mehr zu sagen hat. Wir leben in einer gewaltig gescheiterten Realität. Gewiss, wir haben die hebräische Sprache wiederbelebt, ein wunderbares Theater geschaffen und eine starke nationale Währung. Unser jüdischer Verstand ist so scharf wie immer. Wir werden auf dem Nasdaq gehandelt. Ist dies aber der Grund, warum wir einen Staat geschaffen haben? Das jüdische Volk überlebte nicht zwei Jahrtausende, um neuen Waffen, Computer-Sicherheitsprogrammen oder Anti-Raketengeschossen

* SEMITTIMES 2004, S. 21-26.

den Weg zu bahnen. Wir hätten ein Licht unter den Völkern sein sollen. Genau hierin haben wir versagt.

Es stellt sich heraus, dass der 2 000 Jahre dauernde Kampf ums jüdische Überleben auf einen Staat der Siedlungen reduziert ist, der von einer amoralischen Clique korrupter Gesetzesbrecher regiert wird, die sowohl für ihre Bürger als auch ihre Feinde nur taube Ohren haben. Ohne Gerechtigkeit kann ein Staat nicht überleben. Immer mehr Israelis verstehen dies, sobald sie ihre Kinder fragen, wo sie wohl in 25 Jahren zu leben vorhaben. Kinder, die ehrlich zugeben, dass sie dies nicht wüssten, schockieren ihre Eltern. Der Countdown des Endes der israelischen Gesellschaft hat begonnen.

Es ist sehr bequem, ein Zionist in einer Westbank-Siedlung wie Beth El oder Ofra zu sein. Die biblische Landschaft ist bezaubernd. Vom Fenster aus kann man an Geranien und Bougainvillas vorbeischauen und sieht nichts von der Besatzung. Wenn man auf den Schnellstraßen fährt, auf denen man von Ramot am nördliche Rand Jerusalems in 12 Minuten nach Gilo am südlichen Rand gelangt, kann man kaum die demütigende Erfahrung eines Arabers verstehen, der stundenlang auf schlechten abgesperrten Straßen entlang kriechen muss, die für ihn bestimmt sind. Eine Straße für den Besatzer und eine Straße für den Besetzten.

Das kann nicht auf Dauer gut gehen. Selbst wenn die Araber ihre Köpfe senken und ihre Scham und ihre Wut ständig hinunterschlucken – es wird nicht funktionieren. Eine Gesellschaft, die auf menschlicher Gleichgültigkeit aufgebaut ist, wird unvermeidlich in sich zusammenbrechen. Man merke sich diesen Augenblick gut: der zionistische Überbau stürzt schon zusammen wie eine billige Jerusalemer Hochzeitshalle. Nur Wahnsinnige tanzen auf der oberen Etage weiter, während die Pfeiler unten einbrechen.

Wir haben uns daran gewöhnt, das Leiden der Frauen an den Straßensperren zu ignorieren. Kein Wunder, dass wir die Schreie der misshandelten Frau nebenan nicht mehr hören oder den Kampf der allein erziehenden Mutter, die ihre Kinder in Würde ernähren will, nicht mehr wahrnehmen. Wir bemühen uns nicht einmal mehr, die von ihren Männern ermordeten Frauen zu zählen.

Israel, das aufgehört hat, sich um die palästinensischen Kinder zu sorgen, sollte nicht überrascht sein, wenn diese sich dann voller Hass in den Zentren des israelischen Eskapismus in die Luft jagen. Sie vertrauen sich dort Allah an, wo wir Erholung suchen, weil ihr Leben zur Tortur geworden ist. Sie vergießen ihr Blut in unseren Restaurants, um uns den Appetit zu nehmen, weil sie zu Hause Kinder und Eltern haben, die hungrig sind und gedemütigt.

Wir könnten 1 000 ihrer Rädelsführer und Ingenieure täglich töten und nichts würde gelöst werden, weil die Führer von unten kommen, von den Quellen des Hasses und der Wut, aus der Infrastruktur der Ungerechtigkeit und des moralischen Verfalls.

Wenn all dies unvermeidlich wäre, etwa göttlich angeordnet und unveränderlich – dann würde ich schweigen. Doch liegen die Dinge anders. Deshalb ist der Aufschrei ein moralischer Imperativ.

Hier ist, was der Ministerpräsident sagen sollte:

Die Zeit der Illusionen ist vorbei. Der Zeitpunkt für Entscheidungen ist gefallen. Wir lieben das ganze Land unserer Vorväter. Wir würden hier gerne alleine leben. Aber das wird so nicht geschehen. Die Araber haben auch Träume und Bedürfnisse.

Zwischen dem Jordan und dem Mittelmeer gibt es keine klare jüdische Mehrheit mehr. Und deshalb, liebe Mitbürger, ist es nicht möglich, das ganze Land, ohne einen Preis zu bezahlen, zu behalten. Wir können keine palästinensische Mehrheit unter dem israelischen Besatzungsstiefel halten und gleichzeitig von uns als der einzigen Demokratie im Nahen Osten träumen. Es kann keine Demokratie ohne gleiche Rechte für alle, die hier leben, für Araber genau wie Juden, geben. Wir können die Gebiete nicht behalten und eine jüdische Mehrheit im einzigen jüdischen Staat der Welt bewahren – nicht mit Mitteln, die menschlich, moralisch und jüdisch sind.

Wollt Ihr ein größeres Israel, kein Problem. Geben wir die Demokratie auf! Lasst uns ein effektives System von Rassentrennung mit Gefängnis- und Internierungslagern einrichten. Kalkilia-Ghetto und Gulag Dschenin.

Wollt ihr eine jüdische Mehrheit? Kein Problem. Entweder setzt ihr die Araber in Eisenbahnwaggons, in Busse, auf Kamele und

Esel und vertreibt sie en masse. Oder wir trennen uns völlig von ihnen, ohne Tricks und Gags. Es gibt keinen Mittelweg. Wir müssen alle Siedlungen räumen – alle! – und eine international anerkannte Grenze ziehen zwischen der jüdischen nationalen Heimstätte und der palästinensischen nationalen Heimstätte. Das jüdische Rückkehrrecht gilt nur innerhalb unserer nationalen Heimstätte und ihr Rückkehrrecht gilt nur innerhalb der Grenzen des palästinensischen Staates.

Wollt Ihr eine Demokratie? Kein Problem. Entweder gebt Ihr Groß-Israel mit allen Siedlungen und Außenposten auf oder gebt jedem volle Staatsbürgerschaft und Stimmrechte, einschließlich den Arabern. Die Folge wird sein, dass diejenigen, die keinen palästinensischen Staat neben uns haben wollten, ihn mitten unter uns haben werden, per Wahlurne.

Das ist es, was der Ministerpräsident dem Volk sagen sollte. Er sollte die Wahlmöglichkeiten geradeheraus sagen. Jüdisches Rassenbewusstsein oder Demokratie. Siedlungen oder Hoffnung für beide Völker. Falsche Visionen und Stacheldraht, Straßensperren und Selbstmordattentäter oder eine international anerkannte Grenze zwischen zwei Staaten und eine geteilte Hauptstadt Jerusalem.

Aber es gibt keinen Ministerpräsidenten in Jerusalem. Die Krankheit, die den Körper des Zionismus angefressen hat, hat schon den Kopf erreicht. David Ben Gurion irrte manchmal, trotzdem blieb er gerade wie ein Pfeil. Als Menachem Begin unrecht hatte, stellte keiner seine Motive in Frage. Nun nicht mehr. Eine öffentlichen Volksbefragung belegte, dass eine Mehrheit der Israelis nicht an die persönliche Integrität des Ministerpräsidenten glaubt – doch vertrauen sie seiner politischen Führung. Mit anderen Worten verkörpert Israels augenblicklicher Ministerpräsident beide Seiten des Kurses: eine in Verdacht geratene persönliche Moral und offene Missachtung für das Gesetz, verbunden mit der Brutalität der Besatzung und dem Zerstören jeder Friedenschance. Dies ist unsere Nation, dies sind unsere Führer. Die unausbleibliche Folge ist: die zionistische Revolution ist tot.

Warum ist dann aber die Opposition so ruhig? Vielleicht weil Sommer ist oder weil sie erschöpft ist oder weil einige sich um jeden Preis gerne der Regierung anschließen wollen, selbst um den Preis, auch von der Krankheit befallen zu werden? Aber während sie zaudern, verliert die Macht des Guten die Hoffnung.

Dies ist die Zeit für echte Alternativen. Jeder, der dazu neigt, eine klar definierte Position einzunehmen – schwarz oder weiß – arbeitet tatsächlich in Richtung Verfall. Es geht nicht um Arbeitspartei gegen Likud, nicht um rechts gegen links, sondern um Recht gegen Unrecht. Annehmbar gegen Unannehmbar. Gesetzestreue gegen Gesetzesbrecher. Was notwendig wäre, ist nicht ein Ersatz für die Scharon-Regierung sondern eine Vision der Hoffnung, eine Alternative zur Zerstörung des Zionismus und seiner Werte durch Taube, Stumme und Gleichgültige.

Israels Freunde im Ausland – jüdische ebenso wie nichtjüdische, Präsidenten und Ministerpräsidenten, Rabbiner und Laien – sollten sich auch entscheiden. Sie sollten ihren Einfluss ausüben und Israel dabei helfen, die Road Map zu unserer nationalen Bestimmung zu erreichen, "ein Licht unter den Völkern" zu sein und eine Gesellschaft des Friedens, der Gerechtigkeit und der Gleichheit.

Dieser Artikel ist ein vom Autor bearbeiteter Artikel, der in Yedioth Ahranot erschien und am 29.8.2003 in Forward.

Aus dem Hebräischen ins Englische übersetzt von J.J. Goldberg. Aus dem Englischen: Kay Krafczyk und Ellen Rohlfs. Überarbeitet von Heike Simon.

Am Vorabend der Zerstörung*

Ari Shavit

Ein Interview mit Avraham Burg

Auf einmal erscheint zum Ende des Sommers die israelische Linke wieder, nachdem sie drei Jahre lang im Dämmerzustand war. Nach drei Jahren Schock, Lähmung und Orientierungslosigkeit erwacht nach dem Zusammenbruch der *Hudna* (des Waffenstillstands) die israelische Linke zu neuem Leben.

Auch Avraham (Avrum) Burg erwachte zu neuem Leben. Zwei Jahre, nachdem er den Kampf um die Führung der Arbeitspartei verloren hat, und ein halbes Jahr, nachdem er die angenehme Position des Knessetsprechers verloren hat, wachte Burg an einem Augustmorgen auf, hatte im Morgendämmern ein Gespräch mit seiner Frau Jael, einer Radikalen, und entschied, dass es unmöglich sei, so weiterzumachen wie bisher. Es muss etwas getan, ja es muss etwas gesagt werden. Es war Zeit, die Welt aufzurütteln. Um halb sechs ging er in sein Büro, von dem er auf die Judäischen Berge blicken kann. Innerhalb einer knappen Stunde tippte er in seinen Laptop 1 000 Wörter, die in der jüdisch-zionistischen Welt im Laufe des nächsten Monats für Furore sorgen sollten.

Der hebräische Artikel wurde mit „Zionismus jetzt" überschrieben. Auf Englisch (im *Forward*, 29.August 2003 und in der *International Herald Tribune*, 6.September 2003) hieß der Titel „Eine gescheiterte israelische Gesellschaft bricht zusammen". Auch im Französischen und Deutschen liest es sich wie eine außerordentlich harte Anklage gegen den zionistischen Staat, die von jemandem geschrieben wurde, der bis vor noch nicht allzu langer Zeit die zionistische Bewegung anführte.

Er ist ein sehr tatkräftiger Bursche, der Avrum. Mit 48 ist er leichtfüßig und zuweilen auch zerstreut und ein wenig hyperaktiv. Er nimmt schnell auf und ist schlagfertig. Er besitzt viel vom

* Ha'aretz / ZNET Deutschland 14.11.2003

Charme israelischer Direktheit. Er ist ein wortgewandter Politiker mit bissigen Sprüchen. In der Vergangenheit halfen ihm seine markanten Sprüche, den Weg in die obersten Ränge des israelischen Establishments zu ebnen, in das Herz der übersättigten Elite, die ein wenig nach links vom Zentrum neigt. Jetzt aber sind seine Sprüche beißend scharf und beinahe apokalyptisch. Es sind die Schlagworte von jemandem, der sich der Macht ab- und dem Protest zuwendet, von der politischen zur moralischen Ebene, aus der Grauzone des Unübersichtlichen ins Schwarz und Weiß, das keine Debatte duldet.

Will er die harschen Dinge, die er gesagt hat, zurückziehen? Beunruhigt ihn, dass hartnäckige Israelhasser seine Bemerkungen missbrauchen? Nicht im Geringsten. Während er im angenehmen Esszimmer seines Hauses in Nataf sitzt, sagt Burg, dass er wie nie zuvor mit sich im Reinen ist. Erst jetzt wird ihm klar, wie wenig er die Person mochte, die er innerhalb der Mühle der Politik geworden war. Erst jetzt versteht er, dass die aufgeplusterten herrschenden Kreise, die ihn verhätschelten, ihn auch moralisch abstumpfen ließen und ihn von sich selbst distanzierten. Jetzt überkommt ihn ein Gefühl großer innerer Ruhe, ein Gefühl von geistigem Frieden. Und er wird weiter die harten Dinge sagen, die er über Israel, ohne zu zögern oder zurückzuschrecken, sagte – mit einem Lächeln auf den Lippen.

Ihr Artikel sorgte in der jüdischen Welt für Furore. Viele Leute hatten das Gefühl, dass der frühere Vorsitzende der Zionistischen Bewegung die rote Linie überschritten hat und ein Post-Zionist geworden ist.
Burg: „Selbst als ich der Vorsitzende der zionistischen Bewegung war, war ich nicht in der Lage zu sagen, was ein Zionist und was ein Post-Zionist ist. Meine Weltanschauung erlaubt mir nicht, die Orthodoxie zu akzeptieren, sei sie jüdisch oder zionistisch. Falls Zionismus also heute Groß-Israel bedeutet, dann bin ich nicht nur ein Post-Zionist, sondern ein Anti-Zionist. Falls Zionismus Netzarim und Kirjat Arba bedeutet, dann bin ich ein Anti-Zionist. Ich akzeptiere nicht die Art von Zionismus, die das Judentum mit all seiner wunderbaren Schönheit kaperte und es in einen Kult um

Bäume und Steine verwandelte. Wenn ich heute um mich schaue, dann habe ich das Gefühl, dass Netzarim zu einem Altar, Gott zu einem Moloch und unsere Kinder zu Opfern geworden sind, menschliche Opfer eines schrecklichen Götzendienstes."

In Ihrem Artikel beschreiben Sie Israel als einen düsteren und grausamen nationalistischen Staat. Haben sie das Gefühl, dass Israel ein neues Süd-Afrika wird? Dass die Israelis die neuen weißen Afrikaner sind?
„Wir leben in einem Land, das sich in einem Prozess des moralischen Verfalls befindet. Was mir am meisten Angst macht, ist, dass wir nicht merken, dass wir solch einen Prozess durchmachen. Ohne es zu merken, entfernen wir uns dauernd von uns selbst, hier ein wenig und dort ein wenig – immer weiter von unserem Ursprung. Plötzlich greift ein F16-Kampfflieger ein Gebäude an, in dem unschuldige Leute leben – und einige Armeebefehlshaber sagen, dass sie trotzdem gut schlafen könnten. Was geschieht, ist Folgendes: wir ähneln immer mehr unsern Feinden. Wir verlieren das Gefühl und die Sensibilität, die unser Gewissen war."

„In den Straßen unserer Stadt, vor allem in Jerusalem, sehe ich Slogans wie „Tod den Arabern!", und unsere Stadtverwaltung macht sich nicht länger die Mühe, sie zu entfernen. Ich sehe schreckliche Graffiti – rassistische und kahanistische* – die wir lässig akzeptieren. Wir bemerken sie nicht einmal mehr. Der krebsartige Prozess verschlingt uns. Der durch die Siedler und den rechten Flügel pervertierte Zionismus hat schlussendlich jeden Teil unseres Lebens erreicht und keinen Raum übriggelassen, der nicht vom nationalistischen Bewusstsein erfüllt ist. Wenn sich unsere letzten gesunden Zellen nicht erheben und gegen den Virus auflehnen, werden wir nicht länger existieren. Wir werden einfach aufhören zu existieren."

Ist es schon so weit? Sehen Sie einen Prozess der Zerstörung? Glaubt der frühere Vorsitzende der zionistischen Bewegung wirklich, dass der Zionismus tot ist?

---

* Bezieht sich auf Meir Kahane und seinen Sohn, die die Terrorgruppen *Kach* und *Kahane Chai* in Israel gründeten.

„Der augenblickliche Weg führt uns dorthin. Wir mögen vielleicht Israelis bleiben oder Juden. Aber wir werden keine Zionisten mehr sein, die den Zionismus fortführen, den die Staatsgründer gemeint haben. Nur zwei einfache Beispiele: Passt der Staat in die Konturen, die Theodor Herzl ins Auge gefasst hatte? Nein. Erfüllt der Staat Israel die Kriterien und Werte, von denen in der Unabhängigkeitserklärung die Rede ist? Nein. Das ist die Wahrheit. Das ist die schlichte Wahrheit, vor der wir seit 35 Jahren fliehen."

In dem, was Sie sagen, finde ich zwei Dimensionen: eine der moralischen Entrüstung und eine apokalyptische.
„Genau. Das ist meine Gemütsverfassung. Ich denke, der nationalistische Zionismus hat uns an schreckliche Orte gebracht, von denen es für uns sehr schwierig sein wird, sich zurückzuziehen. Sehen Sie, es ist für mich jedes Mal eine Qual, wenn meine Kinder in das Viertel der Deutschen Kolonie in Jerusalem gehen [wo das Attentat im Hillel-Cafe geschah]. Auf der andern Seite habe ich wirklich Angst vor dem Tag – und er ist nicht mehr fern – wenn das palästinensische Kind geboren wird, das die Juden in diesem Land zu einer Minderheit werden lässt. Was werden wir dann tun? Was werden wir tun, wenn wir nicht mehr die Ausrede und Stärke der Mehrheit haben?"
„Ich denke, jede Generation hat ihre sie prägende Wahrheit. Und die prägende Wahrheit dieser Generation heißt, zwischen Jordan und Mittelmeer werden die Juden eine Minderheit sein. Damit müssen wir fertig werden. Aber der Regierung Israels und den israelischen Politikern gelingt es nicht, mit dieser Wahrheit fertig zu werden. In den vergangenen drei Jahren sind wir in einen Zustand von stummem Schock verfallen. In eine Situation ohne Worte. Es gibt nichts zu sagen. Deshalb schrieb ich den Artikel. Weil ich zu dem Schluss gekommen bin, dass wir in den vergangenen drei Jahren nichts gesagt haben."

Während Ihrer politischen Karriere haben Sie einen gewissen tatkräftigen Optimismus ausgestrahlt, der zuweilen ein wenig unreif, ein andermal leichtsinnig wirkte. Wollen Sie mir nun sagen, Sie seien wirklich zum Pessimisten geworden? Sehen Sie tatsächlich jetzt alles so düster?

„Wenn Sie heute Israelis fragen, ob ihre Kinder in 25 Jahren noch hier leben, werden Sie keine eindeutig positive Antwort erhalten. Sie werden kein lautes Ja hören. Im Gegenteil: junge Leute werden ermutigt, im Ausland zu studieren. Ihre Eltern besorgen ihnen europäische Pässe. Jeder, der kann, sucht nach Möglichkeiten, im Silicon Valley in Kalifornien zu arbeiten; jeder, der es sich leisten kann, kauft ein Haus in London. So entwickelt sich langsam aber sicher in Israel eine Gesellschaft, die nicht sicher ist, ob die nächste Generation noch hier leben wird. Hier lebt eine ganze Gesellschaft, die den Glauben an die Zukunft verloren hat.

„Was hier tatsächlich geschieht, ist, dass die führende israelische Schicht schrumpft, weil sie nicht länger bereit ist, für die Launen der Regierung zu zahlen. Sie will nicht länger die Last der Siedlungen und die Last der Transferzahlungen tragen. Was wir aber in der Zwischenzeit bekommen, ist nicht eine Revolution auf der Straße, sondern eine stille Revolution des Weggehens, der Auswanderung. Es ist die Revolution, in der man den Laptop und die Disketten einpackt und auszieht. Wenn Sie also aufschauen und sich umsehen, dann werden Sie sehen, dass nur die Leute hier bleiben, die keine andere Möglichkeit haben. Die wirtschaftlich Schwachen und die Fundamentalisten bleiben. Vor unsern Augen wird Israel ultra-orthodox, nationalistisch und arabisch. Es wird eine Gesellschaft, die keinen Sinn für Zukunft hat, keine Narrative und keine Kraft, sich selbst zu erhalten."

OK – das ist eine Sache, um die man sich mit Recht Sorgen machen muss. Aber Ihr Artikel, der um die Welt ging, verwendete Ausdrücke, die fast feindlich klangen. Sie beschrieben Israel als ein Gebäude, das sich auf menschlicher Gefühllosigkeit gründet. Sie beschrieben es als Land, das keine Gerechtigkeit kennt. Sie redeten über die Palästinenser, auf denen israelische Stiefel herumtrampelten. Das sind schreckliche Ausdrücke – Ausdrücke einer Person, die sich im Laufe eines Prozesses völlig der Gesellschaft entfremdet hat, die sie eigentlich vertreten sollte.

„Der Schmerz erzeugte diese Worte – nicht Feindschaft. Es sind

Worte von schneidender Selbstkritik. Wenn ich über Israel schreibe, schreibe ich nicht über andere, sondern über mich selbst. Aber ich habe das Gefühl, dass wir nicht sehen, was vor unserm Fenster passiert. Wenn ich am Morgen hier durch die Hügel bei der Gemeinde fahre, in der ich lebe, sehe ich Kinder im Alter von 8, 10 und 12 Jahren, die auf der Suche nach Arbeit sind. Und wenn sich ein Jeep der Grenzpolizei nähert, verstecken sich diese Kinder ängstlich hinter Büschen und Felsen. Deshalb glaube ich, können wir nicht weiterhin sagen, wir sind wunderbar und moralisch, weil wir vor 60 Jahren durch den Holocaust gegangen sind. Wir können unmöglich weiterhin sagen, wir sind wunderbar und moralisch, weil wir 2 000 Jahre lang verfolgt wurden. Wir sind heute in eine schreckliche Realität verwickelt. Wir sehen schlecht aus, wirklich schlecht."

Denken Sie, dass Israel ein Staat des Bösen geworden ist?
„Nein. Wir sind nicht ein Staat des Bösen oder eine bösartige Gesellschaft. Aber wir haben keine Sensoren für das Böse mehr. Wir sind gleichgültig und blind geworden. Wir empfinden nichts mehr und sehen nichts mehr. Erst letzte Woche besuchte ich ein bekanntes Gymnasium in Jerusalem. Eine ganze Reihe der Schüler, mit denen ich sprach, erzählten mir schockierende Sachen. Sie sagten: wenn wir Soldaten sind, werden wir alte Leute, Frauen und Kinder töten, ohne uns Gedanken darüber zu machen. Wir werden sie vertreiben, wir setzen sie in Flugzeuge und fliegen sie in den Irak. Wir werden Hunderttausende von ihnen ausfliegen. Millionen. Und die meisten der Schüler im Auditorium klatschten zu diesen Äußerungen Beifall. Sie unterstützten sie sogar dann, als ich einwarf, so haben die Leute vor 60 Jahren in Europa geredet. Ich bin also wirklich beunruhigt, sogar alarmiert. Ich glaube, wir verinnerlichen immer mehr eine normative Vorgehensweise, die nicht die unsere ist. Wir gleichen immer mehr unseren Feinden.

Einer der Kritikpunkte an Ihrem Artikel war dahingehend, Sie würden eine Grenze überschreiten und damit Israels Feinden dienen.
„Solch eine Kritik ist für mich unwichtig. Ich habe keinen

Israelhasser in Damaskus oder Malaysia gesehen, der deshalb antisemitisch wurde, weil Avrum Burg dieses oder jenes sagte. Die derzeitige negative Haltung in der internationalen Gemeinschaft gegenüber Israel hängt zum Teil mit der Politik der Regierung Israels zusammen. Wenn also Israelhasser meine Worte verwenden, so ist das in Ordnung, soweit es mich betrifft. Vielmehr macht mir Sorge, dass wir aus Angst vor Israelhassern draußen unsere Wäsche nicht mehr waschen, ja sie überhaupt nicht mehr waschen – und dann fangen die Dinge zu stinken an. Schauen sie um sich und sehen Sie, wie sehr schon alles stinkt."

Wenn Sie in Ihrem Artikel schreiben: „Israel, das aufgehört hat, sich um die palästinensischen Kinder zu sorgen, sollte nicht überrascht sein, wenn diese sich dann voller Hass in den Zentren des israelischen Eskapismus in die Luft jagen." Dann rechtfertigen Sie letztendlich den Terrorismus. Wenn Sie schreiben: „Sie vergießen ihr Blut in unseren Restaurants, um uns den Appetit zu nehmen, weil sie zu Hause Kinder und Eltern haben, die hungrig sind und gedemütigt." Dann rechtfertigen Sie im Grunde Mord.

„Ich rechtfertige Terrorismus nicht. Als Bürger Israels und als ein Bürger der westlichen Welt ist Terrorismus mein Feind. Aber inmitten des fürchterliches Lärms der Explosionen, der Ermittlungen und der Verzweiflung hören wir nichts mehr. Wir empfinden nichts mehr. Und ich sage Ihnen, ich kann nachts nicht mehr schlafen, weil ich mich als Besatzer fühle. Ich sage Ihnen, dass hier kein ernst zu nehmender Krieg gegen Terrorismus geführt wird. Weil Israel den Terrorismus mit Tonnen bekämpft. Wie viele Tonnen ließ ich heute gegen den Terrorismus fallen? Und Tonnen von Bomben sind kein Krieg gegen Terror. Es ist Ausdruck einer Politik der Rache, die die niederen Instinkte der öffentlichen Meinung befriedigen soll."

„Ich möchte gerne, dass Sie mich verstehen. Es ist mir klar, dass wir Krieg gegen Terrorismus führen müssen. Aber ein Krieg gegen Terrorismus verläuft wohl überlegt, kühn und raffiniert, nicht laut. Es ist kein Fest der Erklärungen, sie immer und immer wieder zu treffen. Ein Krieg gegen Terrorismus kann auch keinen Erfolg haben, wenn man nicht die Fenster öffnet und der anderen

Gesellschaft ein wenig Hoffnung zum Atmen gibt. Solange Israel nur brutale Gewalt anwendet, ohne irgendeine Hoffnung zu erzeugen, bekämpft sie nicht die wahre Struktur des Terrors. Es ist endlich Zeit, dass wir verstehen, dass nicht alle Palästinenser Terroristen und nicht alle Palästinenser *Hamas* sind, und dass einige dieser Leute uns bekämpfen, weil Israel so gleichgültig ist."

Wenn es so ist, dann trägt Israel die Verantwortung für einen Selbstmordattentäter, der sich im Café Hillel in die Luft sprengt und für eine Terroristin, die sich im Restaurant Maxim in Haifa in die Luft sprengt.

„Ich gehe mit meiner Familie ins Hillel-Café. Ich besuche an Neujahr die Besitzer des Maxim-Restaurants. Wenn sich ein Selbstmordattentäter an solchen Orten in die Luft sprengt, dann ist er dabei, auch mich zu töten. Er kann nicht zwischen Gut und Böse unterscheiden. Wenn er sich in die Luft sprengt, greift er uns alle an. Für mich ist klar, dass von dem Augenblick an, wo er sich einen Gürtel mit Sprengstoff umlegt, es meine Pflicht ist, ihn zu töten. In diesem späten Augenblick ist er die Person, die ich töten muss, bevor sie mich tötet."

„Aber was ich sagen möchte, ist, dass diesem Terrorakt lange vorher entgegengearbeitet werden sollte. Und was ich mich selbst frage: Hat Israel in den zwei Jahren vorher genug getan, um den Angriff zu verhindern. Ich frage mich auch, ob Israel genug tut, damit ein Kind, das jetzt zwei Jahre alt ist, sich nicht in 15 oder 20 Jahren in die Luft sprengt? Wir haben Verantwortung auf diesem Gebiet. Selbst wenn 60% der Verantwortung auf die Palästinenser und nur 40 % auf uns entfällt, tragen wir 100% der Verantwortung."

„Nach drei Jahren Krieg kann ich unseren Teil nicht ignorieren, der den Frieden verhinderte. Ich kann auch nicht die Tatsache ignorieren, dass in unserm Kabinett heute Kriegsminister sitzen. Einer von ihnen will Krieg mit Damaskus, ein anderer wünscht Krieg mit der ganzen arabischen Welt und der dritte liebt nur den Krieg. Ich fühle mich in der Pflicht, eine Art von Alternative zur Politik der Verzweiflung und Gewalt zu schaffen. Ich denke, es ist sehr gefährlich, unser Schicksal denen anzuvertrauen, die nicht begreifen wollen, dass Frieden nur zu unserm Besten dient. Frieden ist das beste Mittel für Sicherheit."

Der Versuch, eine Alternative zu schaffen, führte Sie nach Genf. Aber als Sie und Ihre Freunde die Genfer Abmachungen formulierten, gaben Sie dem palästinensischen Terror nach. Sie waren damit einverstanden, den Palästinensern zu geben, was sie vor der Intifada nicht erhielten – den Tempelberg z.B.

„Ich brauchte drei Wochen, bis ich mit dem Entwurf der Genfer Abmachungen einverstanden war. Es war hart für mich; denn in der Vergangenheit stand ich tatsächlich [dem früheren Ministerpräsidenten] Barak kritisch gegenüber wegen dessen Konzessionen in Jerusalem. Aber es stimmt, ich habe mich geändert. Meine Angst vor der Zerstörung Israels ist heute so groß, dass ich bereit bin, größere Konzessionen zu machen. Ich setze all meine Kraft für die einzig wichtige Aufgabe ein, Israel vor der Besatzung zu retten, um den Zionismus zu retten."

„Ich fand in den Abmachungen zwei wesentliche Dinge. Das eine ist, dass wir das Symbol des Tempelberges aufgeben – während sie das Symbol des Rechtes auf Rückkehr aufgeben. Das ist ein enormer Austausch von Symbolen und von ungeheurer Bedeutung. Das andere ist die Erweiterung der Pufferzone rund um Jerusalem gegen die Erweiterung der Pufferzone rund um Gaza. Am Ende dachte ich, dass dies ein passender Ausgleich von Symbolen ist: Jerusalem gegen Gaza."

Was Sie da sagen, klingt zwar ganz gut – ist aber ungenau. Nach dem Genfer Entwurfsdokument verzichtet Israel ausdrücklich auf den Tempelberg, die Palästinenser verzichten aber nicht ausdrücklich auf das Recht der Rückkehr.

„Wir dürfen Träume nicht mit praktisch Durchführbarem verwechseln. Genau wie kein Palästinenser auf den Traum von Groß-Palästina verzichten will, so habe auch ich nicht den Traum des Tempelbaus aufgegeben. Aber die von uns gemeinsam gefasste Entscheidung erlaubt nicht, dass diese Träume konkrete Politik werden. Wir entschieden, dass im Rahmen konkreter Politik die Juden den Tempel nicht in diesem Gebiet bauen und die Palästinenser nicht nach Jaffa zurückkehren werden. Das ist der springende Punkt der Abmachung: Traum gegen Traum, Realisierbares gegen Realisierbares."

Trotzdem, wenn wir die Genfer Abmachung mit Ihrem Artikel zusammennehmen, wird deutlich, dass Sie einen Prozess politischer Radikalisierung durchgemacht haben. Vor zwei Jahren kandidierten Sie als Vorsitzender der Arbeitspartei auf der Basis einer fast zentristischen Plattform, und nun sind Sie am äußersten linken Rand. Haben Sie sich wirklich derart verändert oder haben Sie seitdem eine total zynische öffentliche Kampagne durchgeführt?

„Beides. Nach dem Streit in der Arbeitspartei besann ich mich und analysierte, was in mir und mit mir vorgegangen war. Was ich unter anderem herausfand, war, dass ich eine taktische Kampagne ohne Substanz führte. Die Grundannahme meiner Arbeit war, dass [US-Präsident] Bush gewählt wurde, ohne etwas zu sagen und [Ministerpräsident Ariel] Sharon gewählt wurde, ohne etwas zu sagen, drum dachte ich, dass es auch bei mir so laufen wird. Als ich mir dann darüber im Klaren war, dass ich eine Niederlage erlebt hatte, kam ich zu dem Schluss, dass ich zu viele Jahre zu viel im politischen Getriebe mitlief und zu wenig auf meine innere Stimme achtete. Meine Kampagne war starrköpfig, weil es eine Kampagne persönlicher Popularität ohne wahren Inhalt war."

„Mein Versuch, mich der Mitte zu bemächtigen und mein Verzicht, den ganzen Weg mit meinen Ansichten zu Ende zu gehen, machte mich zu einem oberflächlichen Kandidaten, dem echte Positionen fehlten. Deshalb zog ich aus der Schlussanalyse die Lektion, dass ich in einer solch schwierigen Zeit meine Wahrheit ungeschminkt aussprechen muss. Wenn es keine andere Wahl gibt, ist es besser, wenn ich auf Grund der Wahrheit verliere, als dass ich wegen etwas gewählt werde, was nicht vorhanden ist."

Avrum, Sie spielen ein doppeltes Spiel, stimmt es? Einerseits sind Sie ein gescheiter Politiker, der Erfahrung hat, durch die unruhigen Gewässer der politischen Politik zu steuern, aber zur selben Zeit bestehen Sie darauf, den

Propheten zu spielen. Sie stehen gegen den Staat auf, die Regierung und die zionistische Bewegung und geben einen jugendlichen Aufschrei moralischer Entrüstung von sich.

„Ich glaube nicht, dass meine Politik die eines unreifen Jugendlichen ist. Der israelische Jugendliche flieht vor der israelischen Herausforderung, indem er nach Indien oder Südamerika geht. Ich tue genau das Gegenteil. Ich nehme den Stier bei den Hörnern und weigere mich, ihn laufen zu lassen. Ich nehme nicht den Rucksack und renne vor dem Kampf weg. Ich glaube, wir leben wirklich in einer schrecklichen Zeit. Ich glaube, wir sind an einem Wendepunkt. Auf der einen Seite ist der Untergang, auf der anderen Rettung und Erneuerung. Aber der Spielraum zwischen den beiden Möglichkeiten wird immer enger. Die Gefahr des Untergangs ist näher als je zuvor. In solch einer Situation kann ich nicht länger schweigen, auch wenn es weder angenehm noch populär ist. Ich muss alles tun, was in meiner Macht steht, damit Israel wieder zu sich selbst zurückkehrt, damit Israel die Besatzung aufgibt und nach Hause kommt."

Aus dem Englischen übersetzt von Ellen Rohlfs, bearbeitet von Heike Simon

Der dritte Versuch*

Yossi Sarid

Was ist aus dem zionistischen Traum geworden? Er ist zerborsten. Ist es noch möglich, die Scherben zusammenzulesen und wieder zusammenzusetzen? Vielleicht – aber sicher ist es nicht. Ohne einen Traum lebt man wohl weiter, aber die Existenzgründe sind verschwunden.

Hätten die Gestalter des Zionismus und die Gründungsväter im Geiste vorausgesehen, welche Gestalt ihre Kreation heute hat, kommen einem Zweifel, ob der Staat Israel überhaupt gegründet worden wäre. Sie hatten nicht beabsichtigt, noch einen levantinischen Staat zu gründen. Er passt zwar gut in diese Region, dank seiner äußerst abstoßenden Erscheinung.

Ein Volk kehrt aber nicht nach 2000 Jahren Exil und unter so einzigartigen Umständen in sein Land zurück, nur um den Grund für ein Unternehmen zu legen, das Dehumanisierung ist. Politischer Zionismus trieb seine Räder niemals durch Anstoßen an, sondern eher und hauptsächlich durch die Kraft der Anziehung. Und nun hat die Kraft der Anziehung versagt: Juden wohnen sicher(er) in ihrer Diaspora und werden nicht mehr gestoßen. Israel dagegen liegt auf einer Sandbank fest – ohne Wind in seinen Segeln.

Sollte jemand auf die Statistiken der Weltbank dieses Monats warten, um die reine Wahrheit über die Nation zu erfahren? Und wenn jemand dies nicht weiß oder nicht wissen will, nun weiß er es. Die Weltbank ist nicht nur noch eine verbitterte Oppositionsgruppe, die immer nur finstere Wolken sieht. Sie ist nicht nur gut unterrichtet und erfahren; sie zieht ihre zusammengestellten Erkenntnisse auch nicht aus dem Ärmel.

Die Weltbank, die sich auf reiche Erfahrungen in Afrika und Südamerika stützen kann und auf ihre Fachkenntnisse in Bananen-, Kaffee- und Kakao-Republiken, stellt fest, dass unser

---

* Ha'aretz/ZNET Deutschland 17.8.05.

eigenes Israel der problembeladenste Staat auf der entwickelten Seite des Planeten ist. Nach dem vergleichenden Bericht der Bank wird Israel sogar als der gefährlichste Staat der westlichen Welt angesehen – und scheinbar der gefährlichste von allen und zwar nicht wegen seiner äußeren Feinde, sondern wegen seiner Feinde im Inneren.

Nach dem „Regierungsleistungsindex" steckt Israel in einem tiefen Loch: der durchschnittliche Index von entwickelten Staaten liegt bei 89,7%, während er bei uns bei 80,8% liegt. Der durchschnittliche „Gesetzes-Durchsetzungsindex" liegt bei 90,3%, bei uns sind es 74,45; der durchschnittliche „politische Stabilitätsindex" liegt bei 83,5%, während er bei uns nur bei 15% liegt. Der „Regierungskorruptionsindex" ist der letzte Sargnagel des zionistischen Unternehmens. Die Note, die uns da gegeben wird – 80,8% verglichen mit dem Durchschnitt von 91,4% - platziert uns gleich hinter Italien, das für seine Korruption bekannt ist und das die Ränge mit 74,9% anführt.

Die Weltbank forschte nicht auf anderen Gebieten nach Verhältniszahlen. Doch kennen wir die Wahrheit, die sich auf lokale offizielle Berichte gründet: Israel nimmt den ersten Platz ein, wenn es um die Kluft zwischen Armen und Reichen geht und hat den 1. Platz bei der Prozentzahl der Kinder, die in Armut leben: eines von Dreien. Von all dem Überfluss des Abzugs, von dem wir nun die Nase voll haben, trennt sich Israel von sich selbst, von seiner Vision und hat keine Zeit, um in den Spiegel zu schauen. Es würde schwierig sein, die eigene Gestalt wieder zu erkennen. Somit ist das Volk von Israel dabei, sich einen 2 000 Jahre alten Traum zu erfüllen – und hat sich einen unstabilen, ineffizienten, diskriminierenden, ungesetzlichen, unverantwortlichen und vor allem einen korrupten Staat aufgebaut.

Das überrascht nicht so sehr, denn Herzl selbst war es darum bange. Genau wie Ahad Ha'am und Nordau, Wolfson und später auch Brenner, dass sich die Dinge nicht zum Guten wenden werden. Sie kannten die Seele ihres Volkes und seine Geschichte. Sie hatten allen Grund, sich Sorgen zu machen. Der „jüdische Genius" hat keinen guten Namen, wenn es darum geht, politisch einen souveränen Staat zu regieren. Dieses Volk lässt sich besser auf kurzfristige Geschäfte ein als auf die Staatskunst. Als wir zweimal versuchten, ein Reich zu gründen, endete es sehr schlecht. Nun versuchen wir es ein drittes Mal – und es sieht nicht gut aus.

Wird es uns gelingen, einen neuen Anfang zu machen, bevor die Katastrophe beginnt? Der Weg des Geistes hat sich nicht bewährt, auch nicht der des Herzens. Vielleicht über den Weg des Geldbeutels – man entschuldige mich für die antisemitische Nuance. Wenn dieser Weltbankbericht Investoren abschreckt, und wenn er die Luft aus unserer aufgeblasenen Aktienbörse herauslässt, werden die Aktien abstürzen, die Bankkonten schrumpfen und die Arbeitslosigkeit wird nicht nur die Unterdrückten treffen, sondern auch die zufriedenen Klassen. Vielleicht kommen wir dann zur Besinnung und retten uns vor weiterer Zerstörung.

Bis dahin wird das Verheißene Land, in dem alle Hoffnungen erfüllt werden, als eines erscheinen, das nicht in Zion erneuert wurde, sondern in einem metaphorischen Uganda. Und das Amerika von Bush und Cheney wird weiter „Amerika" sein, der Hauptwohltäter, der das große Mahl aus der Küche der verhungernden und ausgebeuteten Welt serviert.

Aus dem Englischen übersetzt von Ellen Rohlfs.

Presse-Erklärung, 28. August 2005

Europäische Delegation ruft die Europäische Union und die EU-Mitglieder auf, Israel dahin zu bringen, Rechenschaft abzulegen.

Jerusalem: Zwischen dem 22. und 28. August 2005 führte eine europäische Delegation früherer Minister aus den Niederlanden, Irland und Deutschland und ein hochrangiger früherer Botschafter aus Frankreich eine Informationsreise nach Israel und Palästina (d.h. die besetzten Gebiete) durch. In der Delegation waren auch fünf Vertreter aus zivilen Gesellschaften Europas vertreten. Die Delegation wurde von Prof. Andreas van Agt, dem Ministerpräsidenten der Niederlande von 1977-82 geleitet.

Nach fünftägiger Besuchsreise durch Israel und Palästina und sowohl Begegnungen mit zahllosen Vertretern ziviler Gesellschaften auf beiden Seiten, als auch mit mehreren Parlamentariern ruft die Delegation die Europäische Union und Funktionäre und Institutionen der EU-Mitgliedsstaaten und besonders ihre Regierungen, die sich mit Israel und Palästina befassen, dazu auf, maßgebend zu handeln und Israel für seine andauernden Verletzungen des Völkerrechts zur Verantwortung zu ziehen.

Der Besuch fand kurz nach Israels Abzug aus dem Gazastreifen statt. Die Delegation unternahm diese Reise in diesem wichtigen Augenblick, also rechtzeitig, um aus erster Hand jene Fakten zu beobachten und einzuschätzen, die (weiterhin) die Aussichten für einen gerechten Frieden beeinträchtigen und die durch die internationale Gemeinschaft (bis jetzt) nicht entscheidend berücksichtigt wurden.

Israels Abzug aus dem Gazastreifen hat unter vielen die Hoffnung hochkommen lassen, dass Frieden in erreichbarer Nähe sei. Angesichts der Fakten, die die Delegation vor Ort gesehen hat, muss sie bedauerlicherweise berichten, dass diese Hoffnung nicht gerechtfertigt ist.

Die Delegation betrachtet Israels Besatzung und andere illegale Taktiken der Regierung Israels – die unter den Palästinensern großes Leid verursachen – als ursprünglichen Grund für die augenblickliche Sackgasse und den Mangel an Fortschritt, um einen ausgehandelten, gerechten und dauerhaften Frieden in Übereinstimmung mit dem entsprechenden internationalen humanitären Gesetz und Menschenrechtsgesetz zu erreichen.

Die Delegation kommt zu dem Beschluss, dass angesichts Israels hartnäckigem Fortfahren dieser Politik und ihr höchst destruktiver Einfluss/Auswirkung auf die Situation vor Ort ein Ende des israelisch-palästinensischen Konfliktes von einer entschlosseneren internationalen Intervention abhängt, um von Israel Verantwortlichkeit zu erlangen und die Befolgung des Völkerrechts.

Die Delegation beklagt die Tatsache, dass die internationale Gemeinschaft es bis heute nicht erreicht hat, dieser Politik der auf einander folgenden israelischen Regierungen Einhalt zu gebieten und damit eine Situation der Gesetzlosigkeit und der Straflosigkeit aufrecht erhalten hat.

Die Delegation ruft die Europäische Union und ihre Mitgliedstaaten dringend dazu auf, unmittelbar Aktionen zu unternehmen, die dahin zielen, Israel für die fortdauernden Verletzungen des Völkerrechts zur Verantwortung zu ziehen und so die Vorbedingungen für einen gerechten und anhaltenden Frieden in Israel und Palästina zu schaffen.

Der Aufruf der Delegation (s. Anhang) ist von den folgenden Mitgliedern unterzeichnet:

Prof. Andreas van Agt, Leiter der Delegation (Ministerpräsident der Niederlande, 1977-92)
H. Michael D. Higgins (Kultusminister, 1993-97 und augenblickliches Mitglied des Parlamentarischen Komitees für auswärtige Angelegenheiten, Irland)
Dr. Norbert Blüm (Minister für Arbeit und Soziales, 1982-98, Deutschland)

H. Lucien Champenois (Generalbevollmächtigter i.R., Frankreich)
Dr. Rupert Neudeck (Präsident der „Grünhelme", Deutschland)
Dr. Hajo G. Meyer (Vorstandsmitglied von „Eine andere jüdische Stimme" und Vorstandmitglied des „Internationalen Forums für Gerechtigkeit und Frieden", Niederlande)
Frau Chris Tilanus (Niederlande)
H. Ben Smoes (Präsident des „Internationalen Forums für Gerechtigkeit und Frieden", Niederlande)
H. Jan van der Kolk (früheres Mitglied des Kuratoriums der zwischenkirchlichen Organisation für Entwicklungshilfe-Zusammenarbeit, Niederlande)

Anhang

Statement der europäischen Delegation zu Israel und Palästina

Zwischen dem 22. und 28. August unternahm eine europäische Delegation früherer Minister aus den Niederlanden, Irland und Deutschland und ein hochrangiger Diplomat aus Frankreich eine Informationsreise nach Israel und Palästina (d.h. in die besetzten Gebiete). Zur Delegation gehörten auch fünf Vertreter von zivilen Gesellschaften aus Europa. Die Delegation wurde von Prof. Andreas van Agt, Ministerpräsident der Niederlande von 1977 – 82 geleitet.

Der Besuch fand kurz nach Israels Abzug aus dem Gazastreifen statt. Es war genau der richtige Augenblick, um direkt jene Tatsachen zu beobachten und einzuschätzen, die (noch immer) die Aussichten für einen gerechten Frieden beeinträchtigen und die noch nicht entscheidend von der internationalen Gemeinschaft wahrgenommen wurden.

Die Delegation kam nach Israel und Palästina, um diese Fakten zu sammeln. Sie will diese Fakten zu größerer Beachtung durch internationale Medien und die politischen Vertreter und Offiziellen der Länder bringen, aus denen sie kommen.

Fakten, die von der Delegation beobachtet wurden:

Im *Raum Jerusalem* beobachtete sie die Expansion der Siedlungen, die dort gerade stattfindet. Sie besuchte die Siedlung Maale Adumin, östlich von Jerusalem. Diese Siedlung mit 30 000 Bewohnern – 14 km tief innerhalb des besetzten Gebietes – ist Teil eines Siedlungsringes, der das besetzte Ost-Jerusalem tatsächlich vom Rest der Westbank abschneidet.

Sie sah auch die Mauer nicht nur rund um Ost-Jerusalem, d.h. in Abu Dis, sondern auch im Raum *Bethlehem*. In diesem und in anderen Teilen der Westbank zerstört die Mauer das tägliche Leben von Hunderttausenden von Palästinensern, schneidet durch palästinensische Wohngebiete, schneidet Palästinenser von den grundlegenden Versorgungsdiensten und von einander ab. Sie stellt so eine de facto Annexion weiter Teile des besetzten Landes dar.

Solange nicht alle Siedlungen, die mehr als 400 000 Siedler und die Mauer aufgelöst bzw. entfernt worden sind, wird die Errichtung eines unabhängigen, souveränen und lebensfähigen palästinensischen Staates nicht möglich sein.

In *Hebron* erlebte die Delegation die tatsächliche Gefangenschaft von 150 000 Palästinensern innerhalb ihres eigenen Ortes und die totale Unterordnung ihrer Interessen unter ein paar hundert israelische Siedler, die illegal mitten unter ihnen wohnen.

In der kurzen Zeit machte selbst die Delegation die Erfahrung von Erniedrigung / Demütigung, die die Bewohner der Altstadt täglich durchmachen. Eine Straße, die oben mit einem Netz geschützt war, dort lagen verschiedene Gegenstände, einschließlich Müll. An einer Stelle ohne Netz wurde auf Palästinenser und Mitglieder der Delegation in einer Weise eine Glasflasche geworfen, dass sie ernsthafte Verletzungen hätte verursachen können.

Die Delegation beobachtete auch, wie in mancher Beziehung die israelische Abwürgung der örtlichen Wirtschaft Not und Elend über das Leben der Menschen bringt. Z.B. mussten über 2 500 palästinensische Geschäfte in Hebron auf Befehl der israelischen Armee schließen.

Nur ein paar Tage nach dem Abzug der Siedler besuchte die Delegation den *Gazastreifen*. Beim Übergang am Erez-Kontrollpunkt beobachtete die Delegation die unterdrückerischen Maßnahmen, die entmenschlichende Infrastruktur und Demütigung, mit der Palästinenser bei jeder Gelegenheit des Hinaus- oder Hineingehens konfrontiert sind.

Die Delegation kam zu der Überzeugung, dass die Besatzung des Gazastreifens noch lange nicht vorüber ist, wenn man Israels Kontrolle über lebenswichtige Aspekte des Lebens im Gazastreifen betrachtet. Alle externen Grenzen, einschließlich des Luftraumes und der Küste bleiben von Israel weiter unter Kontrolle, so dass die Menschen weiterhin isoliert bleiben. Die israelische Armee bleibt auf unbestimmte Zeit weiterhin in Teilen des Gazastreifens.

Die Delegation nahm auch einiges der ausgedehnten Zerstörung, die 38 Jahre der Besatzung im Leben und an Besitz von über einer Million Palästinensern des Gazastreifens hinterließ, zur Kenntnis. Etwa 2/3 der lokalen Bevölkerung ist arbeitslos und lebt unter der Armutsgrenze. Diese Bedingungen stellen eine reale und dauernde Gefahr für ihre menschliche Würde dar.

Die UNRWA ermöglichte es der Delegation, auch das Dschabalia-Flüchtlingslager im Gazastreifen zu besuchen, wo 106 000 Menschen auf 1,3 qkm leben. Dort ist das Elend unbeschreiblich u.a. wegen des zu knappen Wassers und zu wenig Schul- und Gesundheits-Einrichtungen. Die Delegation kam zu der Überzeugung, dass das Wohl dieser und anderer Flüchtlinge im Gazastreifen – 900 000 im Ganzen – ein großes Risiko nach dem Abzug Israels darstellt.

Innerhalb der Westbank stieß die Delegation in vielen Teilen auf Hindernisse, wie die von der israelischen Armee errichteten Kontrollpunkte und Straßensperren, die sehr die palästinensische Bewegungsfreiheit beeinträchtigen und ihr Leben und die Wirtschaft schwer schädigen.

Die Delegation sprach auch mit einer Reihe von Leuten in Schlüsselpositionen auf beiden Seiten. Es wurden Konferenzen mit israelischen und palästinensischen Vertretern ziviler Gesellschaften und mit Parlamentariern gehalten. Es war um Konferenzen auf hoher Ebene auf israelischer wie palästinensischer Seite ersucht worden. Letztere antwortete positiv und gewährte eine Begegnung mit Ministerpräsident Achmed Kurei.

All diese Begegnungen bestärkten nur die große Sorge der Delegationsmitglieder, dass die bestehenden Bedrohungen der Friedensaussichten nicht unterschätzt werden sollten.

Schlussfolgerung:

Israels Abzug aus dem Gazastreifen hat unter vielen Hoffnung geweckt, dass der Frieden in Reichweite sei. Angesichts der oben erwähnten und anderer Fakten, die die Delegation vor Ort beobachtet hat, bedauert sie, berichten zu müssen, dass diese Hoffnungen nicht berechtigt sind. Der Abzug aus dem Gazastreifen bedeutet keinen Rückzug von Bedeutung.

Die Delegation anerkennt die Notwendigkeit der Demokratisierung und der Stärkung der Rechtsgrundsätze auf palästinensischer Seite und die Achtung der Menschenrechte durch die Palästinensische Behörde. Sie anerkennt und versichert nochmals Israels Existenzrecht und sein Recht auf Sicherheit. Sie verurteilt jeden Angriff auf Zivilisten. Sie verurteilt einstimmig Selbstmordattentate, die von palästinensischen nicht-staatlichen Tätern ausgeführt werden. Diese Ansicht vertraten alle, mit denen die Delegation sich getroffen hat.

Sie verurteilt scharf das hartnäckige Fortfahren der israelischen Regierungspolitik, besonders die Siedlungspolitik, die illegal ist, und viel Leiden unter den Palästinensern auf täglicher Basis verursacht. Die Delegation betrachtet diese fortgesetzte Besatzung und diese Maßnahmen als Ursache der augenblicklichen Sackgasse und an fehlendem Fortschritt, einen verhandelten, gerechten und dauerhaften Frieden in Übereinstimmung mit dem internationalen humanitären und Menschenrechtsgesetz zu erreichen.

Bis heute hat die internationale Gemeinschaft diese Politik der Regierung Israels nicht beenden können und so eine Situation von Ungesetzlichkeit und Straflosigkeit aufrecht erhalten. Diese Tatsache hat die Delegation dahin gebracht, sich auf einen Aufruf zur Aktion zu konzentrieren, wo sie meint, dass eine Veränderung ganz besonders dringend erscheint.

Die Delegation kam zu der Schlussfolgerung, dass angesichts Israels hartnäckigem Festhalten an der oben erwähnten Politik und deren Auswirkungen auf die Situation vor Ort, ein Ende des israelisch-palästinensischen Konfliktes in erster Linie von einer entschiedeneren internationalen Intervention abhängt, um Israel zur Verantwortung zu ziehen, und von der Erfüllung des Völkerrechts.

Eine Intervention sollte in Übereinstimmung mit den relevanten Regeln und Prinzipien des Völkerrechts gestaltet sein, wie unter anderem die offizielle Entscheidung des Internationalen Gerichtshofes über die Mauer vom Juli 2004. Solch eine Intervention muss, damit sie Gerechtigkeit und Frieden bringt, von der Europäischen Union solange fortgesetzt werden, bis Israel dem Völkerrecht entspricht.

Unser Aufruf

Präambel

a) Die Delegation ist zu dem Schluss gekommen, dass der „konstruktive Dialog" zwischen der EU und Israel zu keinem greifbaren Ergebnis geführt hat, hinsichtlich eines forcierten Endes der Politik der israelischen Regierungen, die großes Leiden verursacht hat und noch verursacht und den Frieden zerstört.
b) Sie bedauert, dass ihre eigene und andere europäische Regierungen, als auch EU-Institutionen sich nicht entschieden haben, solch effektiven Druck auf Israel auszuüben, damit es das Völkerrecht erfüllt;
c) Sie beklagt die Tatsache, dass der vor kurzem beschlossene Aktionsplan zwischen der EU und Israel keine unübertragbaren, betrieblichen und effektiven Fixpunkte bezüglich des Standards der Menschenrechte eingeschlossen hat, denen Israel erst entsprechen muss, bevor es sich (ausgedehnter) Begünstigungen erfreuen kann.

d) Sie beklagt besonders die Tatsache, dass Israels illegale Mauer und die von ihr verursachten Menschenrechtsverletzungen nicht in dem Aktionsplan erwähnt werden und dass eine spezielle Arbeitsgruppe für Menschenrechte nicht eingerichtet wurde.
e) Die Delegation erwähnt besonders den Aufruf von 106 palästinensischen Organisationen, die die palästinensischen Flüchtlinge der Westbank und des Gazastreifens und die palästinensischen Bürger in Israel vertreten, Boykott, Divestment und Sanktionen gegen Israel anzuwenden, bis es dem Völkerrecht entspricht.
f) Sie begrüßt alle Aktionen ziviler Akteure, wie die Divestmentinitiative der Presbyter-Kirche (USA) und anderen Kirchen, die sich absichern wollen, in keiner Weise die Besatzung von palästinensischem Land zu unterstützen.

Deshalb veröffentlich die Delegation folgenden Aufruf:

Die Delegation ruft die EU und die offiziellen Vertreter und Institutionen der EU-Mitgliedsstaaten, die sich mit Israel und Palästina befassen, insbesondere ihre eigenen Regierungen, dazu auf:
1) damit fortzufahren, die Anwendbarkeit relevanter Regeln und Prinzipien des Völkerrechts zu bestätigen und ihre Erfüllung als Leitlinie aller Bemühungen in Richtung Frieden in Israel/Palästina – insbesondere auch innerhalb des Quartetts – zu fordern.
2) zu einer internationalen Friedenskonferenz aufzurufen, um die „Road Map zum Frieden" zu unterstützen, damit sie nach kurzer Zeit – in Übereinstimmung mit dem Völkerrecht – einberufen werden kann.
3) Israel zunächst daran zu erinnern, dass es auch nach dem Abzug der Siedler als Besatzungsmacht über den Gazastreifen (nach der Vierten Genfer Konvention) weiterhin die Verant-

wortung trägt, und dann Druck auszuüben, um dem Waren- und Personenverkehr des Gazastreifens in beiden Richtungen die Freiheitsbewegung zu gewähren, einschließlich Verbindungen über einen Flughafen, einen Hafen und einen frei zugänglichen Korridor zur Westbank.

4) seine Verpflichtungen einzuhalten, wie sie in den offiziellen Entscheidungen des Internationalen Gerichtshofes über die Mauer vorgeschlagen wurden, und Israel zu zwingen, sofort mit dem Bau der Mauer im besetzten Gebiet aufzuhören, und die schon gebauten Teile abzureißen, und den Sicherheitsrat der UN zu drängen, sofortige Maßnahmen, die sich auf UNGAR ES-10/15 gründen, zu ergreifen, damit diese Verfügungen durchgeführt werden.

5) alle Arten militärischer Zusammenarbeit mit Israel zu suspendieren, die zur Unterdrückung der Palästinenser beitragen oder sie ermöglichen, und ohne Verzögerung den EU-Code über die Durchführung von Waffenhandel zur militärischen Ausstattung nach Israel über (Flug-)Häfen von EU-Mitgliedsstaaten anwenden ...

6) Israel zu zwingen, seine Siedlungstätigkeit in der Westbank, einschließlich Ost-Jerusalems, einzustellen, und Unternehmen, die in Siedlungen angesiedelt sind, aus dem Handel mit EU-Mitgliedsstaaten auszuschließen.

7) aktiv die Einhaltung der Gesetzesvorschriften und die Demokratisierung auf der palästinensischen Seite und die Beachtung der Menschenrechte durch die Palästinensische Behörde zu unterstützen.

8) zur Einrichtung einer speziellen Arbeitsgruppe und eines Apparates beizutragen, der Israels Verhalten in Bezug auf Menschenrechte überwacht.

9) zum einen zur Entwicklung beiträgt, indem es konkrete Fixpunkte entwirft und zur Geltung bringt, die Israel erfüllen muss, bevor es sich besonderer Vergünstigungen erfreut, und zum anderen sich mit ausgedehnten Privilegien gegenüber Israel zurückhält, bis es sich an die Fixpunkte und die internationalen Rechtsnormen hält.

10) die klare Absicht erkennen lässt, die Menschenrechtsklausel des EU-Israel-Assoziationsabkommens zu aktivieren und dieses Abkommen zu suspendieren, falls Israel sich nicht an diese Fixpunkte und seine Verpflichtungen innerhalb angemessener Zeit hält.

Die Delegation ruft die EU und seine Mitgliedstaaten dazu auf, ohne Verzögerung solche und ähnliche Aktionen zu unternehmen – im Interesse der Gerechtigkeit und des Friedens in Israel und Palästina.

Unterzeichner .....

Die gezielte Vertreibung der Palästinenser

Freimut Duve
Süddeutsche Zeitung 19./20. Juni 2004

Albert Camus, der leidenschaftliche Algerienfranzose, hat als erster sehr deutlich vor der gefährlich falschen Reaktion auf den Terror und auf die Terroristen gewarnt: Während des Terrors in Algerien schrieb er 1958: „Die Folter (der französischen Militärs) hat vielleicht erlaubt, dreißig Bomben aufzufinden, aber sie hat gleichzeitig fünfzig neue Terroristen auf den Plan gerufen, die auf andere Art und anderswo noch mehr Unschuldige in den Tod schicken werden."

Seine dramatischen Warnungen vor der falschen Reaktion Frankreichs auf den Terror der algerischen Befreiungsbewegung (FLN) waren bestimmt von der Hoffnung, dass die etwa eine Million Algerienfranzosen, zu denen er sich zählte, ihre Heimat nicht verlieren würden und dass die Algerier die Chance für ein menschenwürdiges Leben haben würden. Es war der erste Konflikt, in dem klar wurde: Wer nur mit harten militärischen Schritten auf den Terror reagierte, wird am Ende alles verlieren, so wie die Algerienfranzosen alles verloren haben.

Krieg und Raketen können den emotionalen Terror, also den psychisch äußerst dramatischen Sprung in die Bereitschaft sich selbst zu töten, nicht besiegen. Im Gegenteil: nicht mehr im Kriegsrecht begründete Militärgewalt, also die falsche Terrorabwehr, produziert immer neue Täter. Anstelle einer klaren Definition des kriminellen Massenmordes hat die Erklärung zum „Heiligen Krieg" von US-Präsident George Bush nach dem 11. September weltweit massenhaft neue Terrorbereitschaft entfacht. Erst jüngst hat die US-Regierung einräumen müssen, dass der Terror im letzten Jahr auch nicht ab-, sondern zugenommen hat.

Auf das, was in Israel geschieht, müssen wir Europäer dieser

Tage sehr genau hinsehen und hinhören. Der Frieden im Nahen Osten geht uns aus vielen Gründen etwas an. Nachdem der israelische Premier Ariel Scharon jetzt seinen vagen Abzugsplan (ohne Datum) im Gaza durchgesetzt hat, müssen wir aufpassen, dass hinter diesem von Scharon gezogenen Vorhang sich nicht eine ganz andere Wirklichkeit abspielt, über die wenig zu lesen ist. Denn was derzeit im Westjordanland, das nicht zum offiziellen israelischen Staatsgebiet gehört, unter dem Vorwand der „Sicherheitspolitik" geschieht, ist nicht mehr und nicht weniger als die gezielte Vertreibung.

Dort, wo vor zwei Jahren zu Beginn der Intifada kleine Sicherheitsstützpunkte für das israelische Militär eingerichtet wurden, sind nun hermetisch abgeriegelte, neue Siedlungen der Israelis entstanden. Den palästinensischen Bauern wird Land gestohlen, ihre Olivenbäume werden ausgerissen, vor allem aber wird den Bauern der Zugang zu ihren Feldern fast unmöglich gemacht. Die Errichtung der Mauer zwischen den beiden Völkern führt zu einer Vertreibung der palästinensischen Bevölkerung. Hunderte von Elektrozäunen und Straßensperren wurden aufgestellt, arabische Dörfer eingeschlossen und zerteilt. Um zu ihren abgesperrten Olivenhainen zu kommen – früher nur wenige hundert Meter von ihrem Haus entfernt – sind die palästinensischen Bauern nun viele Stunden zu Fuß unterwegs. Sie benötigen dazu Sonderausweise, die häufig aber nur die älteren Familienmitglieder bekommen, für die zehn Kilometer Fußmarsch wirklich unzumutbar sind. Kommt hinzu, dass die Durchgangssperren oft zu unbestimmten Zeiten willkürlich geöffnet und geschlossen werden. Die ganze Region steht folglich unter permanenter militärischer Drangsal.

So ist neben der alten arabischen Gemeinde Salfit in der Nähe von Jerusalem die große israelische Siedlung Ariel nicht nur ausgebaut worden, sondern sie wurde so abgeschottet, dass Mobilität für die arabischen Bürger täglich schwieriger wird. Das gilt besonders für Kranken-, Arzt- und Klinikbesuche. Ermöglicht werden diese oft nur durch die ungeheuren Anstrengungen von Aktivisten privater israelischer und internationaler Menschenrechtsgruppen. Vor kurzem haben mich einige engagierte israelische

Frauen, die sich um Hilfe für die abgeriegelten Dörfer bemühen, dort hingebracht. Sie berichteten von einem 17-jährigen Palästinenser, dem israelische Soldaten beide Arme gebrochen hatten, und der lange auf einen Arztbesuch warten musste.

Besonders gefährlich für das künftige friedliche Miteinander ist das Verhalten vieler der neuen israelischen Siedler, die die Araber tagtäglich mit kleinen Gemeinheiten drangsalieren, über die in Anbetracht der großen Terroranschläge natürlich nicht berichtet wird. So werfen sie ihren Müll regelmäßig auf die Felder der arabischen Bauern. Natürlich verfügen diese Siedler über eigene neue Straßen und Absicherungen, deren Nutzung für Palästinenser verboten ist, die ihnen selbst aber die Fahrt zum Arbeitsplatz erleichtern. Trotz dieser offensichtlichen Bevorzugung greifen Siedler seit einiger Zeit Palästinenser auch immer wieder tätlich an. Aus vielen Hunderten nur zwei kleine Beispiele: Am vorletzten Wochenende kamen fünf israelische Siedler aus Havat Maon in das arabische Nachbardorf, schossen wild in die Luft, plünderten den kleinen Laden eines Palästinensers, erschlugen ein Schaf und zogen wieder ab. Am gleichen Tag schlugen fünf israelische Siedlermädchen am Grenzposten von Hebron eine palästinensische Frau zusammen. Die Palästinenserin kam ins Hospital. Aus Angst erstattete sie nicht einmal Anzeige.

Es wäre für den künftigen Frieden eine Tragödie, wenn der vage Rückzugsplan im Gaza-Streifen nur ein Vorwand bliebe, hinter dem diese oft brutale Siedlungspolitik im Westjordanland weiter fortgeführt wird und die das Weiterleben der Araber auf ihrem eigenen Grund und Boden unmöglich machen wird. In einem der Dörfer erzählte ein arabischer Familienvater den israelischen Bürgerrechtlerinnen – übrigens in fließendem Hebräisch –, wie sein Leben und das Leben seiner Familie seit dem Bau der Mauer radikal beschädigt worden ist. Zuvor seien israelische Bürger, die oft sogar Freunde geworden seien, zu ihrem Markt gekommen, um dort einzukaufen. Diese Bauern waren durch die Nähe zu Jerusalem und den vielen Juden, die bei ihnen landwirtschaftliche Produkte kauften, zu bescheidenem Wohlstand gekommen.

Seit über einem Jahr aber kommt keiner mehr, und seitdem kann seine Familie nichts mehr ernten. Jeder frühere Zugang zum Land wird von der neuen Mauer abgesperrt und von Soldaten bewacht. Ihre Lebensgrundlage wurde damit zunichte gemacht.

Das ist die Wirklichkeit im Westjordanland. Viele israelische Bürgerinitiativen versuchen durch mutige Aktivitäten überall im Land die durch den Bau der Mauer entstandene Not der palästinensischen Bevölkerung zu lindern. Aber an der grundlegenden Situation ändert dies nur wenig.

Der Friede im Nahen Osten und die Zukunft Israels haben nur eine Chance, wenn auch der israelische Staat und seine Bürger auf Verhalten verzichten, das den Terror noch befördert. Europa hat Erfahrungen mit einer grausamen Terror- und Vertreibungspolitik gemacht. Alle, denen an einer friedlichen Zukunft im Nahen Osten gelegen ist, müssen auch Israel deutlich daran erinnern.

Freimut Duve war bis 1998 Abgeordneter der SPD im Deutschen Bundestag, danach Medienbeauftragter der OSZE in Wien.

Literatur
(benutzte und weiterführende)

Albright, Madeleine: *Madam Secretary. Die Autobiographie.* München: Bertelsmann, 2003.

Avnery, Uri: *In den Feldern der Philister.* Meine Erinnerungen aus dem israelischen Unabhängigkeitskrieg. Kreuzlingen: Diederichs, 2005.

Barenboim, Daniel / Said, Edward: *Parallelen und Paradoxien.* Berlin: Berlin Verlag, 2004.

Benz, Wolfgang: *Was ist Antisemitismus?* München: C. H. Beck, 2004.

Bensberger Kreis (Halle): *Israel Palästina. Sicherheit durch Frieden – statt Frieden durch Sicherheit. Eine Stellungnahme aus doppelter Solidarität.* Schlier, 2002.

Bloch, Ernst: *Prinzip Hoffnung.* Frankfurt: Suhrkamp, 1967.

Ders.: *Atheismus im Christentum*, Frankfurt, 1968.

Brecher, Daniel Cil: *Fremd in Zion: Aufzeichnungen eines Unzuverlässigen.* München: DVA, 2005.

Brumlik, Mischa: *Wer Sturm sät.* Die Vertreibung der Deutschen. Berlin: Aufbau, 2005.

Buber, Martin: *Ich und Du.* Stuttgart: Reclam, 1995.

Ders.: *Ein Land und zwei Völker. Zur jüdisch-arabischen Frage.* (Hg. von Mendes-Flohr, R.). Frankfurt: Jüdischer Verlag, 1983.

Butler, Judith: *Kritik der ethischen Gewalt.* Frankfurt, 2003.

Camus, Albert: *Dramen.* Reinbek, 1962.

Degen, Michael: *Nicht alle waren Mörder. Eine Kindheit in Berlin.* München: List, 2001.

Duve, Freimut: *Vom Krieg in der Seele.* Frankfurt: Eichborn, 1994.

Farhat-Naser, Sumaya: *Thymian und Steine. Eine palästinensische Liebesgeschichte.* Zürich: Lenos, 1998.

Dies.: *Verwurzelt im Land der Olivenbäume. Eine Palästinenserin im Streit für den Frieden.* Zürich, 2002.

Fischer, Joschka: *Die Rückkehr der Geschichte. Die Welt nach dem 11. September und die Erneuerung des Westens.* Köln: Kiepenheuer und Witsch, 2005.

Friedman, Thomas: *From Beirut to Jerusalem. One Man's Middle Eastern Odyssey.* London, 1990.

Giordano, Ralph: *Israel, um Himmels willen, Israel.* Köln: Kipenheuer und Witsch, 1991.

Greiner, Margret: *Jefra heisst Palästina. Ein Mädchen in Jerusalem.* München: Piper, 2005.

Harper, Jeff: *Obstacles to Peace. A Re-Framing of the Palestinian-Israeli Conflict.* Jerusalem, 2005.

Hass, Amira: *Gaza. Tage und Nächte in einem besetzten Land.* München: C. H. Beck, 2003.

Dies.: *Bericht aus Ramallah. Eine israelische Journalistin im Palästinensergebiet.* Kreuzlingen: Diederichs, 2004.

Langer, Felicia: *Laßt uns wie Menschen leben! Schein und Wirklichkeit in Palästina.* Göttingen: Lamuv, 1999.

Large, David Clay: *Einwanderung abgelehnt. Wie eine deutsche Familie versuchte, den Nazis zu entkommen.* München: Blessing, 2004.

Levy, Gideon: *Schrei, geliebtes Land. Leben und Tod unter israelischer Besatzung.* Neu-Isenburg: Melzer, 2005.

Meyer, Hajo: *Das Ende des Judentums.* Neu-Isenburg: Melzer, 2005.

Neudeck, Rupert: *Die Politische Ethik bei Jean-Paul Sartre und Albert Camus.* Bonn: Bouvier, 1975.

Ders. / Ruegenberg, Lukas : *Janusz Korczak. Der König der Kinder.* Kevelaer: Butzon und Bercker, 2000.

Ders.: *Die Menschenretter von Cap Anamur.* München: C. H. Beck, 2002.

Nirgad, Lia: *Winter in Qualandia. Eine Straßensperre zwischen Jerusalem und Ramallah.* Neu-Isenburg: Melzer, 2005.

Roy, Arundhati: *Die Politik der Macht.* München: btb, 2002.

Said, Edward W.: *Das Ende des Friedensprozesses. Oslo und danach.* Berlin: Berlin Verlag, 2002.

Segev, Tom: *Es war einmal ein Palästina. Juden und Araber vor der Staatsgründung Israels.* München: Siedler, 2005.

Thomas, Gordon: *Gideon's Spies. Mossad Secret Warriors.* New York, 1999.

Timm, Uwe: *Am Beispiel meines Bruders.* Köln: Kiepenheuer und Witsch, 2003.

Watzal, Ludwig: *Feinde des Friedens. Der endlose Konflikt zwischen Israel und den Palästinensern.* Berlin: Aufbau, 2001.